# L'HÉRITAGE DU CHAOS

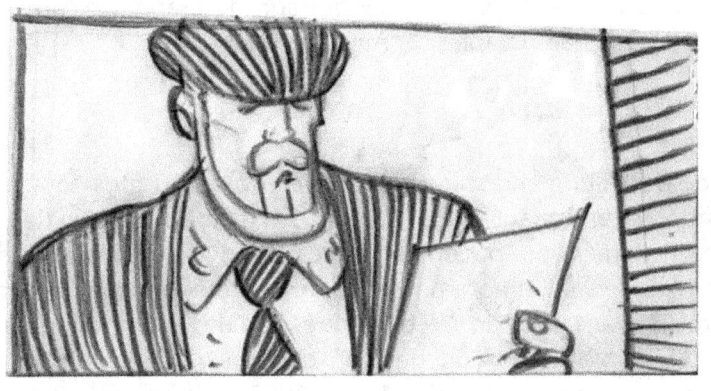

Dessin et couleurs : Manu Cassier
Scénario : Weissengel

sandawe.com
L'éditeur, c'est vous !

Ce livre est un supplément à l'album de bande dessinée L'Héritage du Chaos, par Emmanuel Cassier et Weissengel, paru aux éditions Sandawe.

Il comprend le scénario dans sa version de travail, non corrigé, avec ses imperfections mais aussi toutes les bases de ce qui aboutira à un album publié. Il vous permettra ainsi de pouvoir comparer le travail original de création de la scénariste et le résultat final qui en résulte après intervention de la dessinateur et de l'éditeur qui, tous, interviennent dans la réalisation de l'œuvre.

http://www.sandawe.com/fr/projets/heritage-du-chaos

Il peut être acheté en version numérique sur shop.sandawe.com et être commandé en version papier sur Amazon.

ISBN 978-2-39014-159-4

Droits de traduction et de reproduction réservés pour tous pays. Il est strictement interdit, sauf accord préalable et écrit de l'éditeur, de reproduire partiellement ou totalement le présent ouvrage, par quelque procédé que ce soit (et notamment par photocopie ou numérisation), de le stocker dans une banque de données ou de le communiquer au public. Une copie ou reproduction constitue une contrefaçon passible des peines prévues par la loi du 11 mars 1957 sur la protection des droits d'auteur.

© Sandawe, 2016.

http://www.sandawe.com
http://www.facebook.com/sandawe
contact@sandawe.com
Editions Sandawe
431, Chaussée de Louvain, bât F, bte 1,
B-1380 Lasne
Belgique

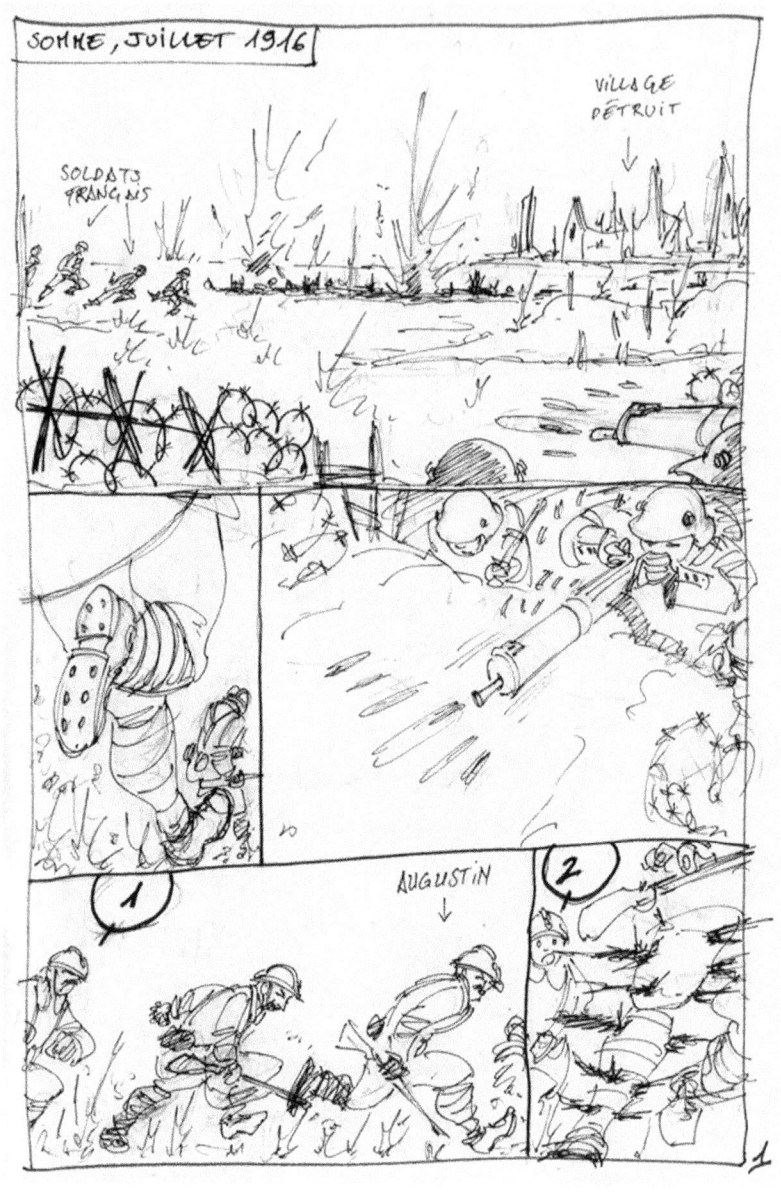

1. ON SE BOUGE!
2. AUGUSTIN!

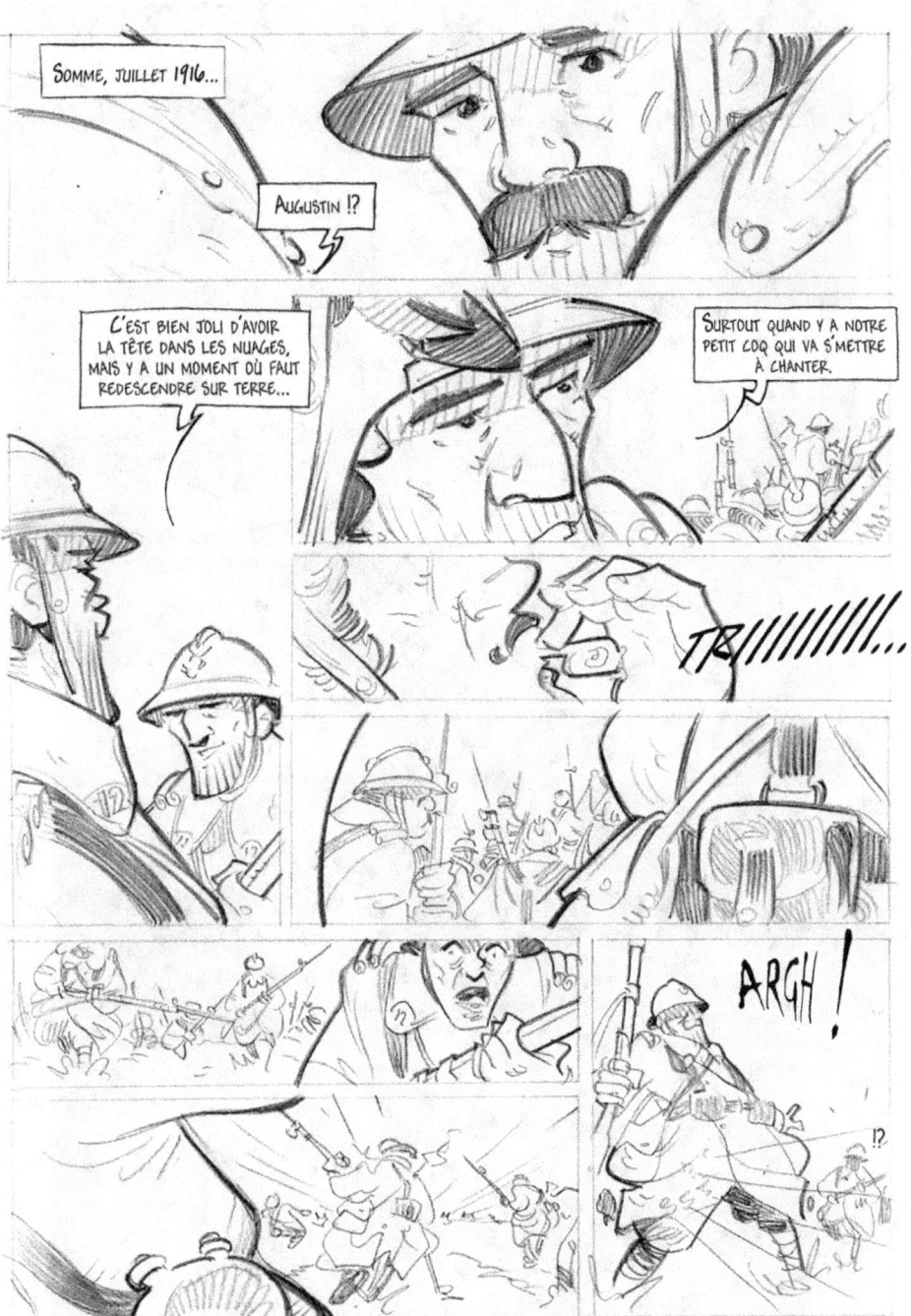

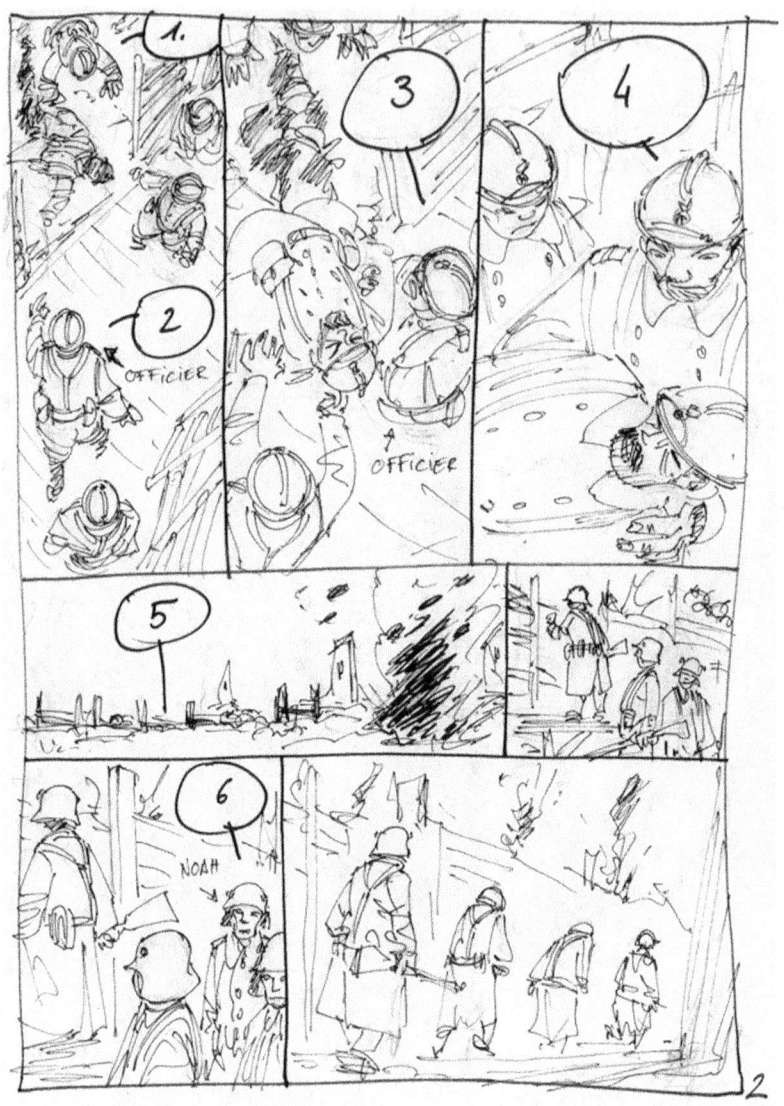

1. DAGNEAU EST TOUCHÉ !
2. NOM DE DIEU ! METTEZ-LE À L'ABRI !
3. METTEZ-VOUS TOUS À L'ABRI, MAGNEZ-VOUS !
4. ALLEZ, ACCROCHE-TOI, MON GARS... T'ES PRESQUE SORTI D'AFFAIRE.
5. BRANCARDIERS !
6. ABTEILUNG, MIT MIR. (DIVISION, AVEC MOI.)

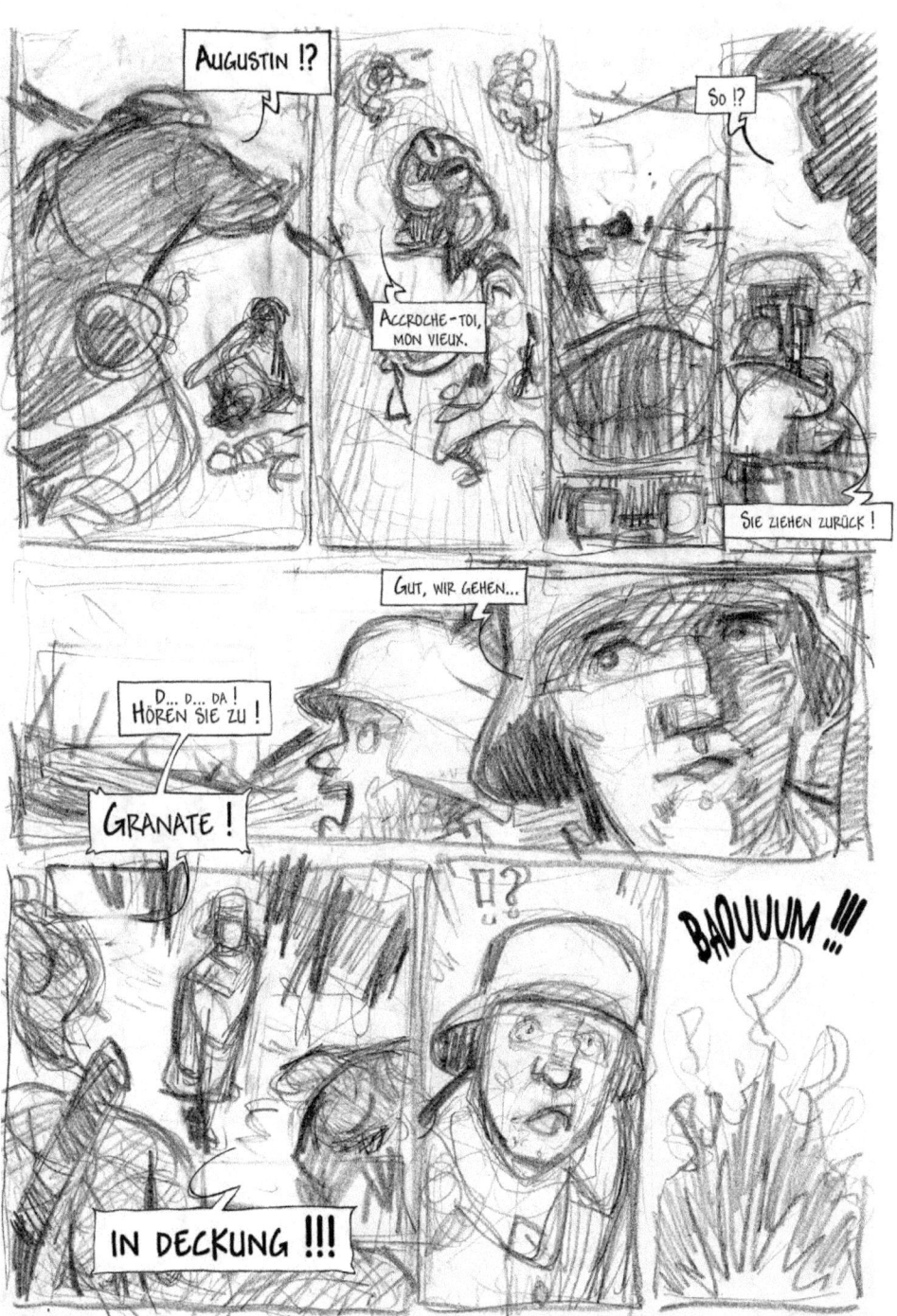

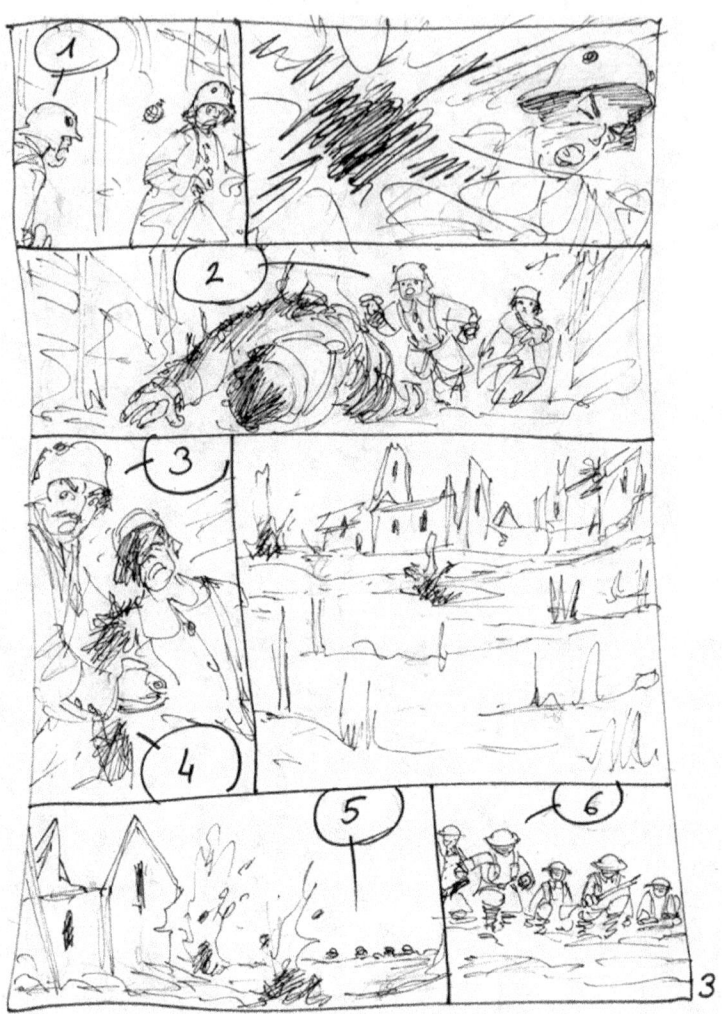

1. GRANATE! IN DECKUNG!
   (GRENADE! À COUVERT!)
2. NOAH! FELDWEBEL FEUCHTNER!
   (NOAH! ADJUDANT FEUCHTNER!)
3. ER LEBT. (IL VIT.)
4. SANITÄTER, SCHNELL! (INFIRMIERS, VITE!)

5. ALLRIGHT! THIS FIREWORKS WON'T HELP,
   BUT LET'S MOVE BOYS!
   (TRÈS BIEN! CE FEU D'ARTIFICE NE VA PAS
   ARRANGER NOS AFFAIRES,
   MAIS ON SE BOUGE, LES GARS!)

6. FOR QUEEN AND COUNTRY!
   MOVE! MOVE! MOVE!
   (POUR LA REINE ET LA PATRIE!
   ALLEZ! ALLEZ! ALLEZ!)

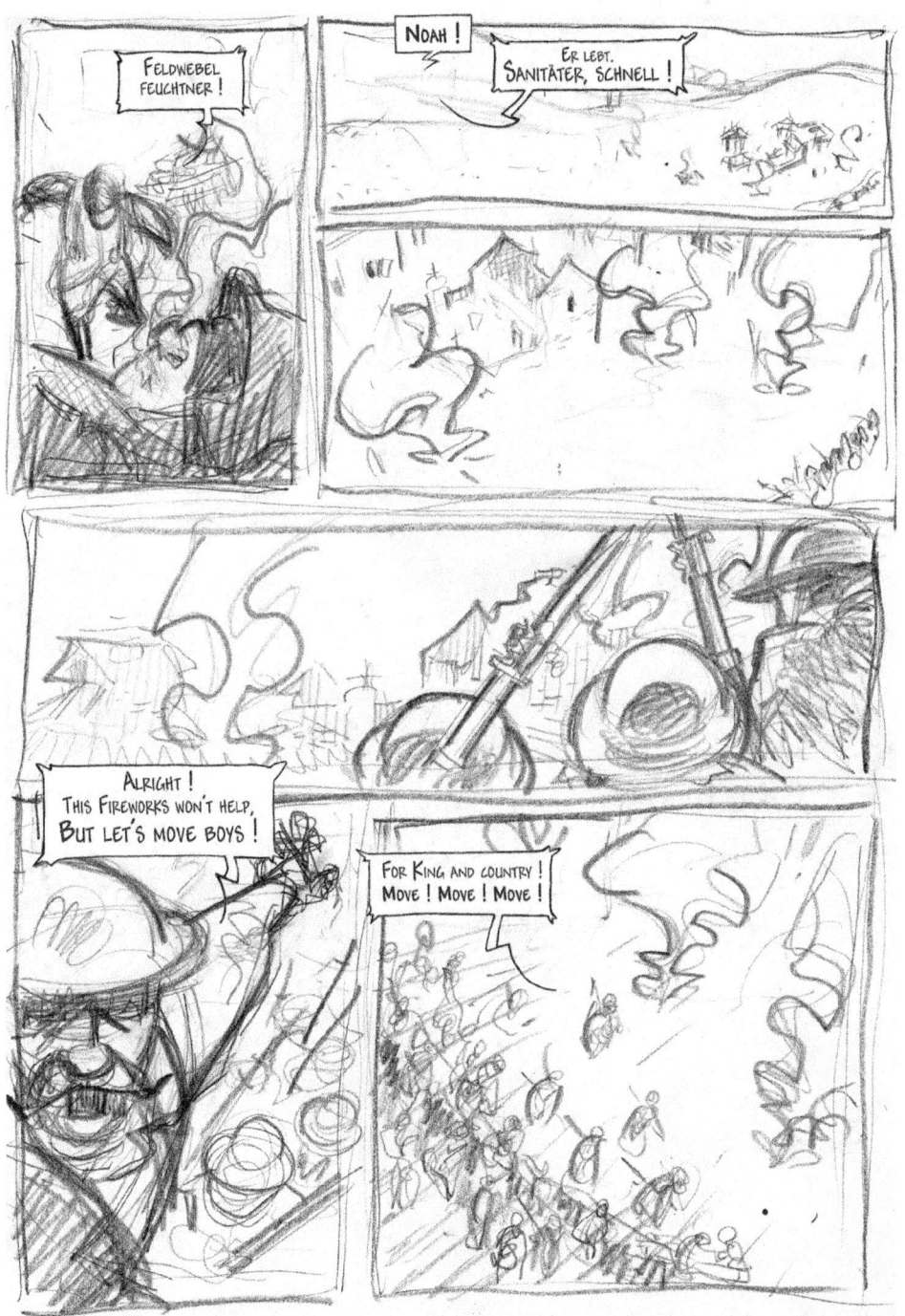

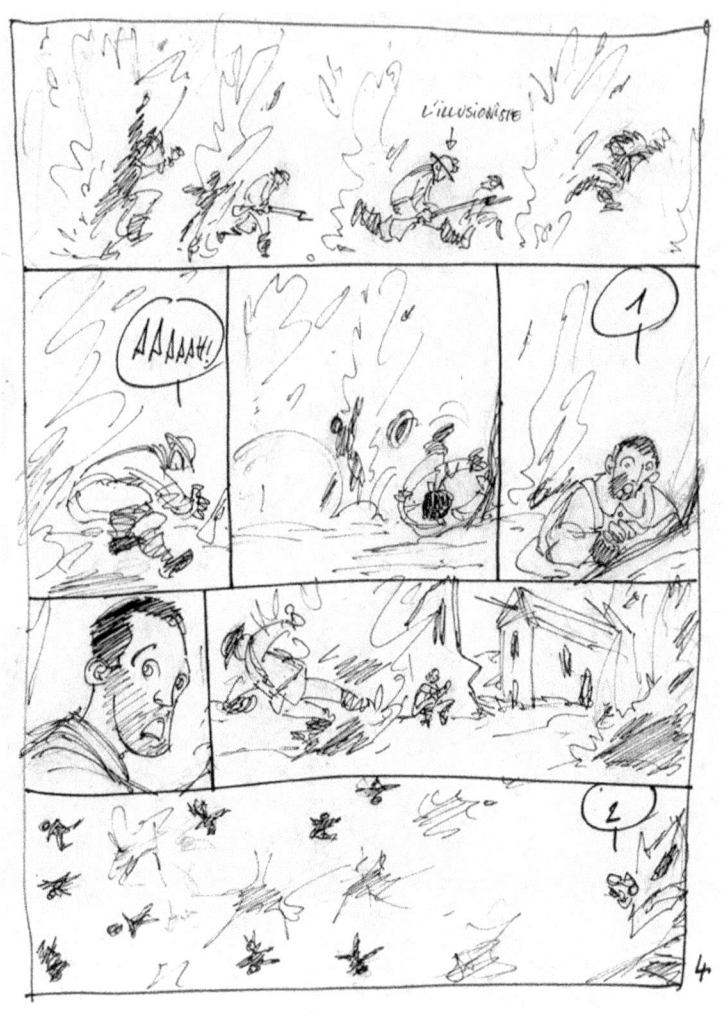

1. OH, SHIT!
2. NO! NO!

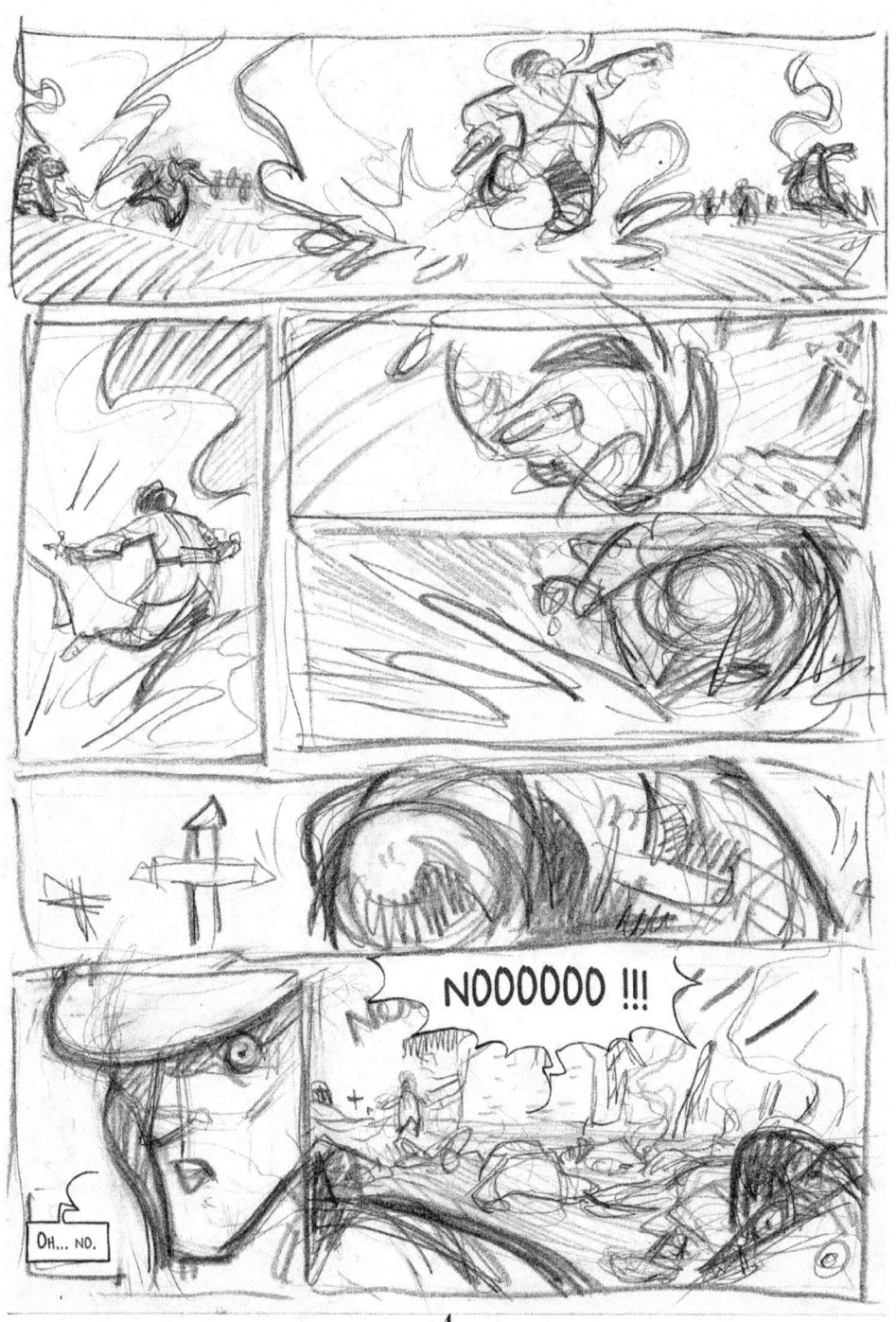

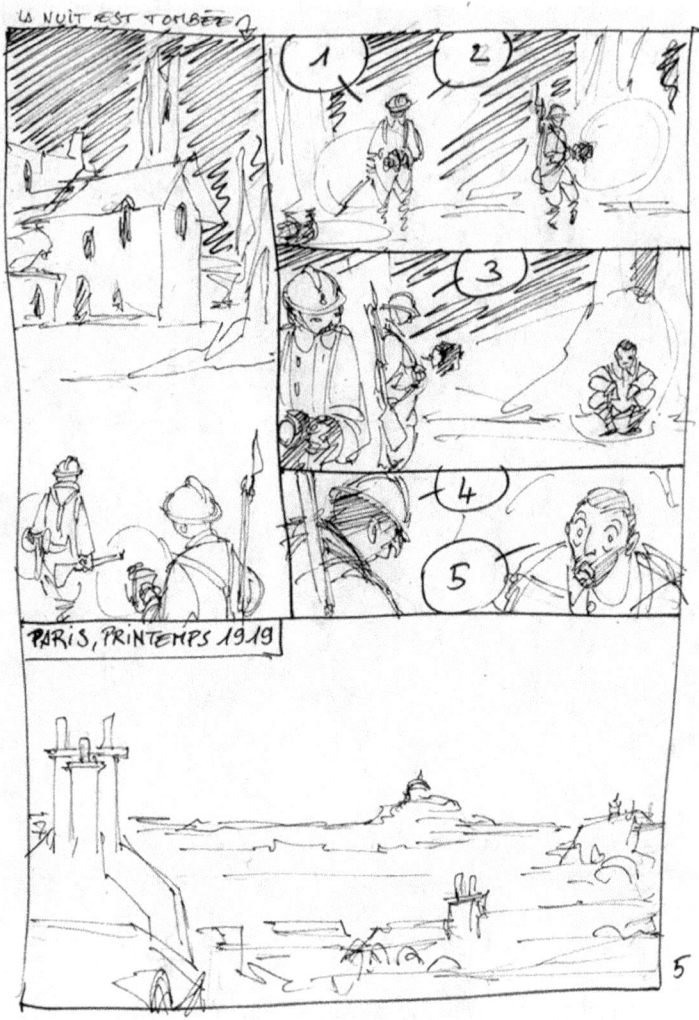

1. QU'EST-CE QUE ÇA A MORFLÉ, PAR ICI...

2. ... ON TROUVERA RIEN DE VIVANT.

3. TU CROIS ?

4. HÉ ! YOU ENGLISH ? TON NOM, C'EST QUOI ?

5. NOM ? ... MY NAME ? I... I DON'T REMEMBER... (MON NOM ? JE... JE NE ME SOUVIENS PAS)

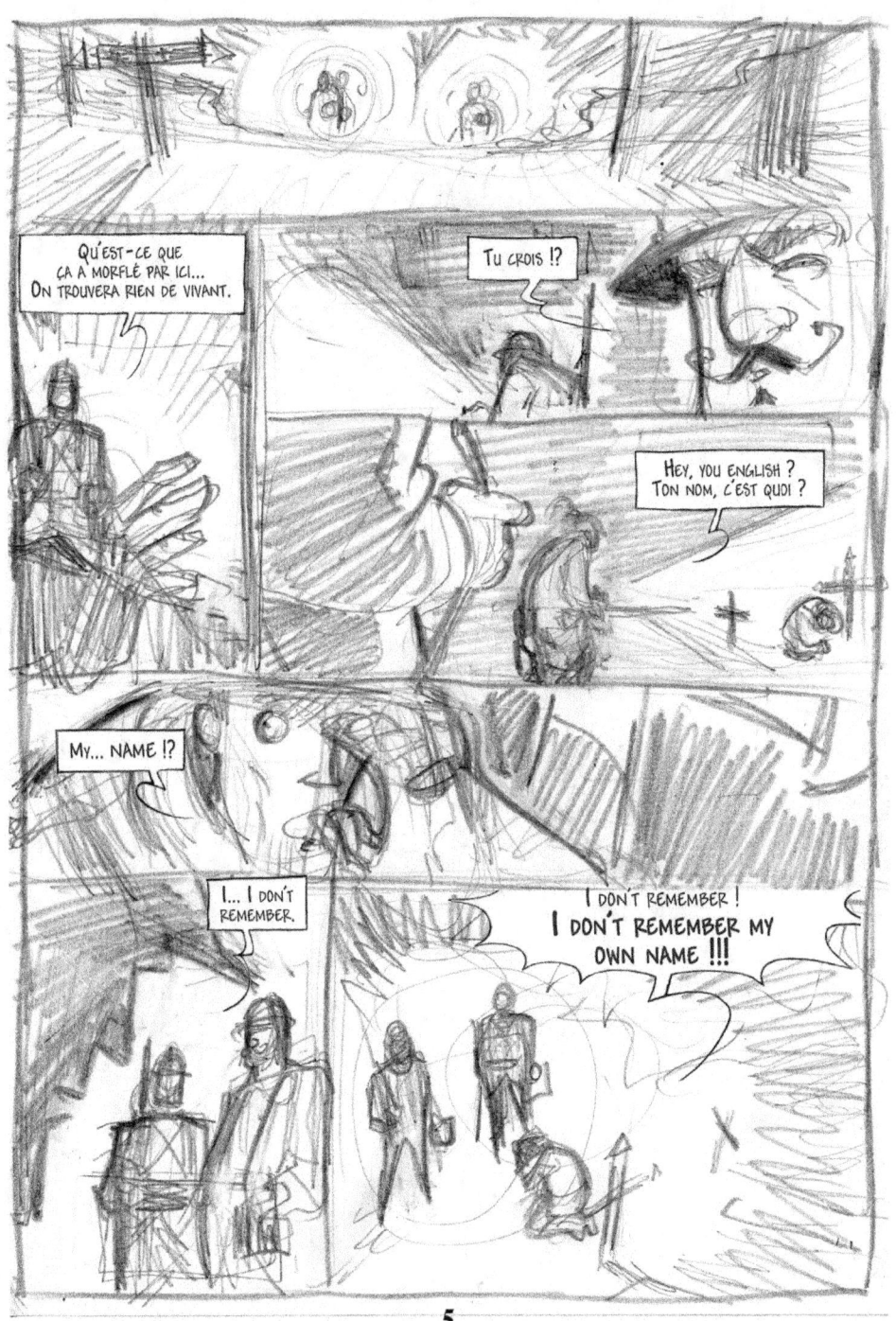

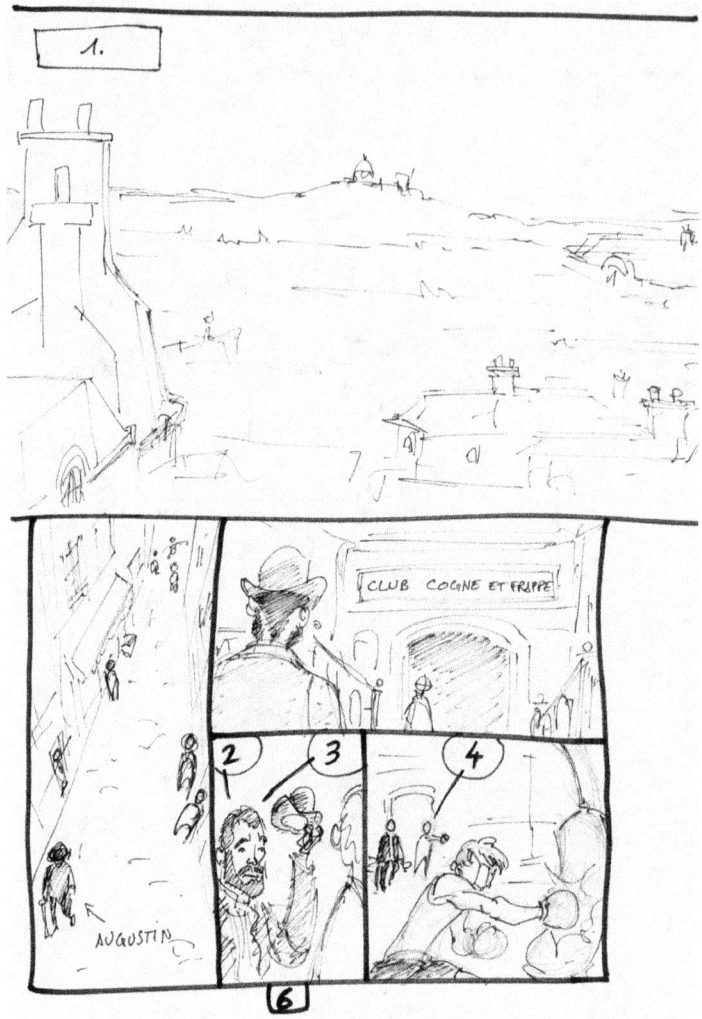

1. PARIS, PRINTEMPS 1919

2. EXCUSEZ-MOI...

3. JE CHERCHE NOAH FEUCHTNER, VOUS SAVEZ OÙ IL EST ?

4. LE BOCHE ? LÀ-BAS, PRÈS DU SAC DE SABLE.

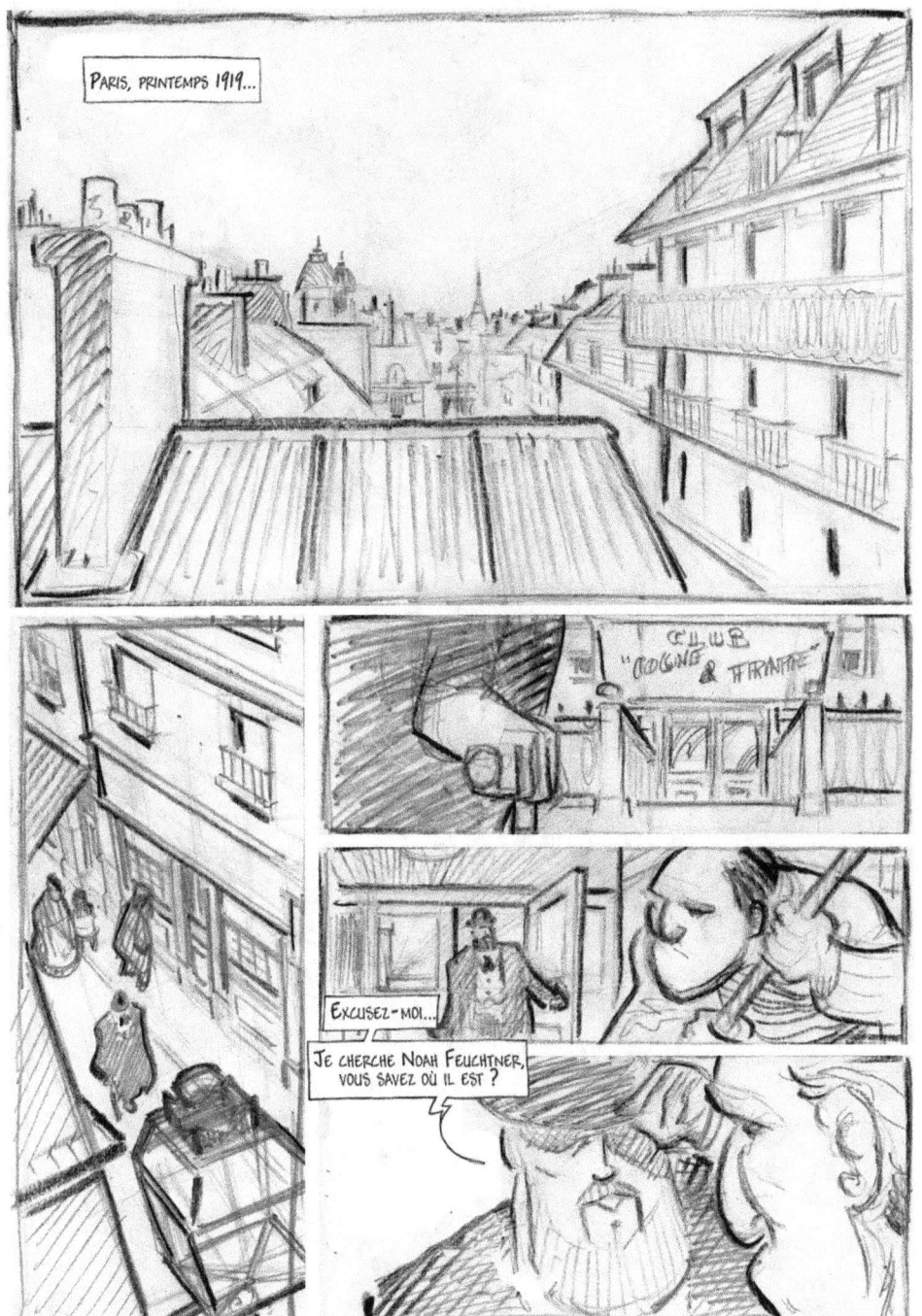

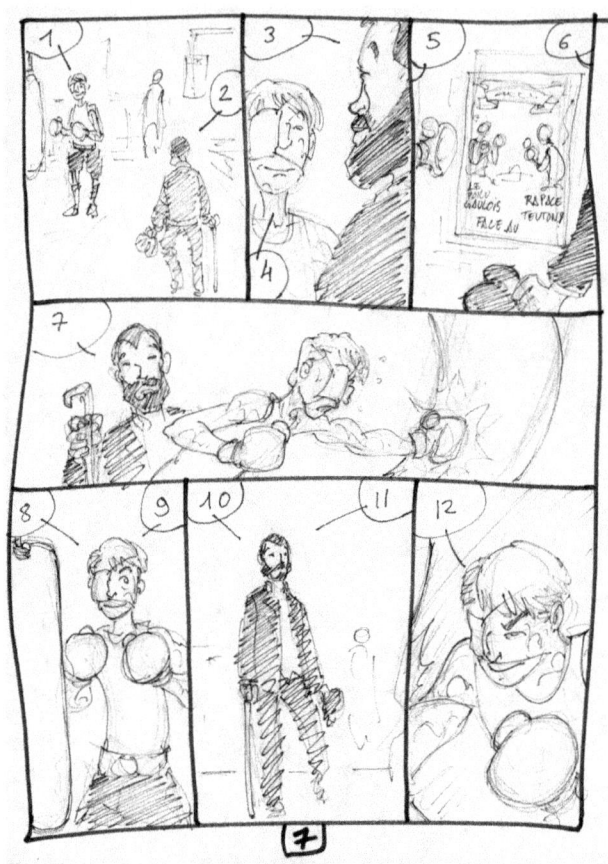

1. AUGUSTIN! JE ME DOUTAIS BIEN QUE TU FINIRAIS PAR RAMENER TA PATTE FOLLE PAR ICI.

2. SCRUTER LES PAGES SPORTS POUR TROUVER LES MATCHS DE BOXE DE SECONDE ZONE, C'EST MA SPÉCIALITÉ...

3. ...ET ÇA M'A FAIT PLAISIR DE TE SAVOIR EN VILLE.

4. MON PREMIER COMBAT EN FRANCE! JE PRENDS DES RISQUES... MAIS LE CACHET ÉTAIT CONVAINCANT.

5. PUIS ÇA PERMET À LA SALLE DE CRÉER SON PETIT ÉVÈNEMENT.

6. JE VOIS...

7. T'AURAS QUAND MÊME DU TEMPS À ME CONSACRER?

8. POUR TOI? TOUJOURS!

9. LE COMBAT N'EST QUE DANS UNE SEMAINE.

10. TRÈS BIEN...

11. À VRAI DIRE, CE QUE J'AI À TE PROPOSER POURRA TE SERVIR D'ENTRAÎNEMENT.

12. JE SUIS TOUT OUÏE.

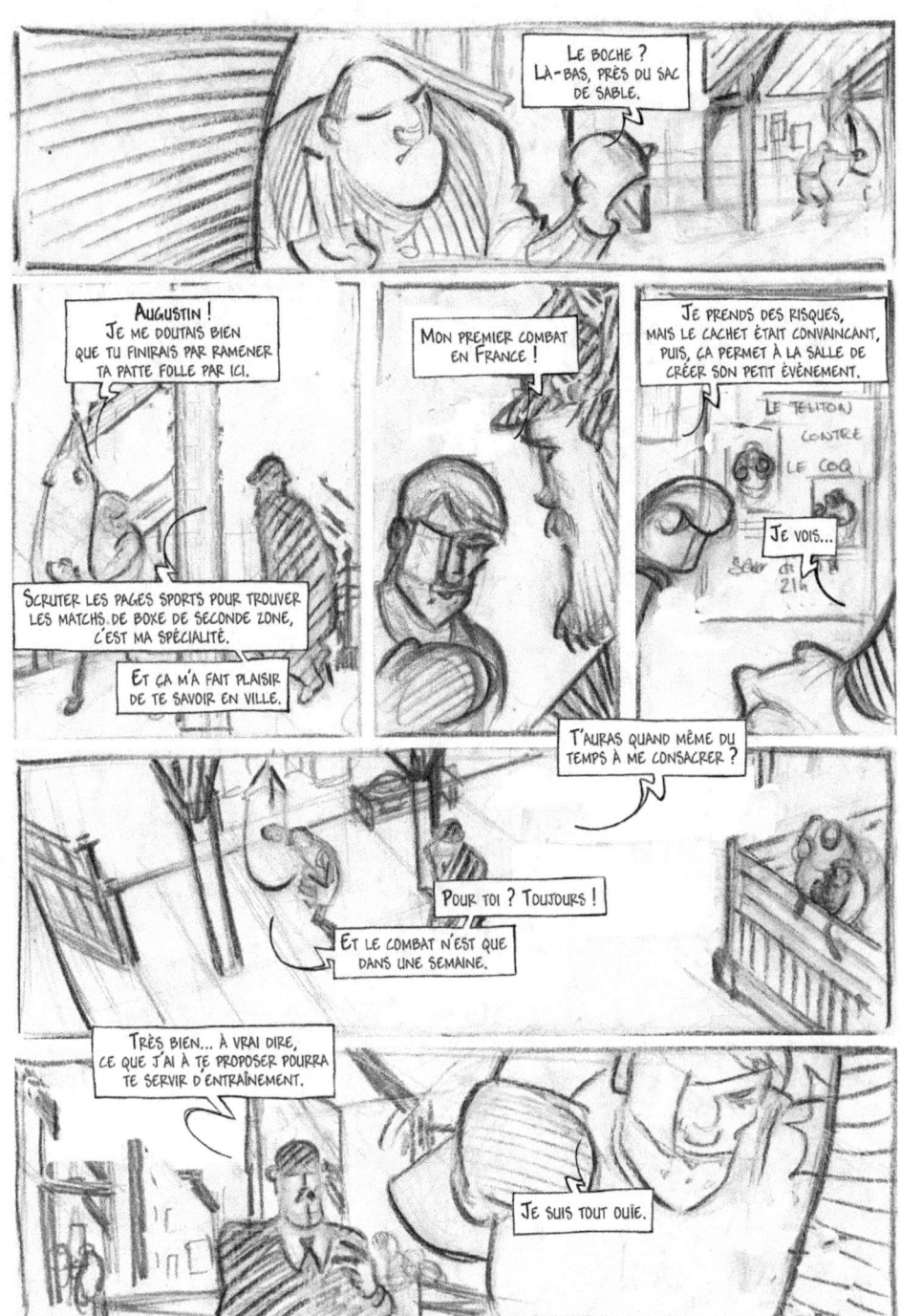

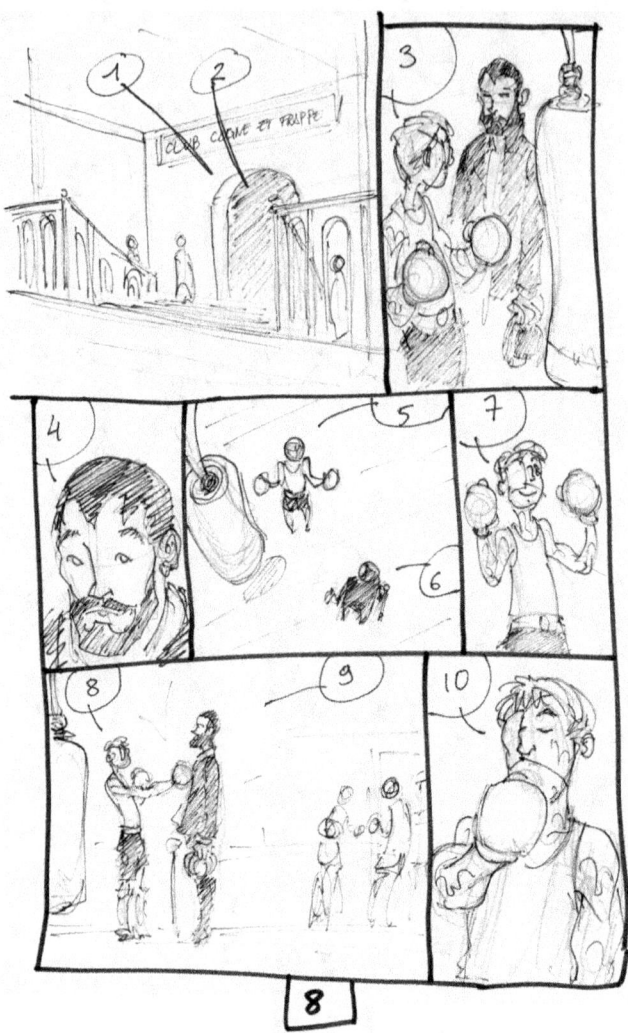

1. IL S'AGIT DE RETROUVER DE LA MARCHANDISE VOLÉE, AUX HALLES.
2. UNE PARTIE ÉTAIT DESTINÉE AU MAGASIN D'UNE AMIE, JE VEUX LUI RENDRE CE SERVICE.
3. LAISSE-MOI DEVINER, CETTE AMIE, CE NE SERAIT PAS L'ADÈLE ÉVOQUÉE DANS TES LETTRES?
4. C'EST BIEN ELLE, ET CE VOL REPRÉSENTE UN MANQUE À GAGNER IMPORTANT POUR SON COMMERCE.
5. BIEN SÛR... ET SES BEAUX YEUX N'ONT RIEN À VOIR LÀ-DEDANS?
6. NOAH !!
7. JE SAIS! JE SAIS! C'EST LA VEUVE D'UN DE TES COMPAGNONS D'ARMES, TU ME L'AS ASSEZ ÉCRIS...
8. PAS FACILE, HEIN?
9. JE PEUX COMPTER SUR TON COUP DE MAIN?
10. MMM... C'EST PAS LE BOULOT DES FLICS, CE GENRE D'AFFAIRE, D'HABITUDE?

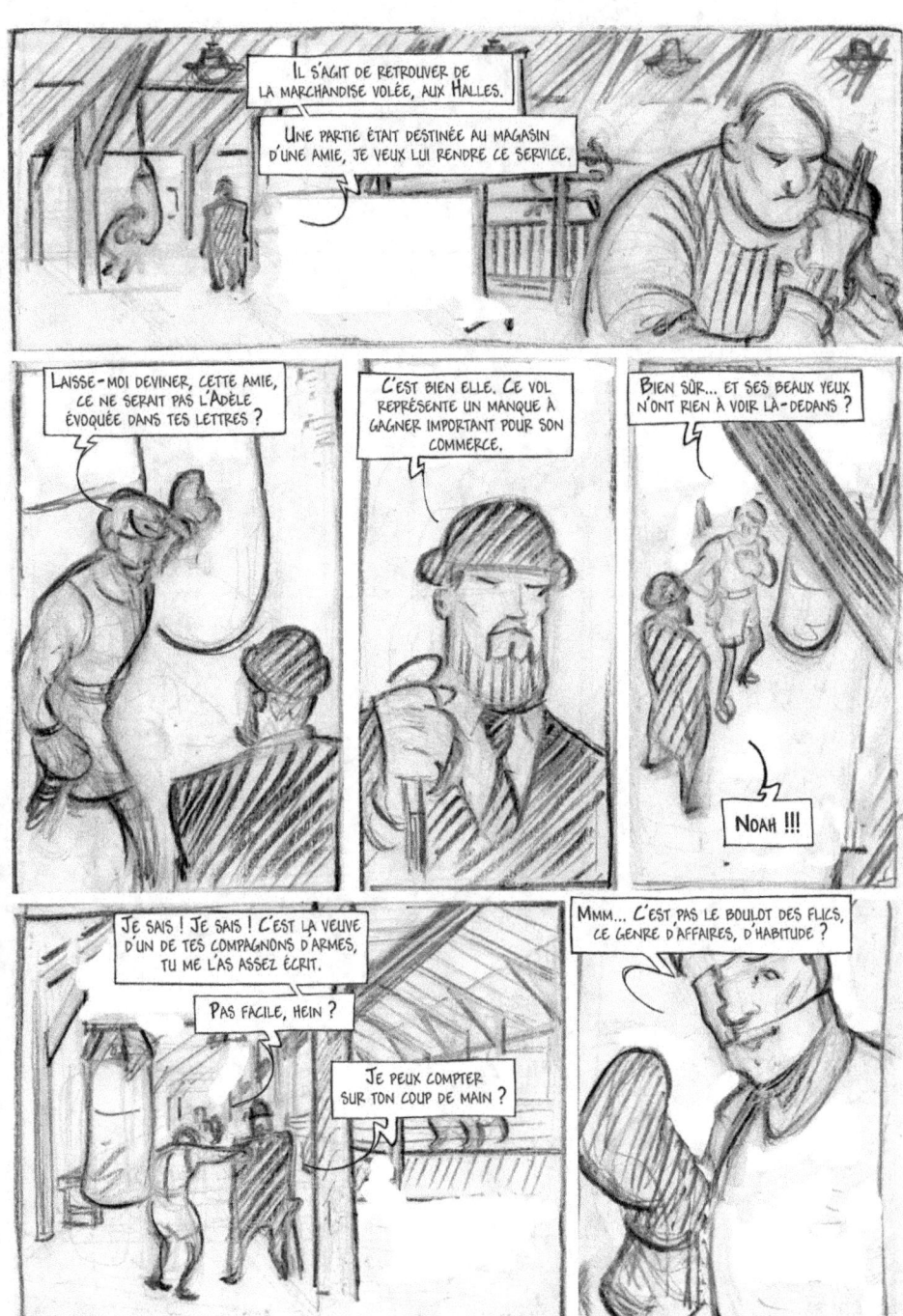

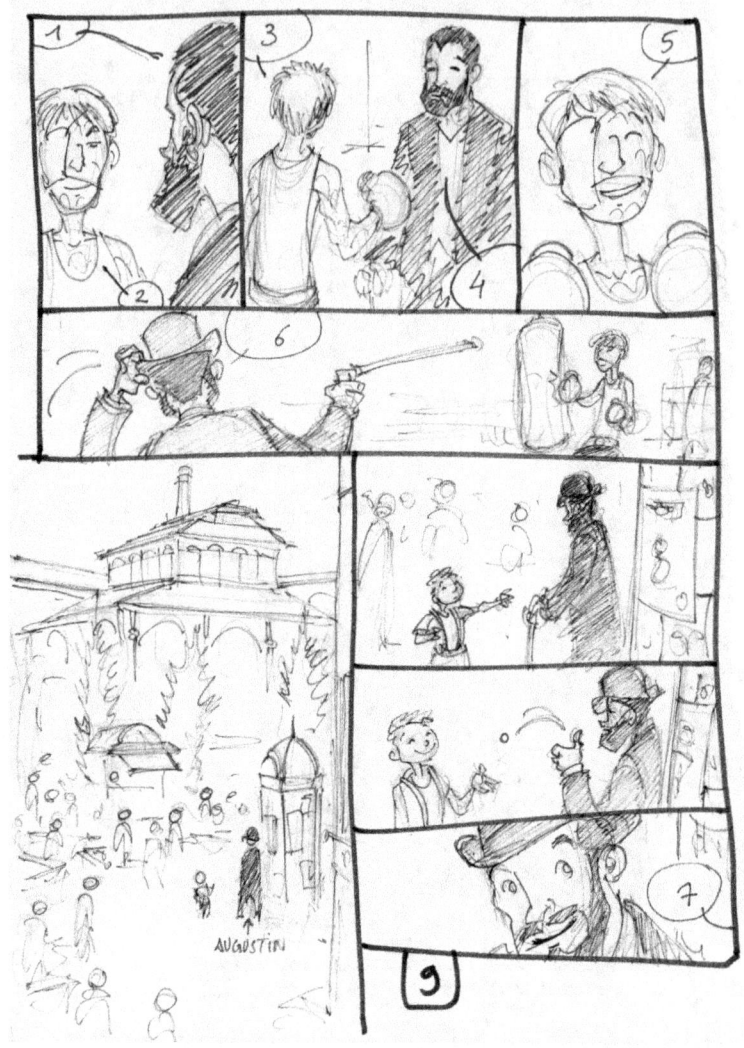

1. PAS CONFIANCE, TROP LONG ET J'AI UNE PISTE TOUTE FRAÎCHE.
2. C'EST UN BON DÉBUT.
3. SIMPLE CURIOSITÉ... LES MARCHANDISES VOLÉES, Ô ADÈLE, C'EST QUOI EXACTEMENT ?
4. DES CAISSES D'ARMAGNAC, EN PROVENANCE DU GERS.
5. AH ! AH ! AH ! ALORS LÀ, J'EN SUIS ! UN TEL CRIME NE PEUT RESTER IMPUNI !
6. C'EST PARFAIT, NOAH ! REJOINS-MOI AUX HALLES, D'ICI DEUX HEURES.
7. QU'EST-CE QUE ÇA DONNE ?

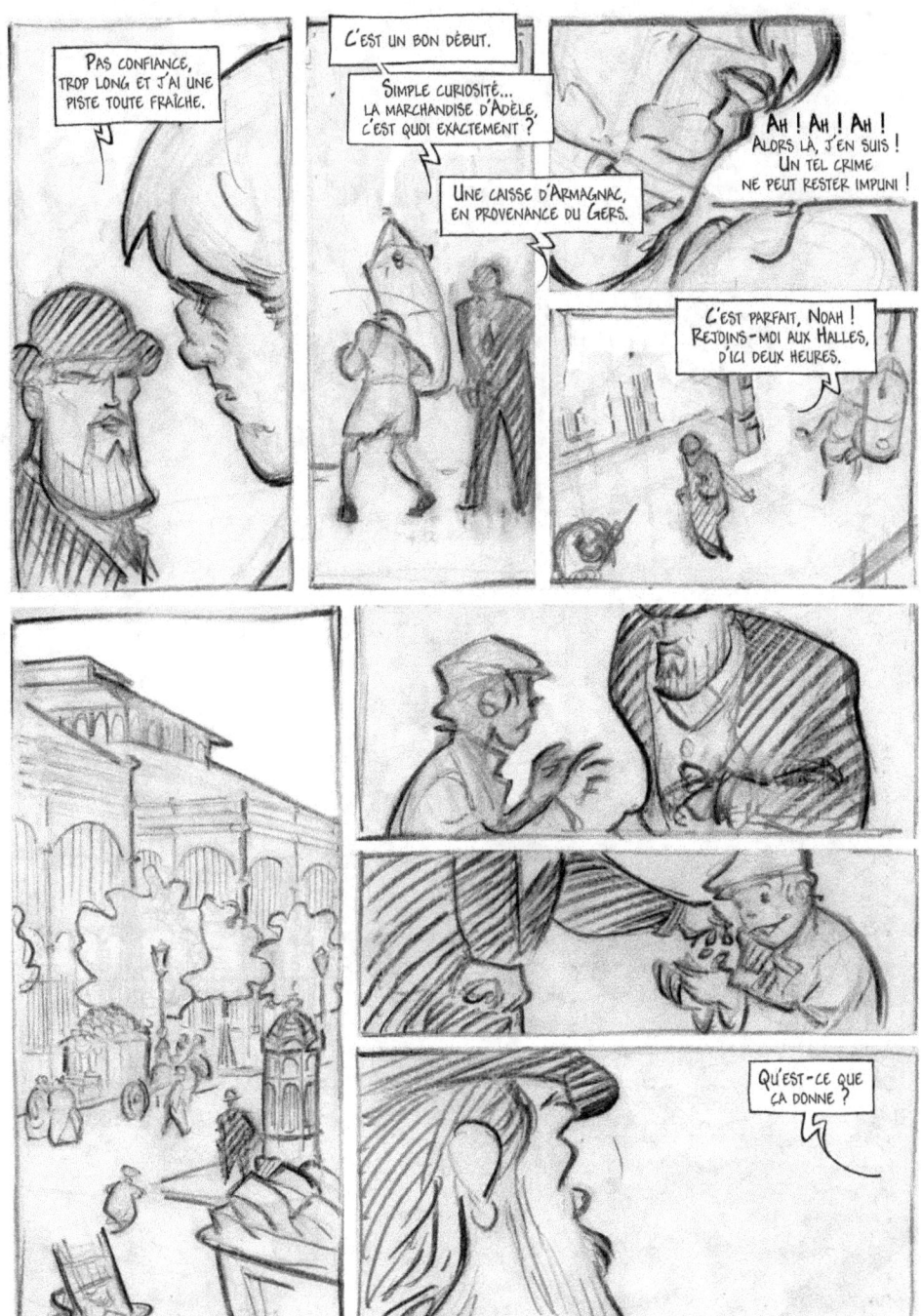

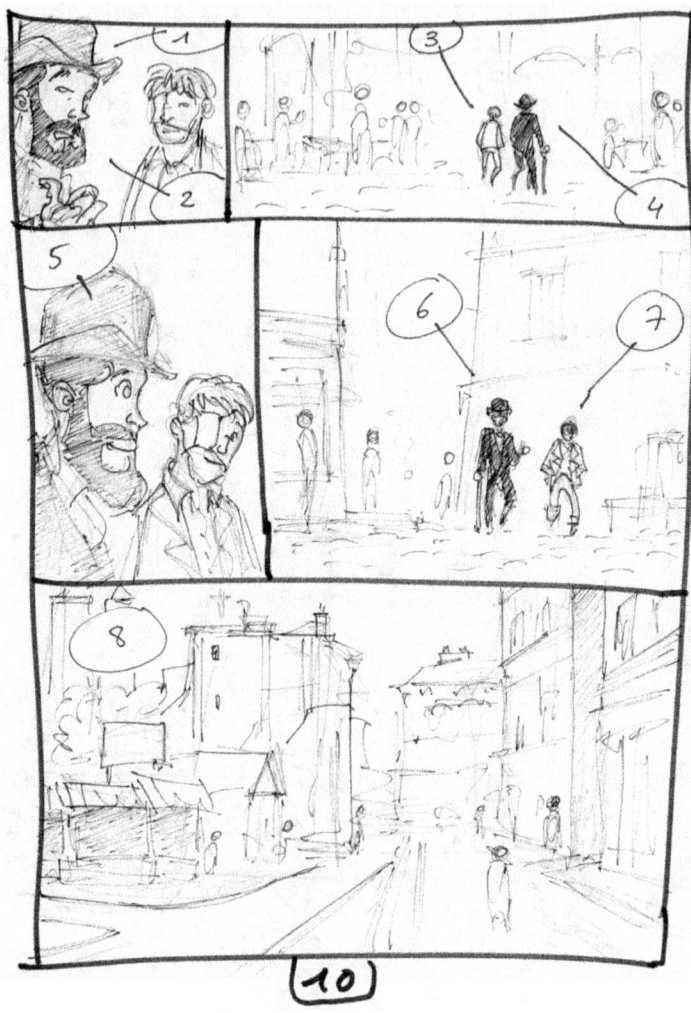

1. LES DERNIERS INDICES QU'ON VIENT DE ME RAPPORTER CONFIRMENT CE QUE JE PENSAIS...

2. ORNE LE MERLU ET SA BANDE SEMBLENT AVOIR FAIT LE COUP.

3. ÉLÉMENTAIRE, MON CHER DAGNEAU... C'EST QUOI CETTE BANDE ?

4. DES PETITES FRAPPES QUI LAISSENT TROP DE TRACES DERRIÈRE EUX...

5. DE TOUTE FAÇON, MÊME SI JE ME TROMPE, LE MERLU EST AU COURANT DE PAS MAL DE CHOSES, IL EN AURA À NOUS APPRENDRE.

6. PARTANT POUR UNE VISITE DE COURTOISIE ?

7. JE SUIS LÀ POUR ÇA ! IL BARBOTE OÙ, TON POISSON ?

8. À BELLEVILLE...

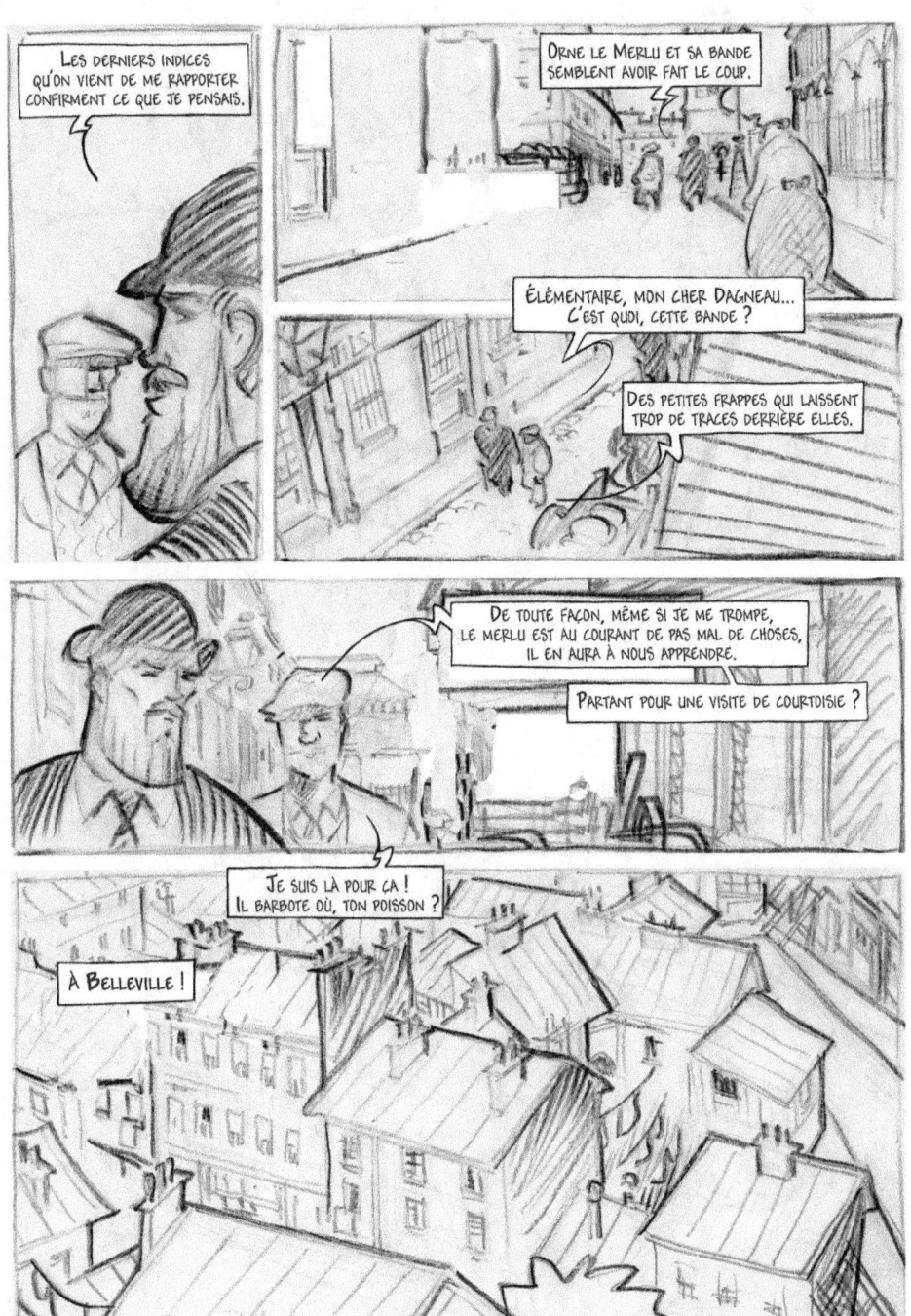

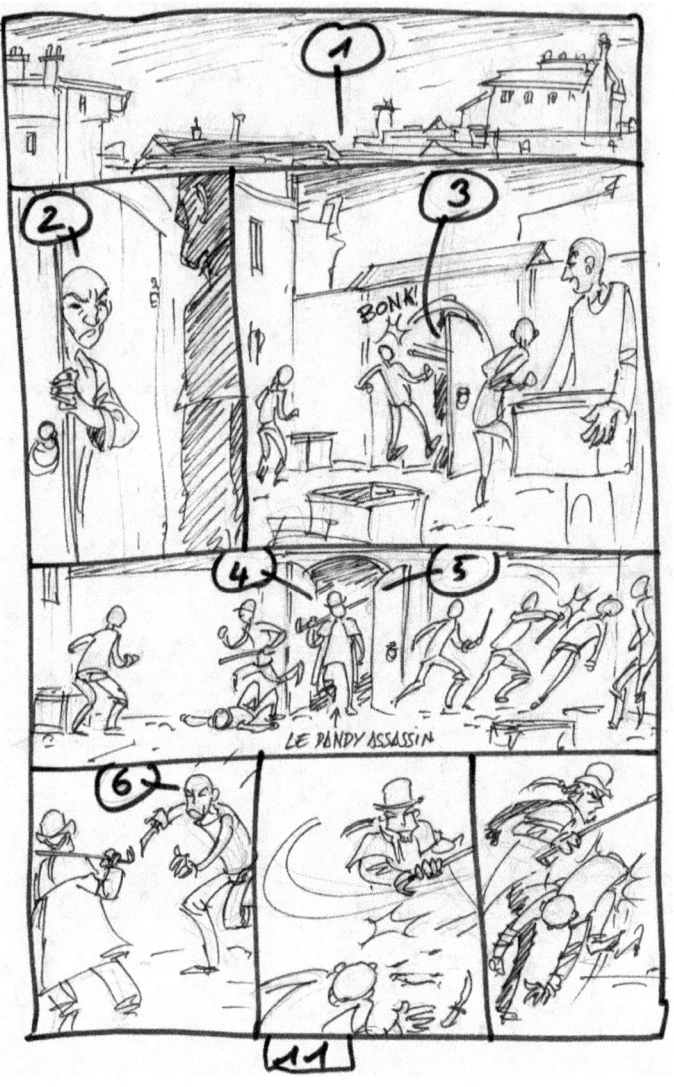

1. ORNE LE MERLU, C'EST BIEN ICI ?
2. QU'EST-CE QUE VOUS LUI VOULEZ ?
3. C'EST DONC BIEN ICI !
4. ALLRIGHT ! AU BOULOT LES GARS !...
5. ET QUE LA PÊCHE SOIT BONNE.
6. ATTENDS VOIR, 'SPÈCE DE GUIGNOL !

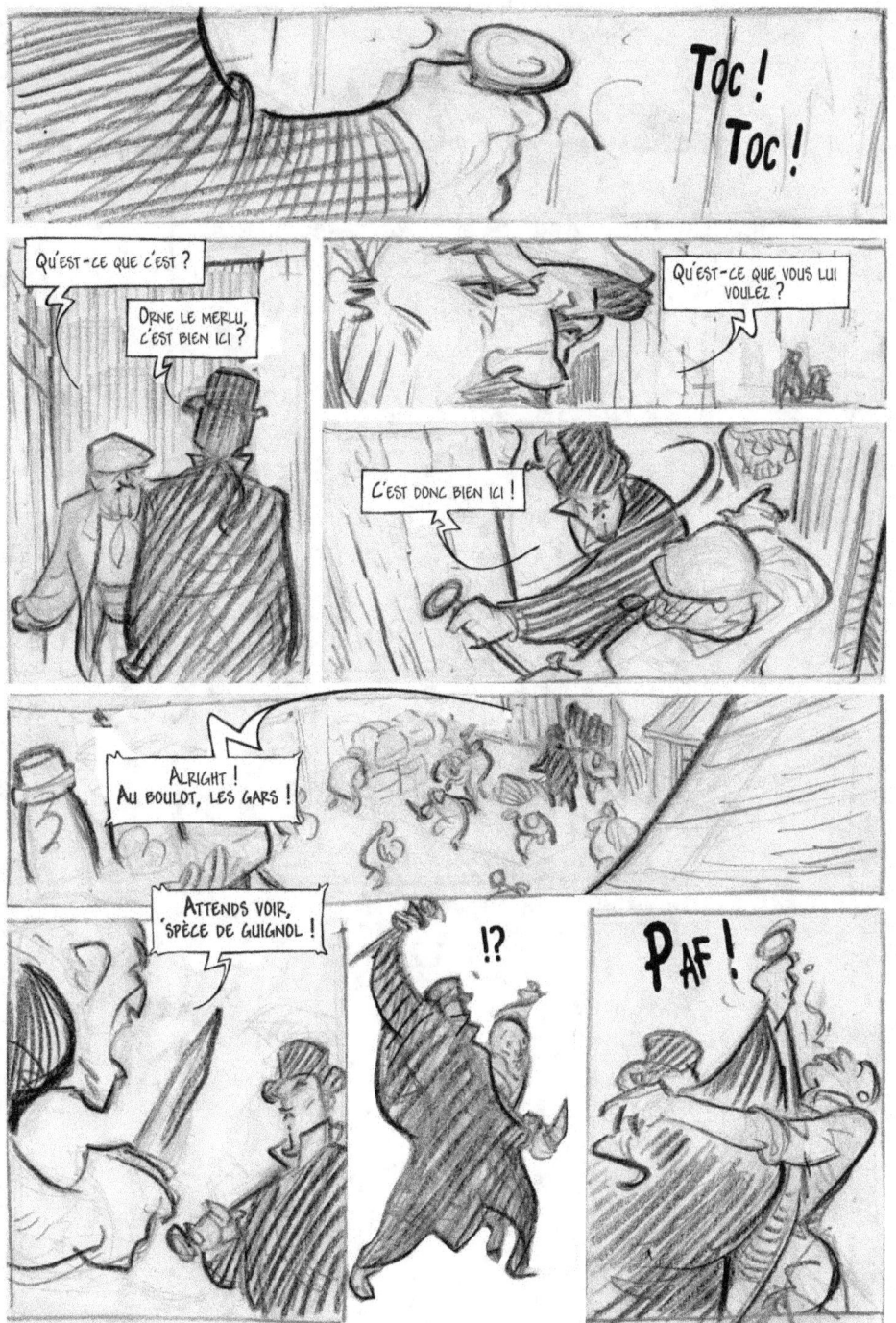

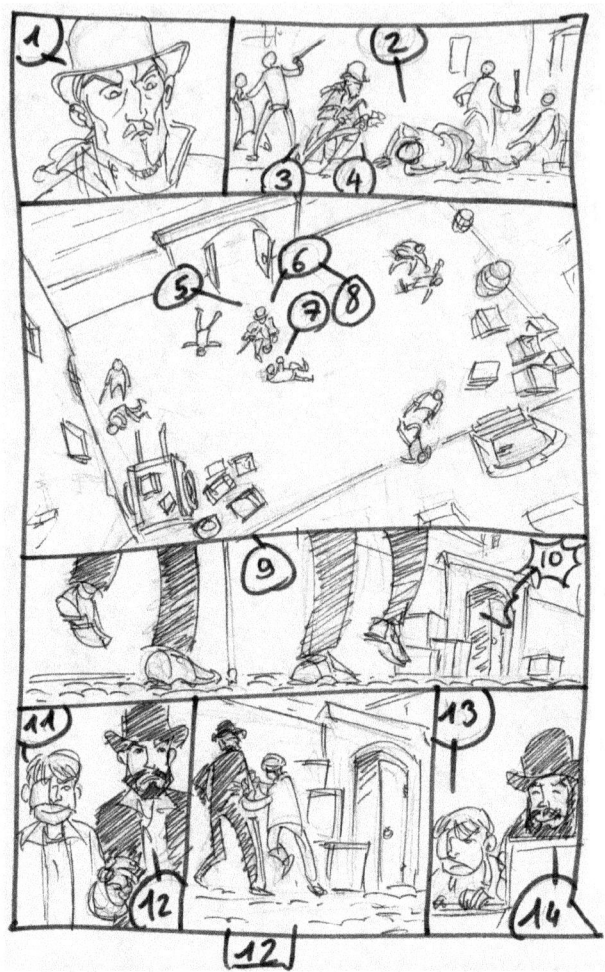

1. LE MERLU, JE PRÉSUME ?!
2. AAARRH! NOM DE DIEU!!... VOUS VOULEZ QUOI?
3. OH! RIEN DE PERSONNEL, JE TE RASSURE...
4. MAIS TU ES LE MAILLON D'UNE CHAÎNE...
5. ...UN MAILLON QUI CONTRARIE MES EMPLOYEURS.
6. ET COMME JE SUIS LÀ POUR RÉCUPÉRER UN OBJET QUE TU AS ACQUIS, MES HOMMES VONT DEVOIR FAIRE LE TOUR DU PROPRIÉTAIRE... TU COMPRENDS ÇA, NON?
7. ...VA TE FAIRE...
8. JE ME DOUTAIS QUE TU LE PRENDRAIS COMME ÇA...
9. ON Y EST, NOAH.
10. QUOI?!!!
11. J'AI L'IMPRESSION QU'ON TOMBE À PIC.
12. TU TROUVES?
13. ON SE PLANQUE ET ON OBSERVE.
14. VU COMME ÇA...

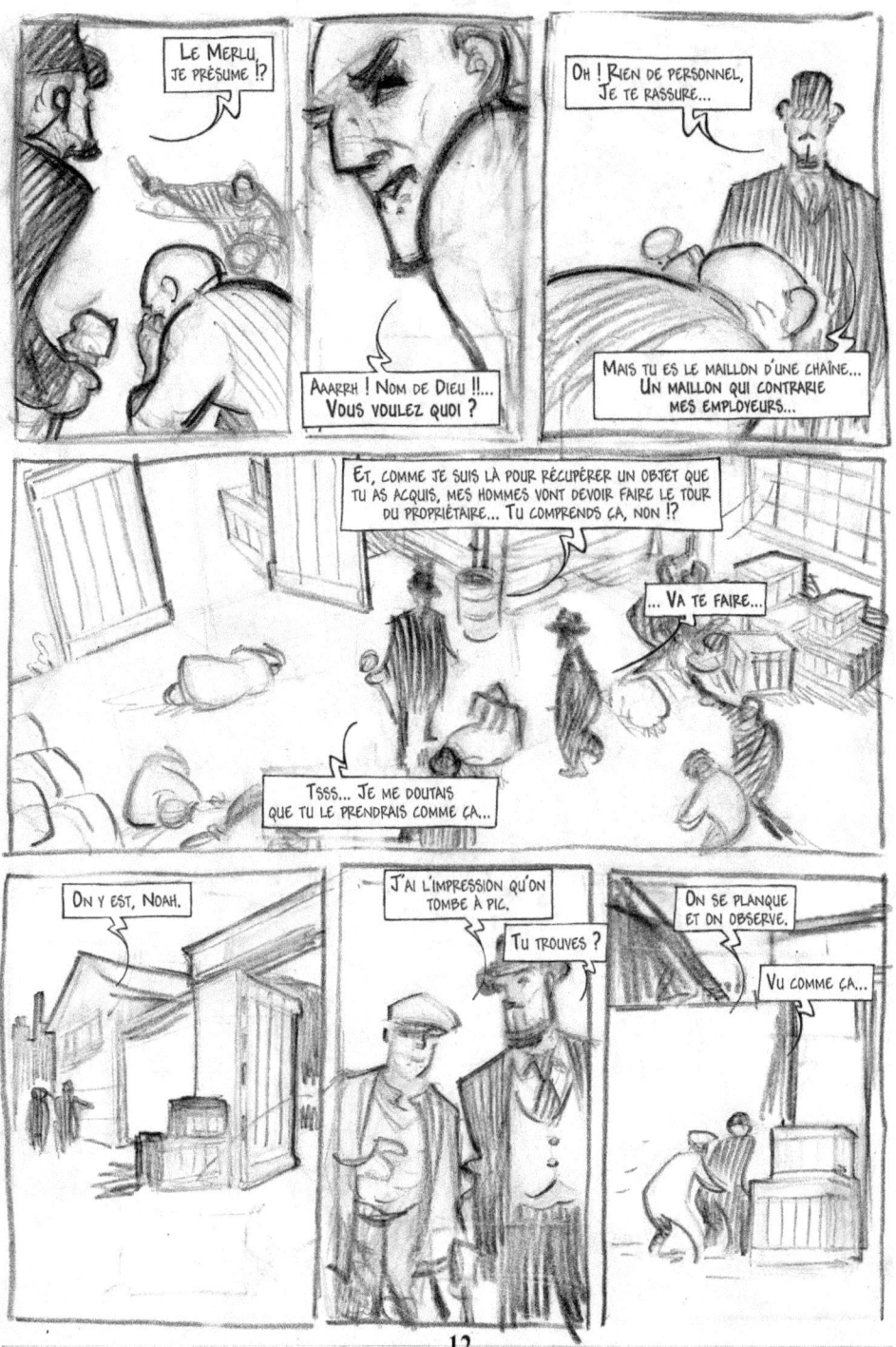

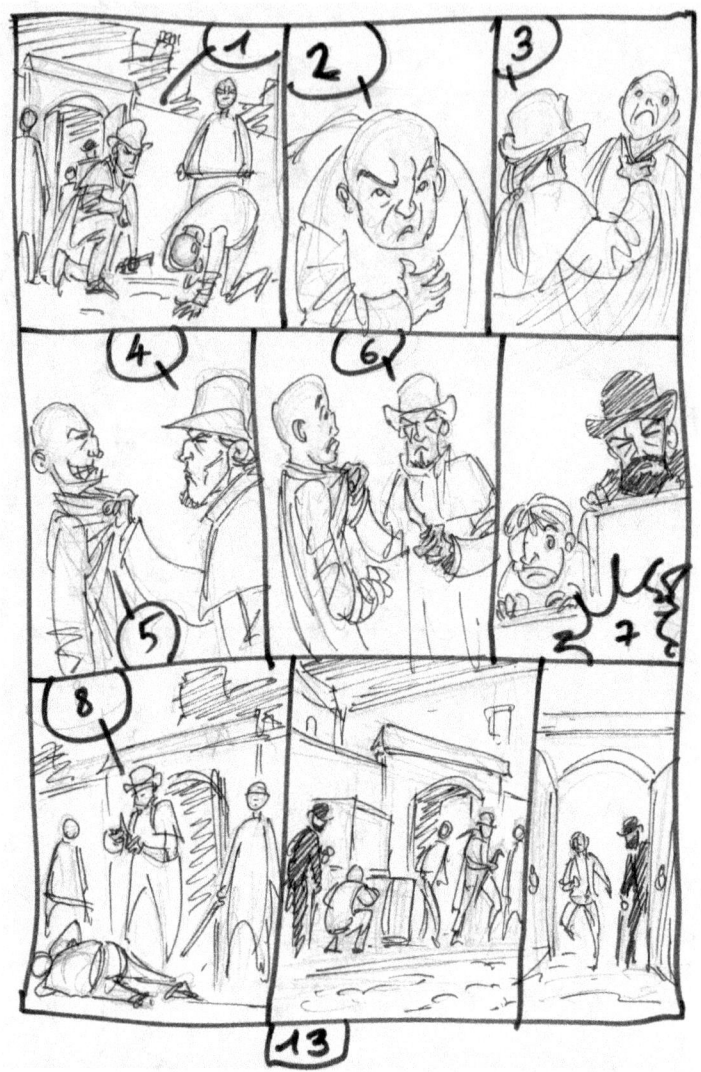

1. ON N'A RIEN TROUVÉ DE CE QUI NOUS INTÉRESSE...
IL VAUDRAIT MIEUX QUE TU NOUS PARLES, LE MERLU, ÇA T'ÉVITERAIS BIEN DES SOUCIS.

2. MAIS BON SANG!! JE NE VOIS PAS DE QUOI VOUS PARLEZ!!!

3. AH OUI??!! UN OBJET DE VALEUR! UNE MONTRE UNIQUE EN SON GENRE! ÇA NE TE DIS RIEN??!!

4. DIS-MOI À QUEL RECELEUR TU REFOURGUE TA CAMELOTE?!

5. JE NE SUIS PAS HORLOGER... DÉSOLÉ.

6. TU NE SERAS BIENTÔT PLUS RIEN, ABRUTI!

7. AAAAARRRGG!!

8. ON EN A FINI ICI, GUYS, LET'S GO.

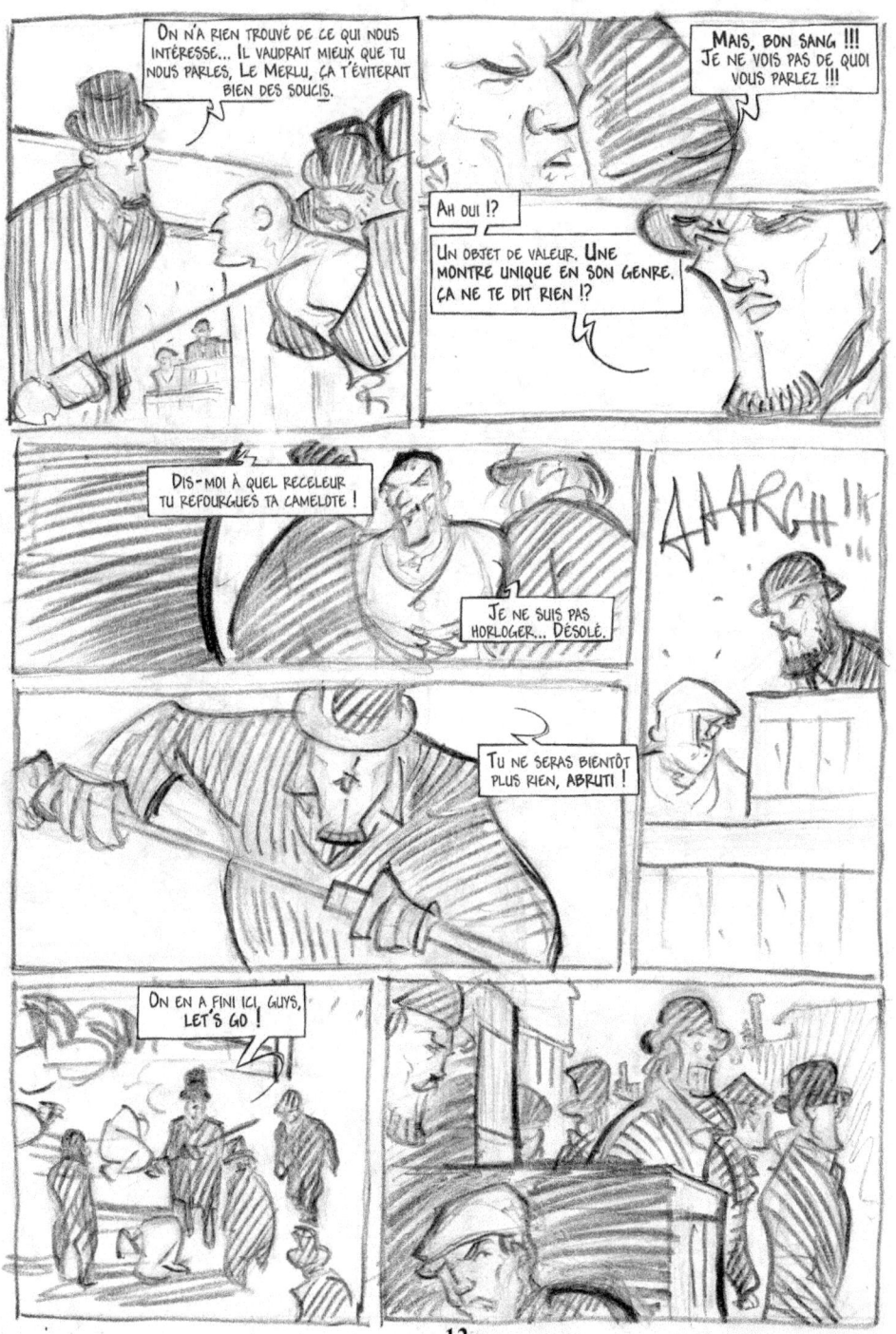

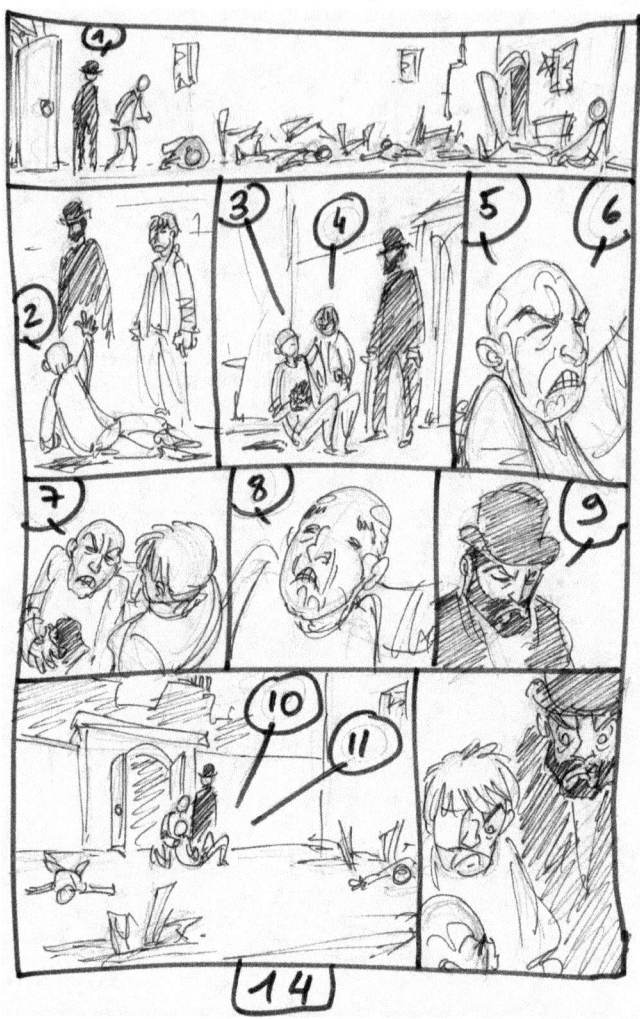

1. ET MALGRÉ ÇA, ILS N'ONT RIEN TROUVÉ ?
2. V... VOUS... AIDEZ-MOI... S'IL-VOUS PLAÎT !
3. ÉCOUTEZ... IL FAUT... PRÉVENIR... JOSEPH GRIELIS...
4. OUI ?
5. MON CONTACT... IL.. IL A UNE PETITE ÉCHOPPE DANS LE ONZIÈME.
6. C'EST LUI... NNNGG... QUI A UN OBJET... UNE MONTRE À GOUSSET.... MARR...
7. LES TYPES QUI M'ONT FAIT ÇA LA RECHERCHENT.
8. ..ILS... VONT FINIR PAR RETROUVER JOSEPH.
9. C'EST QUOI CETTE MONTRE ? POURQUOI EST-CE QU'ILS LA VEULENT ?
10. J'EN SAIS RIEN !!! AAAA...ELLE FAISAIT PARTI D'UN LOT QU'ON M'A RAPPORTÉ...
11. ..RAMASSÉ SUR L'ANCIENNE LIGNE DE FRONT... SUR LES CHAMPS DE BATAILLES... AARRR... C'EST TOUT CE QUE JE SAIS.

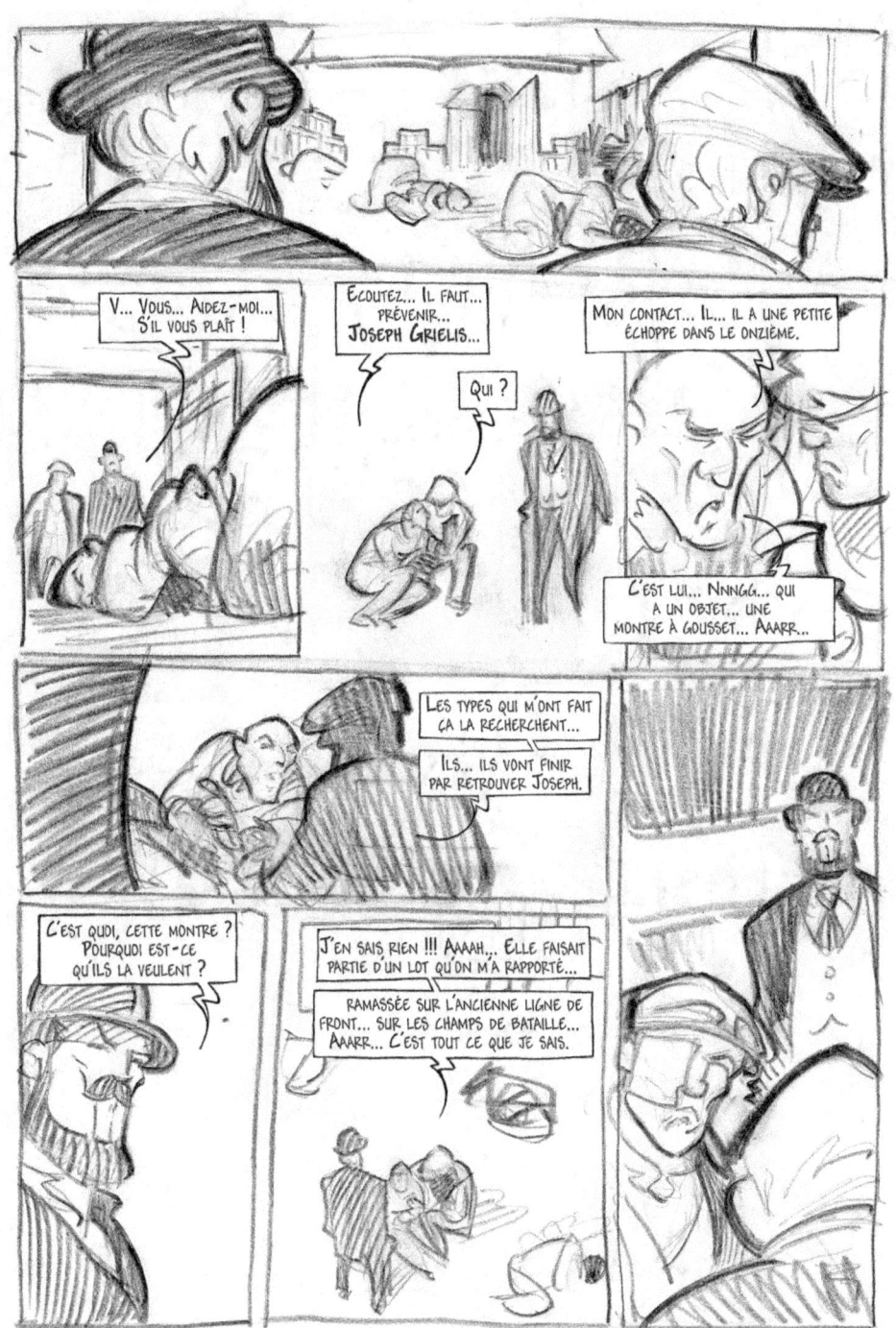

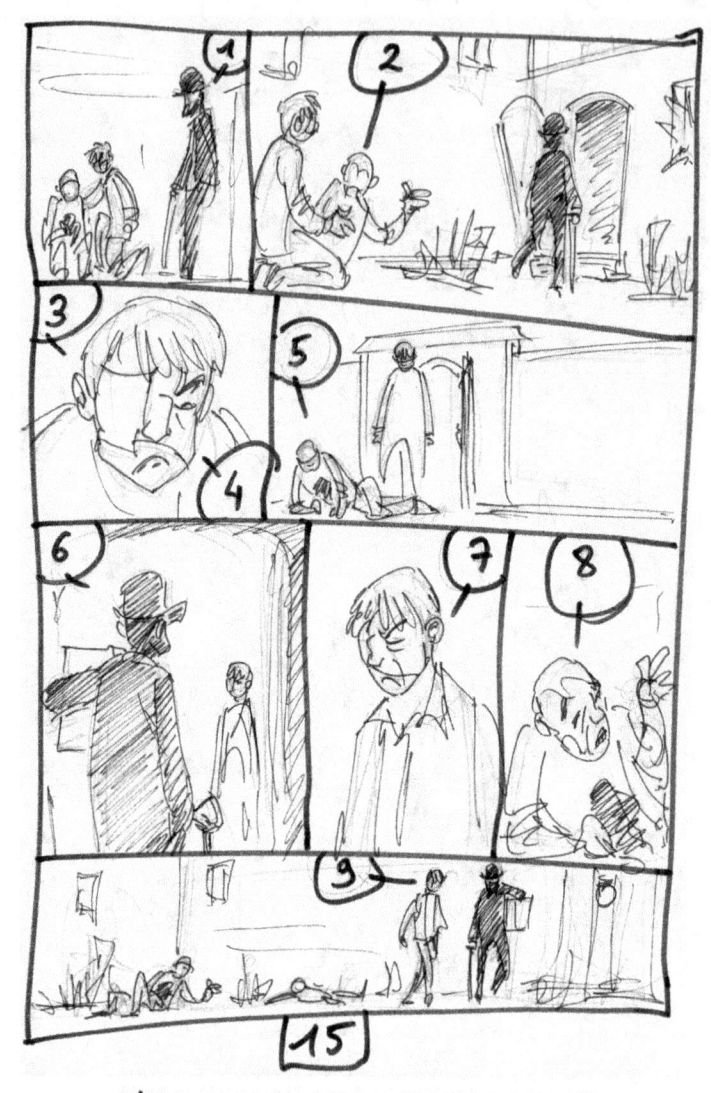

1. IL EST À TOI, NOAH... JE VAIS VOIR SI JE TROUVE L'ARMAGNAC D'ADÈLE.
2. ...ATT... ATTENDEZ... NE LAISSEZ-PAS... NNNGG... ÇA FAIT UN MAL DE CHIEN!!
3. CES CHAMPS DE BATAILLES QUE TU PILLES, DRECKSCHWEIN...
4. ...ON LES A CONNUS!
5. AAA... OH MERDE! ÉCOUTE... JE SUIS DÉSOLÉ,... ...JE...
6. J'AI LA MARCHANDISE, ON Y VA?
7. ON Y VA, CAMARADE!
8. MAIS... NON... AAARR... VOUS POUVEZ PAS ME LAISSER COMME ÇA... PAR PITIÉ!!!...
9. LES RISQUES DU MÉTIER, MON VIEUX.

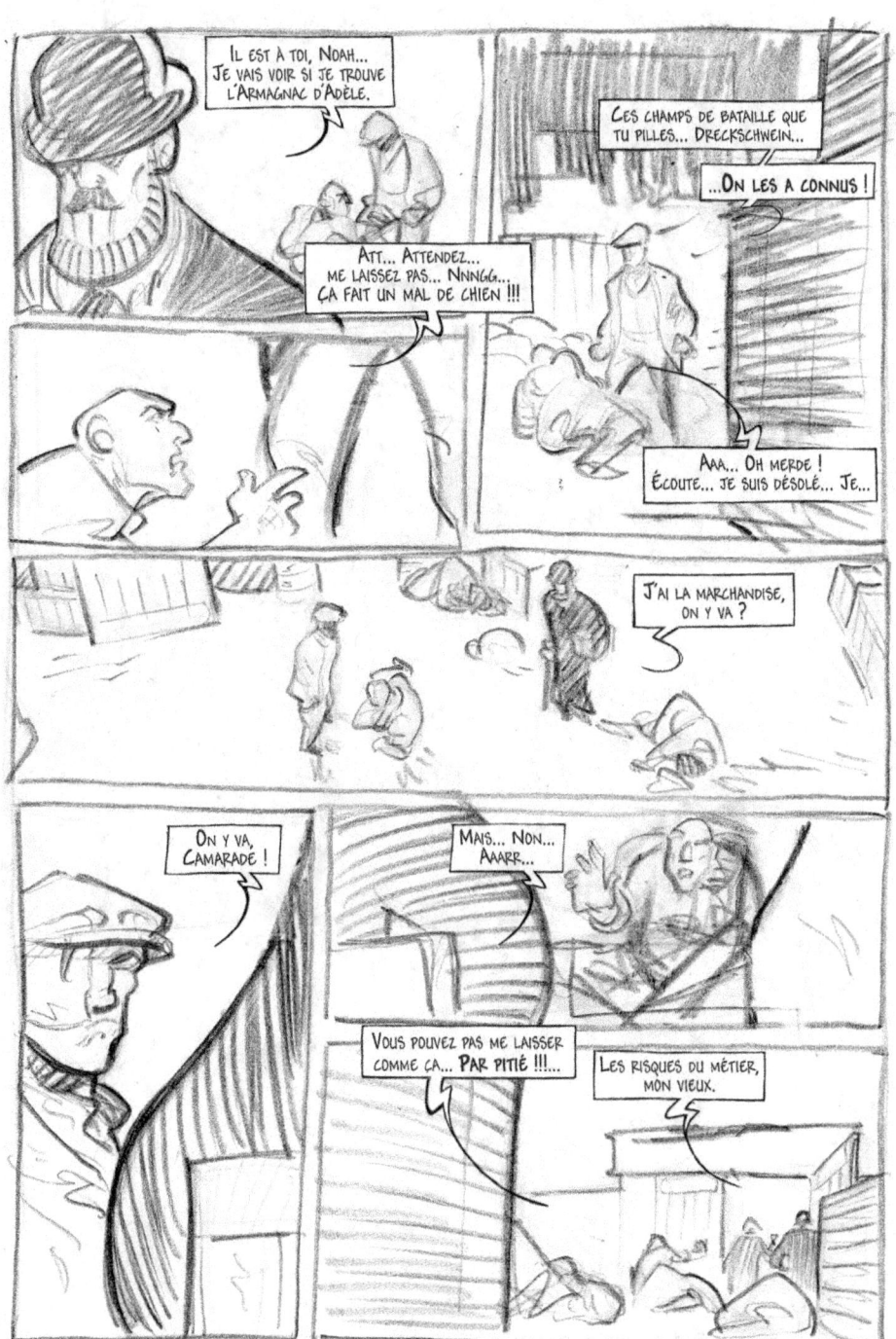

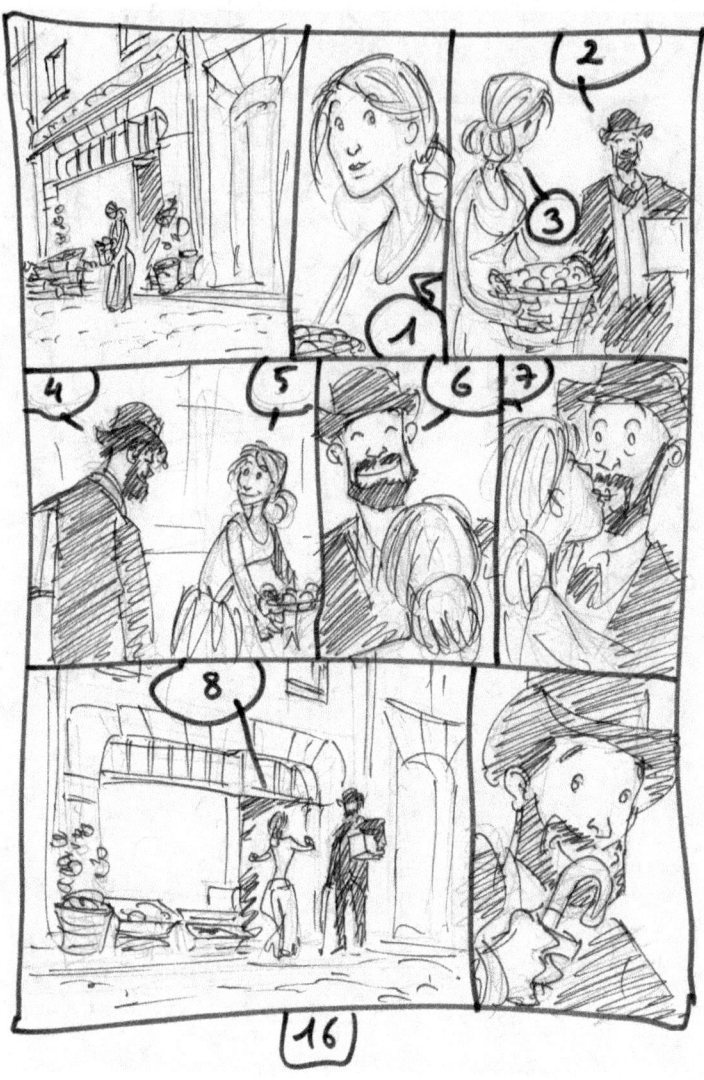

1. DÉSOLÉ ADÈLE, JE SUIS EN RETARD...
2. MAIS JE CROIS QUE ÇA EN VALAIT LA PEINE.
3. AUGUSTIN !
4. J'AI LÀ QUELQUE CHOSE QUI T'APPARTIENT.
5. L'ARMAGNAC ?! TU L'AS RÉCUPÉRÉ ??!!!
6. JE SAVAIS QUE ÇA TE FERAIS PLAISIR.
7. MERCI.
8. ENTRE, JE FINISSAIS D'OUVRIR LA BOUTIQUE.

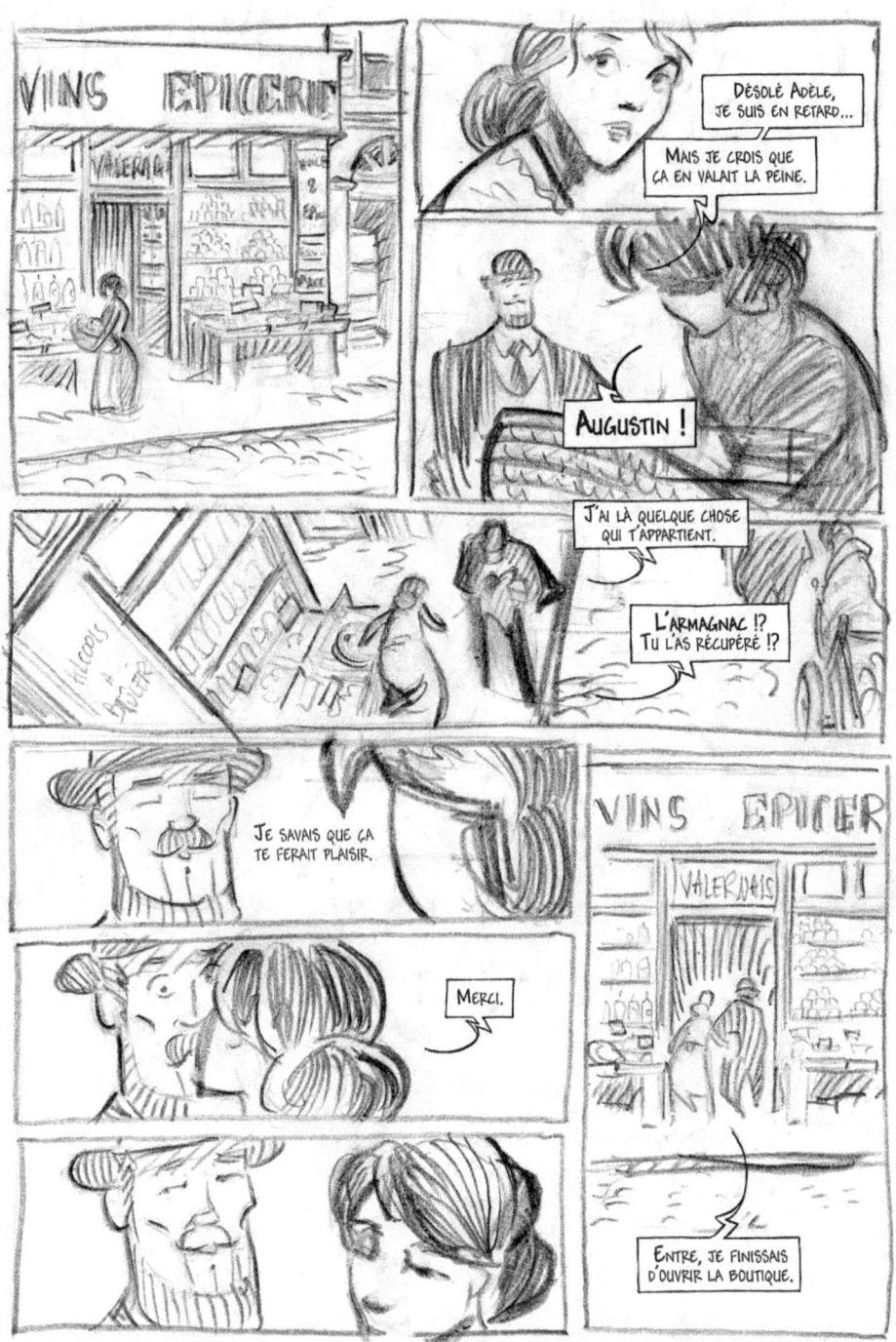

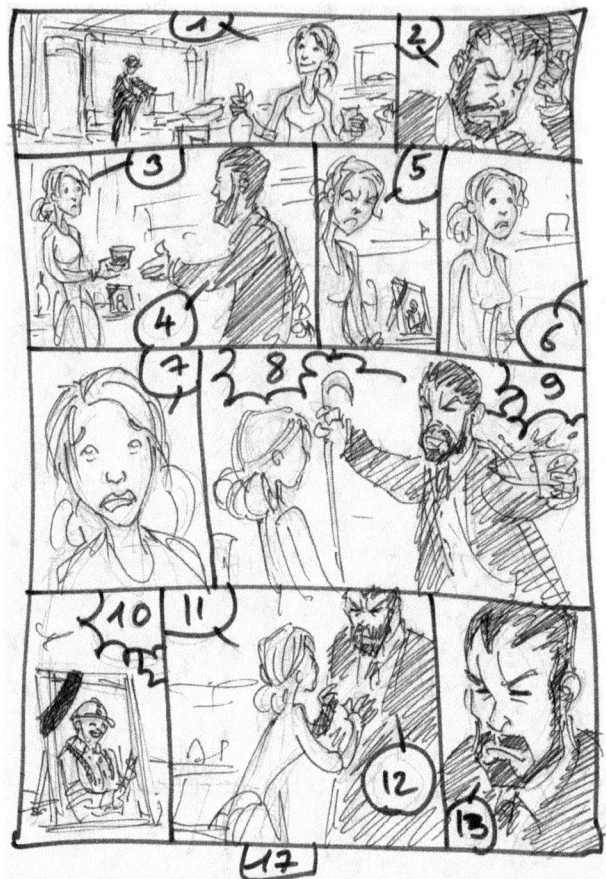

1. JE N'OSE MÊME PAS TE DEMANDER OÙ TU L'AS TROUVÉ.
2. ...CHEZ UN SALOPARD DE PREMIÈRE...
3. PARDON ??!!!
4. UN DE CES TYPES QUI RAMASSENT DE QUOI S'ENRICHIR SUR LES CORPS ENCORE CHAUDS DE NOS ANCIENS CAMARADES.
5. ÇA N'EN FINIRA DONC JAMAIS ?!
6. JE N'AI PAS L'INTENTION D'EN RESTER LÀ, ON A DES INDICES... UNE PELOTTE DE LAINE À TIRER POUR VOIR QUI SE CACHE AU BOUT.
7. ET ÇA T'APPORTERA QUOI ? À PART FARFOUILLER DE VIEILLES BLESSURES ?
8. VIEILLES BLESSURES ??!!
9. TOUTES LES NUITS JE ME RÉVEILLE DANS LES TRANCHÉES !!! COMMENT CROIS-TU QUE JE PUISSE ME DÉBARASSER DU SOUVENIR DES MORTS ??!!
10. DE CELUI DE LÉON, PAR EXEMPLE ?! ET DE TOUS LES AUTRES ??!!
11. AUGUSTIN, JE T'EN PRIE !
12. JE SUIS DÉSOLÉ, ADÈLE...
13. MAIS JE VEUX ALLER AU BOUT DE CETTE HISTOIRE.

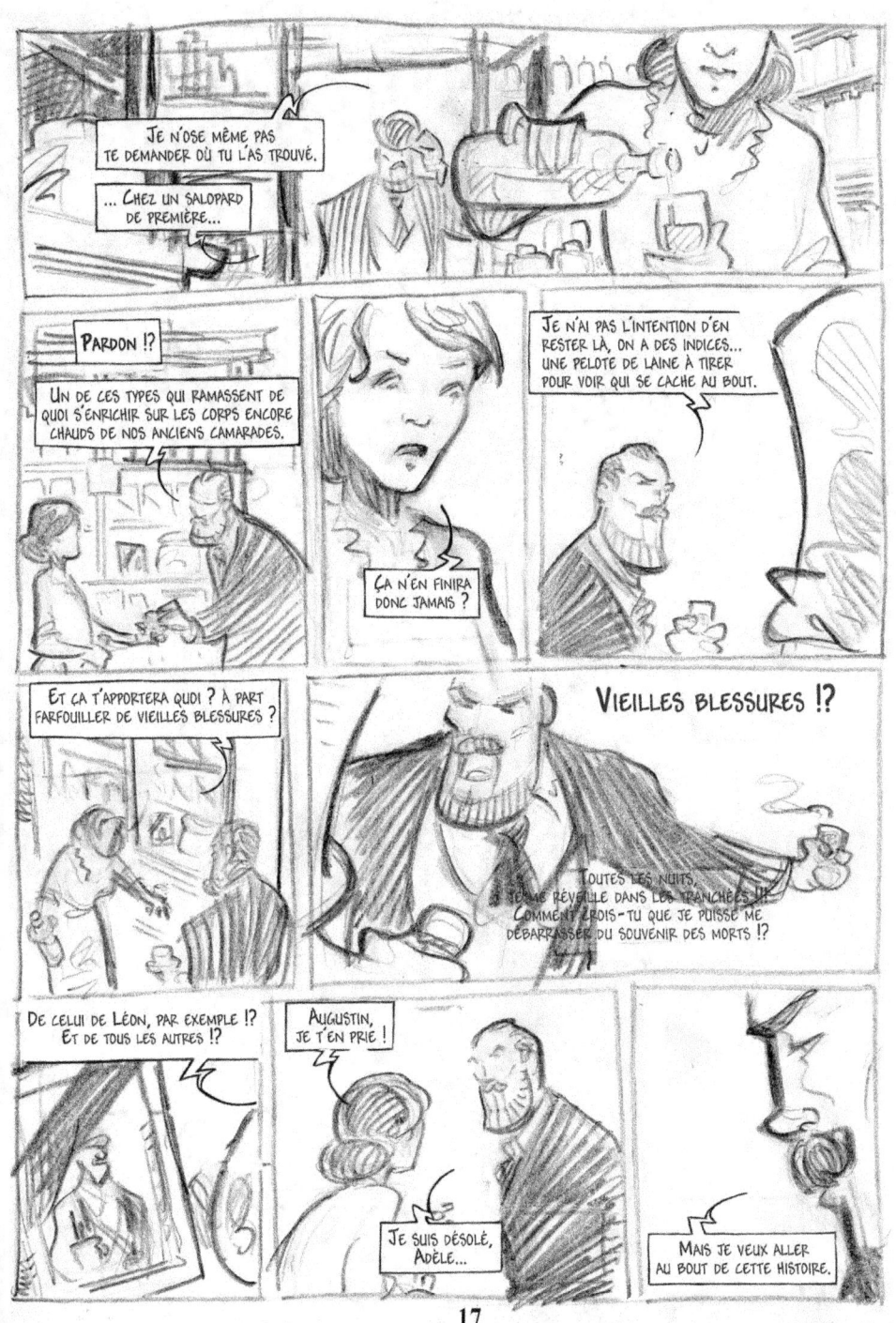

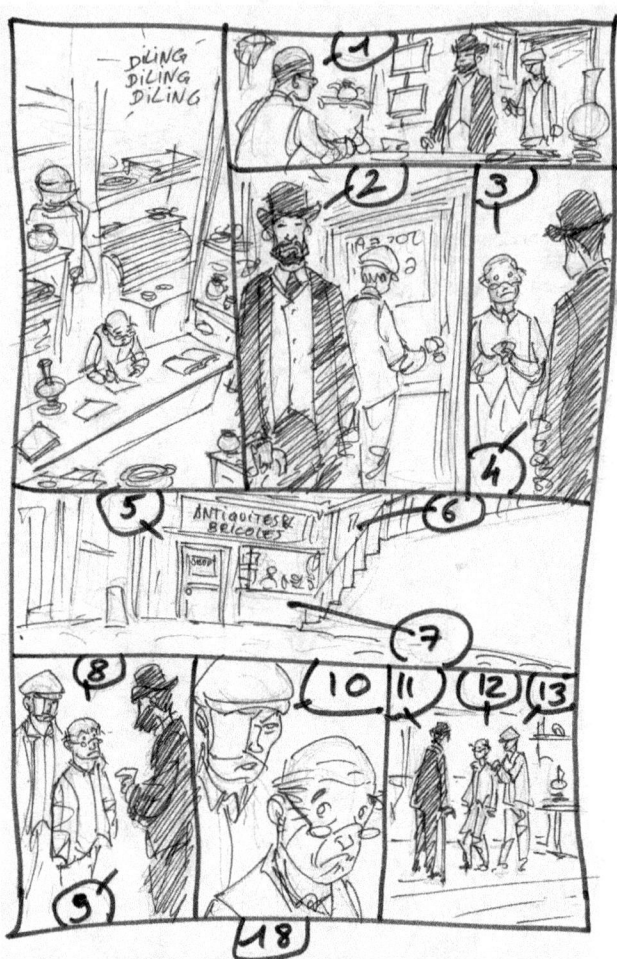

1. MESSIEURS BONJOUR, EN QUOI PUIS-JE VOUS ÊTRE UTILE?
2. VOUS ÊTES FERRÉ!
3. COMMENT?? MAIS NON! PAS DU TOUT.
4. CE N'ÉTAIT PAS UNE QUESTION.
5. QU'EST-CE QUE ÇA VEUT DIRE?
6. MONSIEUR JOSEPH GRIÉLIS, J'AI LE REGRET DE VOUS ANNONCER LA PERTE DE L'UN DE VOS FOURNISSEURS... ORNE LE MERLU, ÇA VOUS DIT QUELQUE CHOSE?
7. IL EST MALHEUREUSEMENT TOMBÉ SUR PLUS FORT QUE LUI, UN TYPE PLUTÔT ÉLÉGANT, MAIS L'HABIT NE FAIT PAS LE MOINE.
8. À QUOI ÇA RIME, TOUT ÇA? VOUS... VOUS ÊTES DE MÈCHE AVEC CET ÉLÉGANT?
9. DU TOUT! ON VIENT VOUS AVERTIR ET, PEUT-ÊTRE MÊME, VOUS SAUVER LA MISE.
10. PARCE QUE LE DANDY EN QUESTION, IL CHERCHE UNE CHOSE QUE LE MERLU T'AS FOURNI... ET QUE TU VAS NOUS REMETTRE.
11. DES LOTS DE PILLEURS DE CADAVRES, TU AS BIEN ÇA DANS TON ARRIÈRE BOUTIQUE?
12. HEU... JE... C'EST QUE...
13. ET TU VAS EN PROFITER POUR NOUS RENSEIGNER SUR QUELQUES UNES DE TES FILIÈRES.

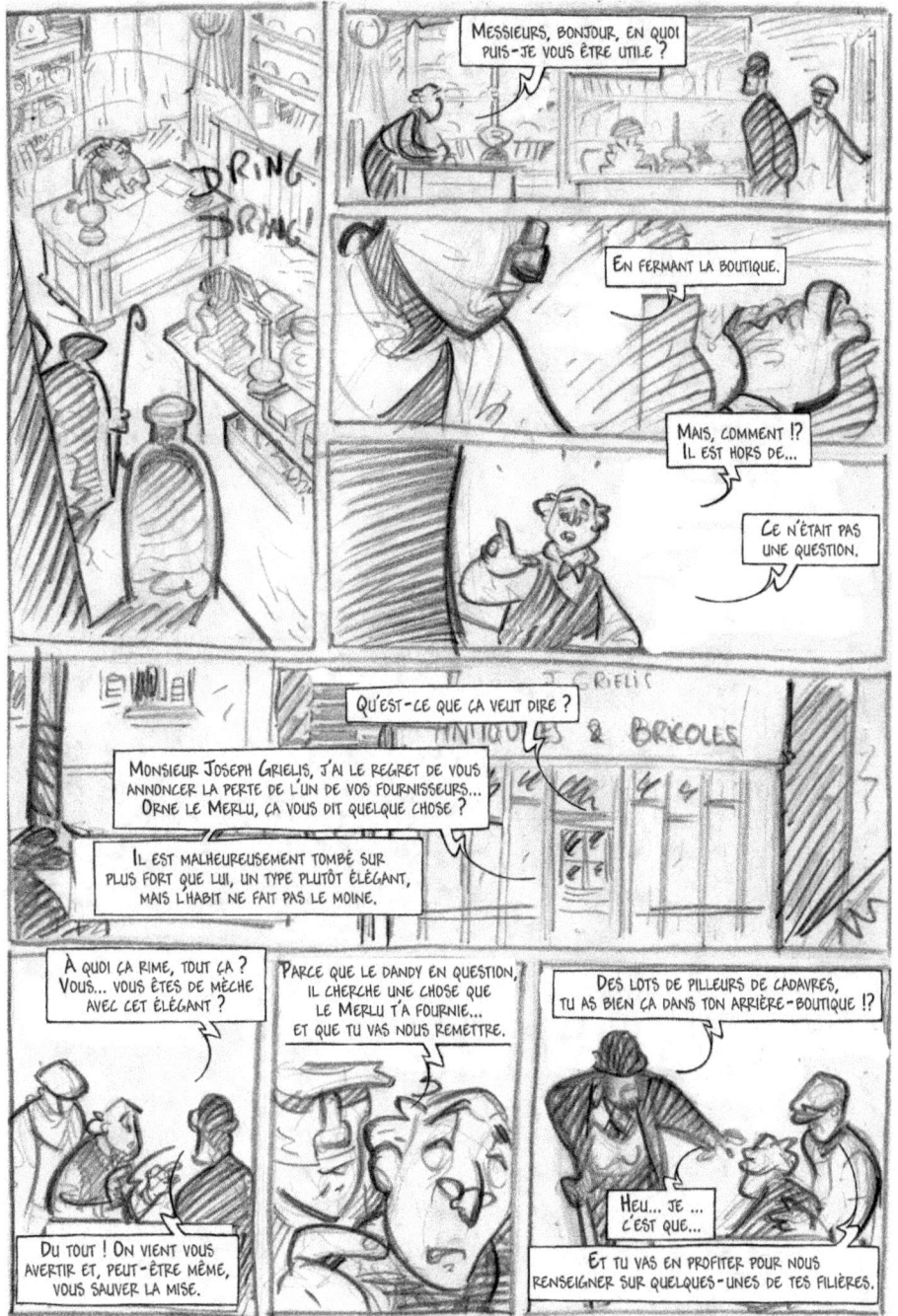

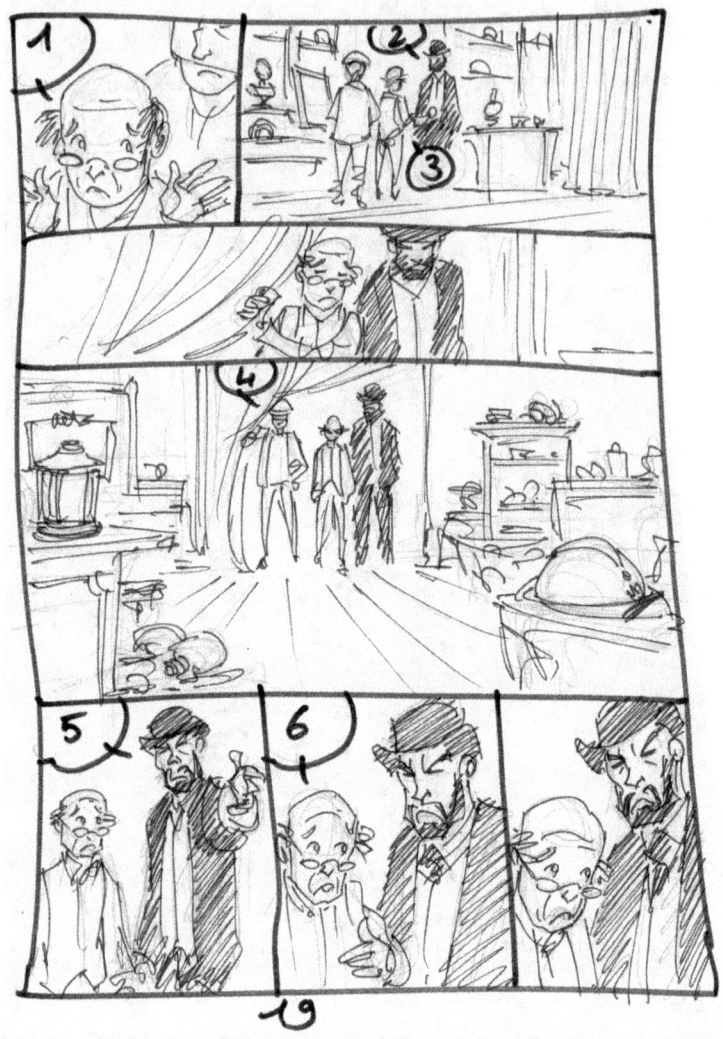

1. MAIS JE NE LES CONNAIS PAS!... LE MERLU EST... ENFIN ETAIT, MON PRINCIPAL FOURNISSEUR... COMMENT LUI SE DEBROUILLE, CE N'EST PAS MON AFFAIRE... QUESTION DE SECURITE, VOUS COMPRENEZ?

2. ET LA MARCHANDISE?

3. HEU... OUI... PAR ICI...

4. OH BON SANG!

5. ET TOUT ÇA, ÇA VIENT D'OÙ? VERDUN? LE CHEMIN DES DAMES? CRAONNE? REIMS?

6. JE... JE NE SUIS PAS SENSÉ LE SAVOIR...

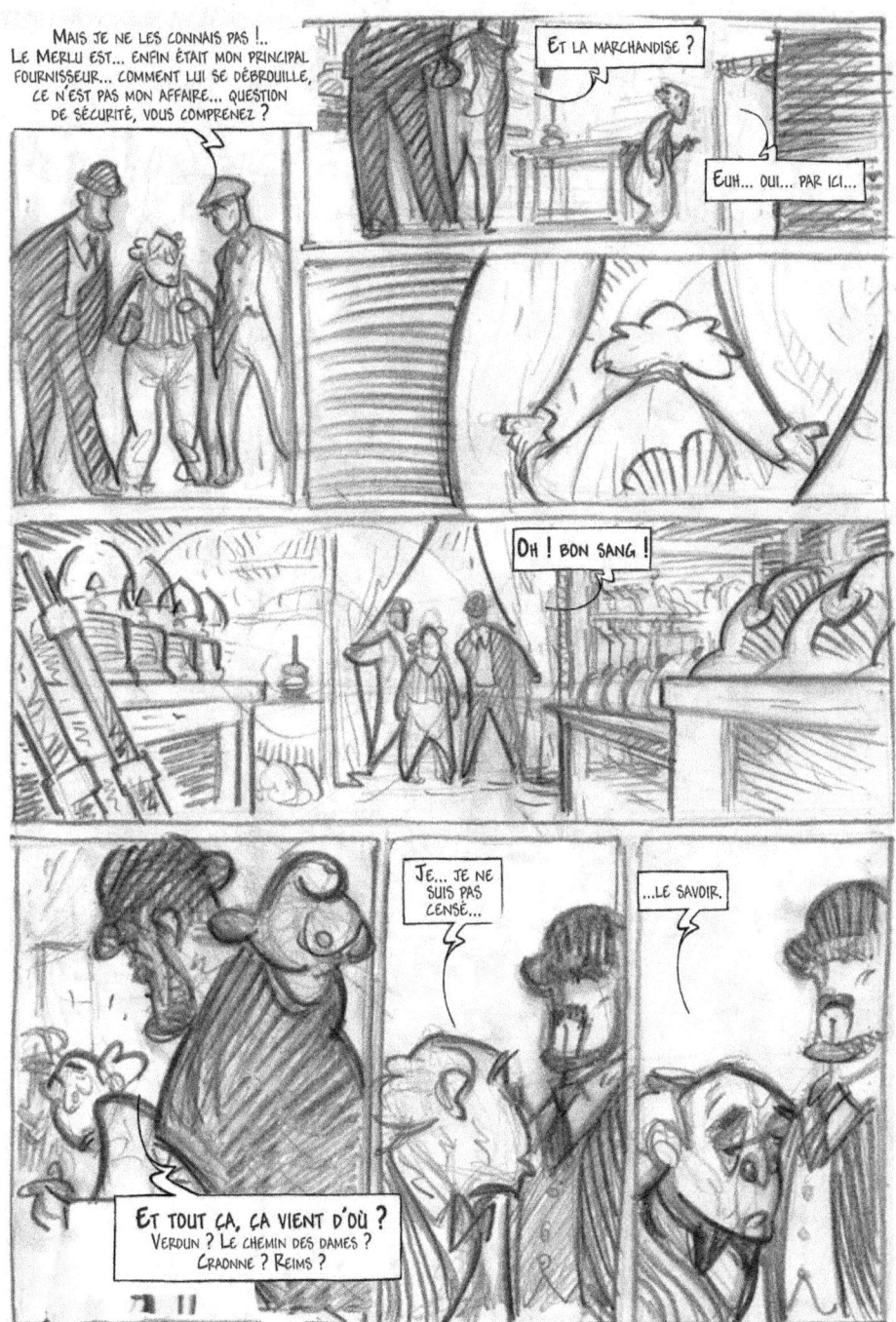

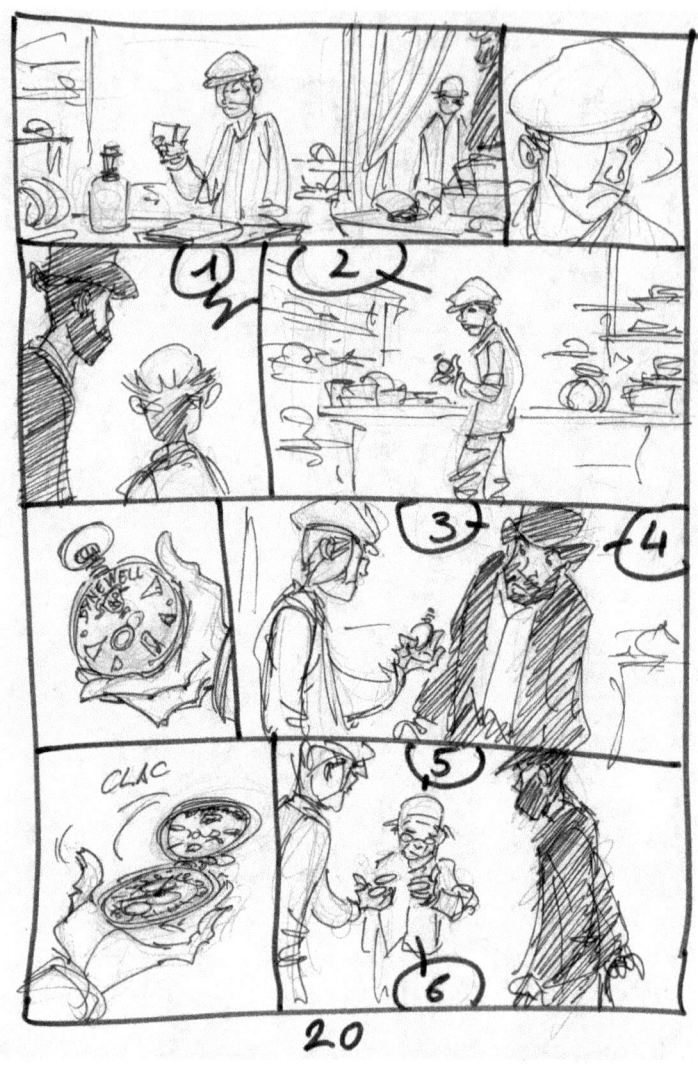

1. AUGUSTIN, VIENS VOIR ÇA !
2. VOILÀ QUI DOIT CORRESPONDRE À CE QUE CHERCHE LE DANDY.
3. JE PEUX COMPRENDRE QU'ON VEUILLE RÉCUPÉRER UN TEL OBJET.
4. HORLOGERIE DYNEWELL... JAMAIS ENTENDU PARLER.
5. COMME VOUS POUVEZ LE CONSTATER, ELLE NE FONCTIONNE PLUS...
6. ET CE N'EST PAS FAUTE D'AVOIR ESSAYER DE LA RÉPARER.

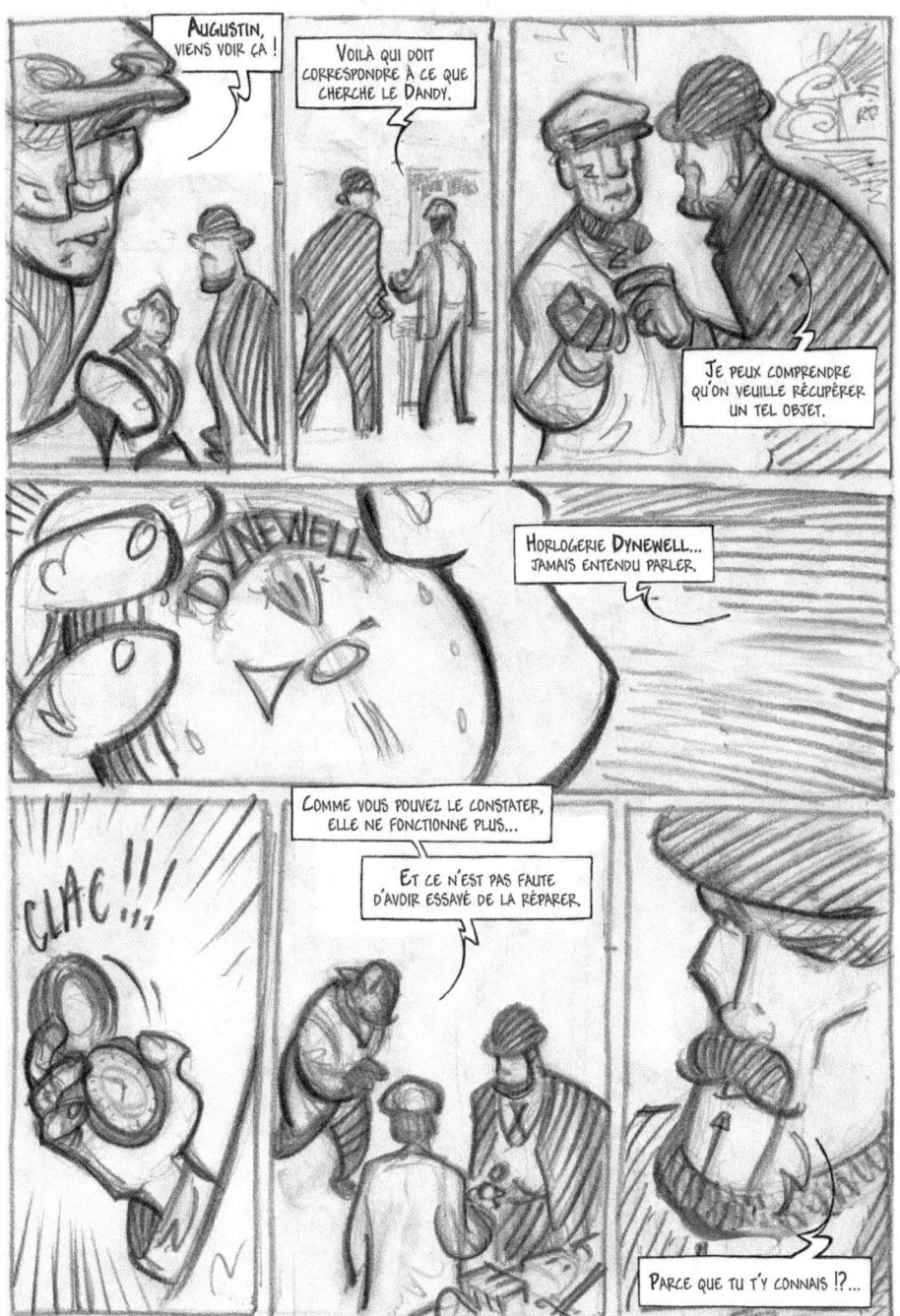

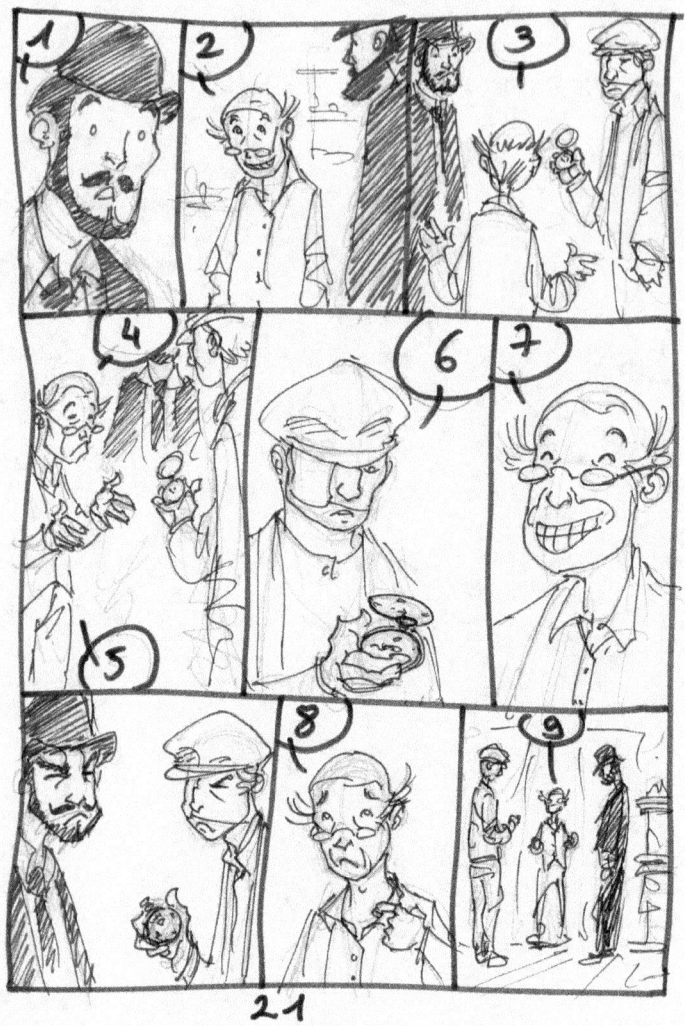

21

1. PARCE QUE TU T'Y CONNAIS ??!!

2. ▮... OUI... J'AI QUELQUES CONNAISSANCES EN HORLOGERIE...

3. VOUS SAVEZ, ÇA M'EST UTILE... QUELQUE FOIS, POUR... HEU...

4. ...ENFIN BREF! JE N'AI JAMAIS VU UNE TELLE MÉCANIQUE, ▮ J'AI EU BEAU ESSAYER DE COMPRENDRE SON FONCTIONNEMENT...

5. ...RIEN N'Y A FAIT...

6. ET LA FAIRE EXAMINER PAR DES SPÉCIALISTES?

7. HÉHÉ!... ET DEVOIR RÉPONDRE À DES QUESTIONS AUXQUELLES JE N'AI PAS ENVIE DE RÉPONDRE?... VOUS ÊTES MARRANTS, VOUS...

8. ▮ HEU... PEUT-ÊTRE PAS, FINALEMENT...

9. ...LE FAIT EST QUE CETTE MONTRE RESTE UNE ÉNIGME.

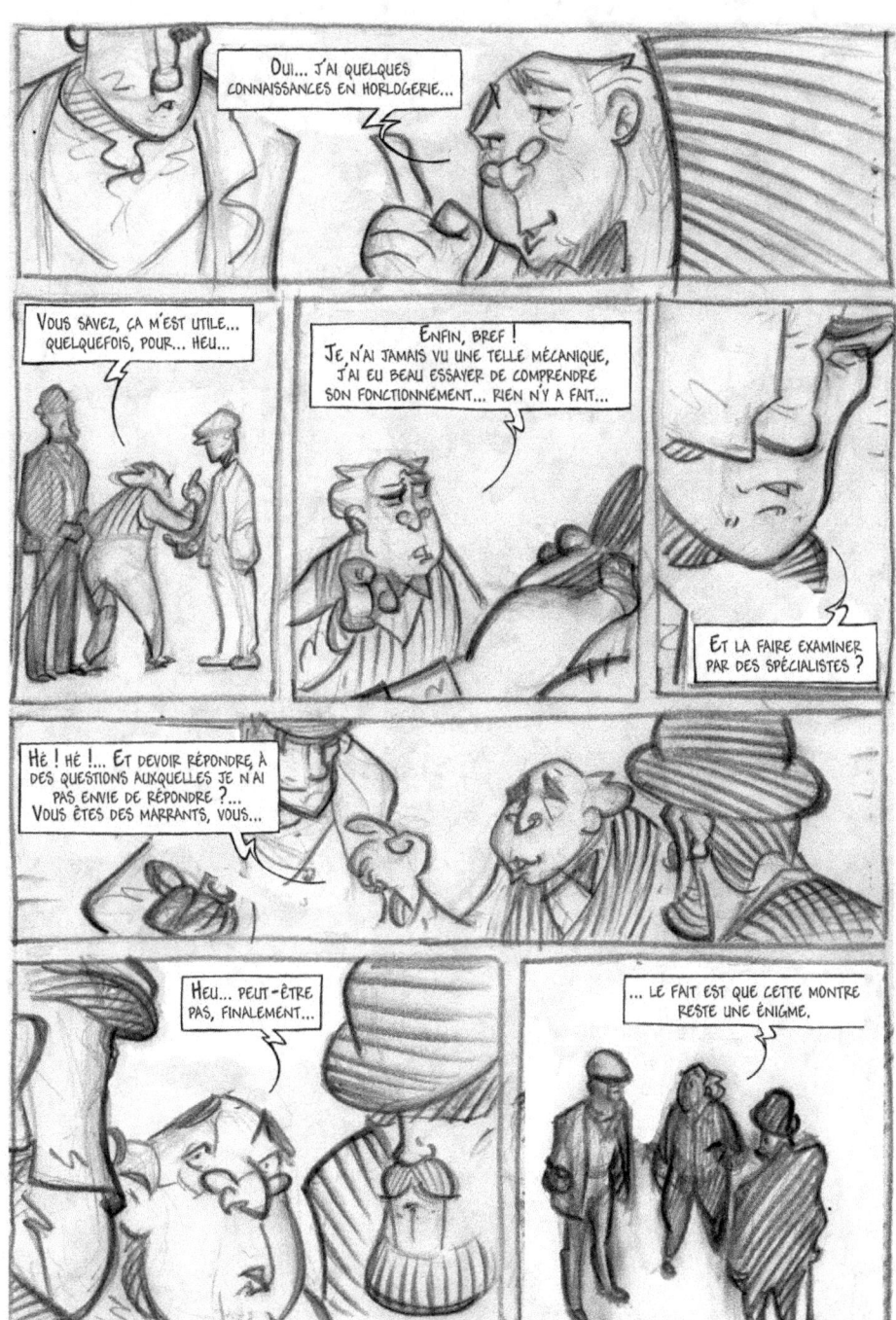

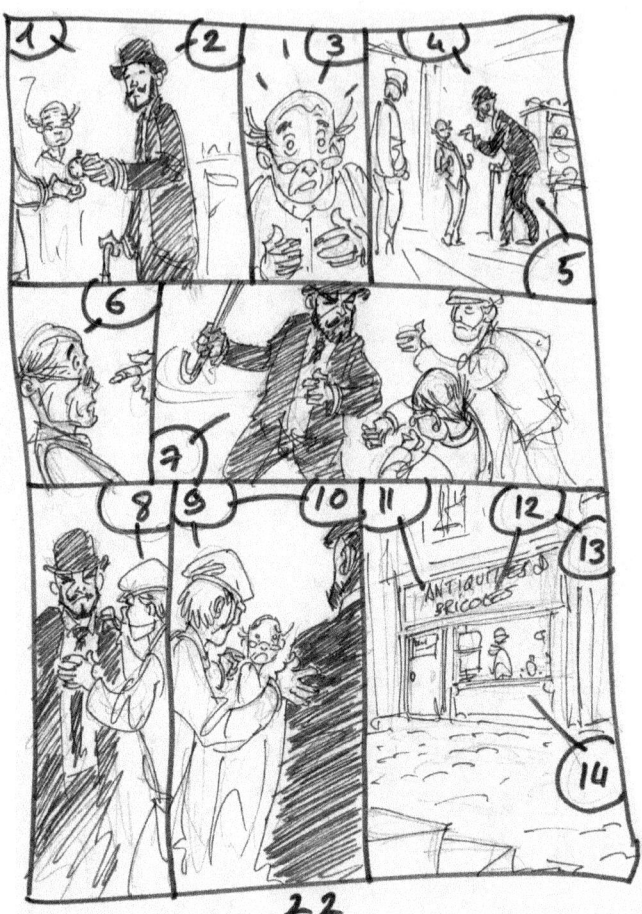

1. Tu n'auras plus à t'en soucier, de toute façon !
2. On la récupère, avec le reste.
3. Quoi ??!! Non !... Vous n'y pensez pas !
4. Oh si ! Et plutôt deux fois qu'une !
5. On va revenir chercher tout ça avec un véhicule, histoire que plus personne ne s'enrichisse sur le dos des morts.
6. Mais... J'ai une boutique à faire tourner, moi.
7. Tu vas la...
8. Augustin, attends !! Écoute, je vais rester ici le temps que tu trouves de quoi embarquer les objets...
9. Quant à toi, le receleur, on peut toujours donner l'adresse de ton commerce aux flics...
10. Alors estime-toi heureux de t'en sortir à si bon compte !
11. ...À moins que tu ne préfères qu'Augustin reste.
12. Non !!
13. Je... Je veux dire, si... J'accepte...
14. Tu fais bien.

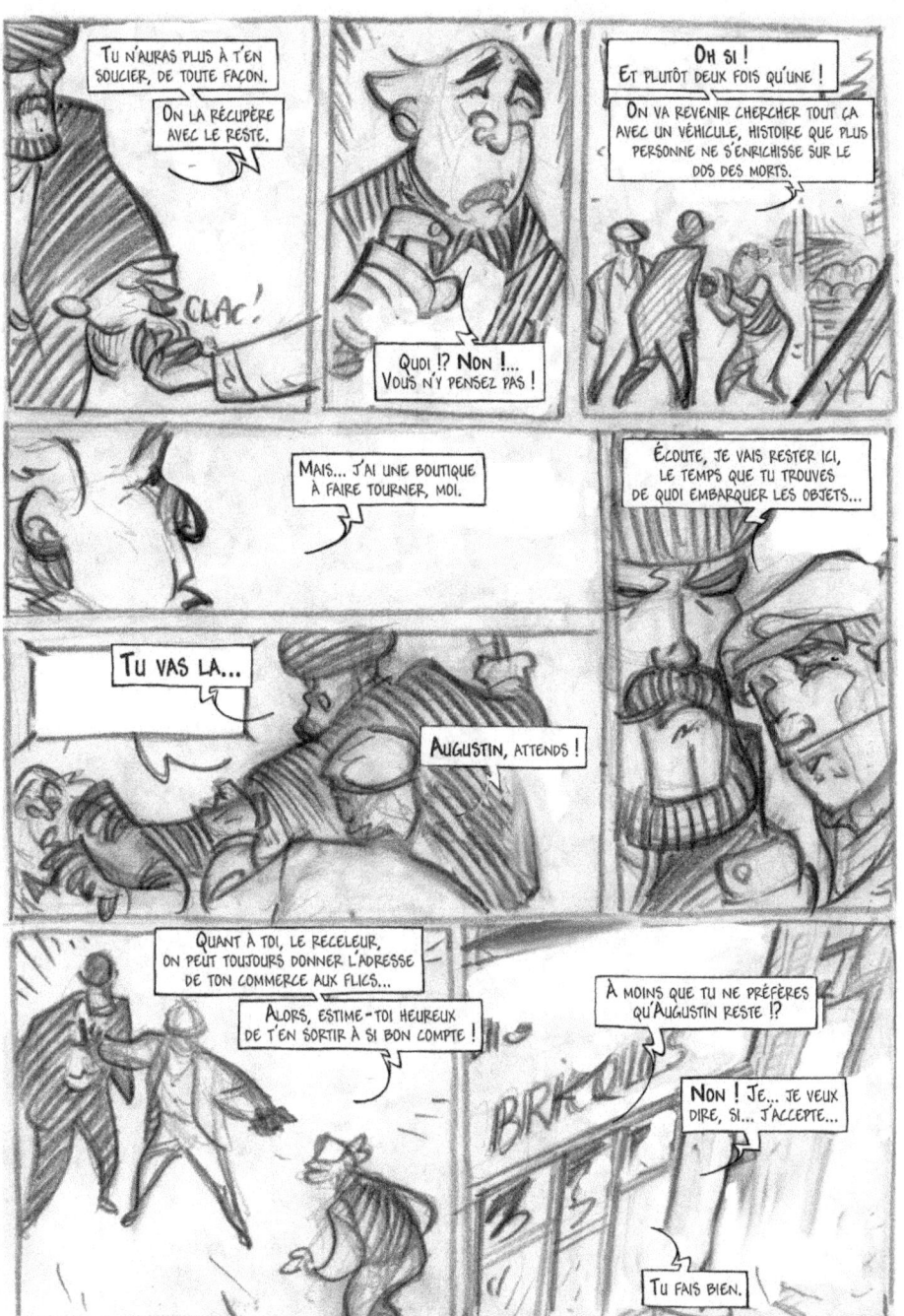

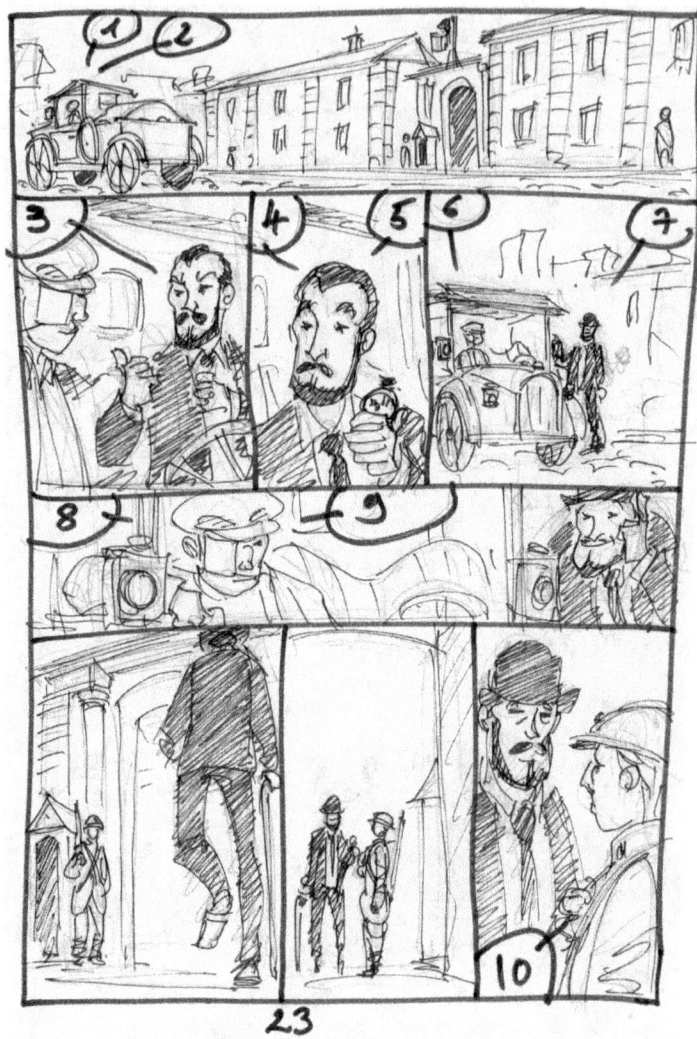

1. TU ES SÛR DE LE TROUVER LÀ ?
2. DISONS QUE JE VOIS MAL OÙ D'AUTRE IL POURRAIT ÊTRE...
3. ET C'EST UNE PERSONNE DE CONFIANCE, LE SEUL OFFICIER QUE JE CONNAISSE À QUI REMETTRE CE QU'ON A RÉCUPÉRÉ.
4. SAUF ÇA.
5. ÇA, C'EST NOTRE AFFAIRE !
6. TU CROIS QUE CE FOUTU RECELEUR SE SOUVIENDRA DE NOUS ?
7. J'ESPÈRE BIEN !
8. JE VAIS T'ATTENDRE ICI...
9. ...JE NE SUIS PAS SÛR QU'UN ANCIEN SOLDAT ALLEMAND SOIT LE BIENVENU AU MINISTÈRE DE LA DÉFENSE.
10. LE CAPITAINE MAXIME NOURY ?... OUI, IL EST LÀ, RESTE À VOIR S'IL PEUT VOUS RECEVOIR.

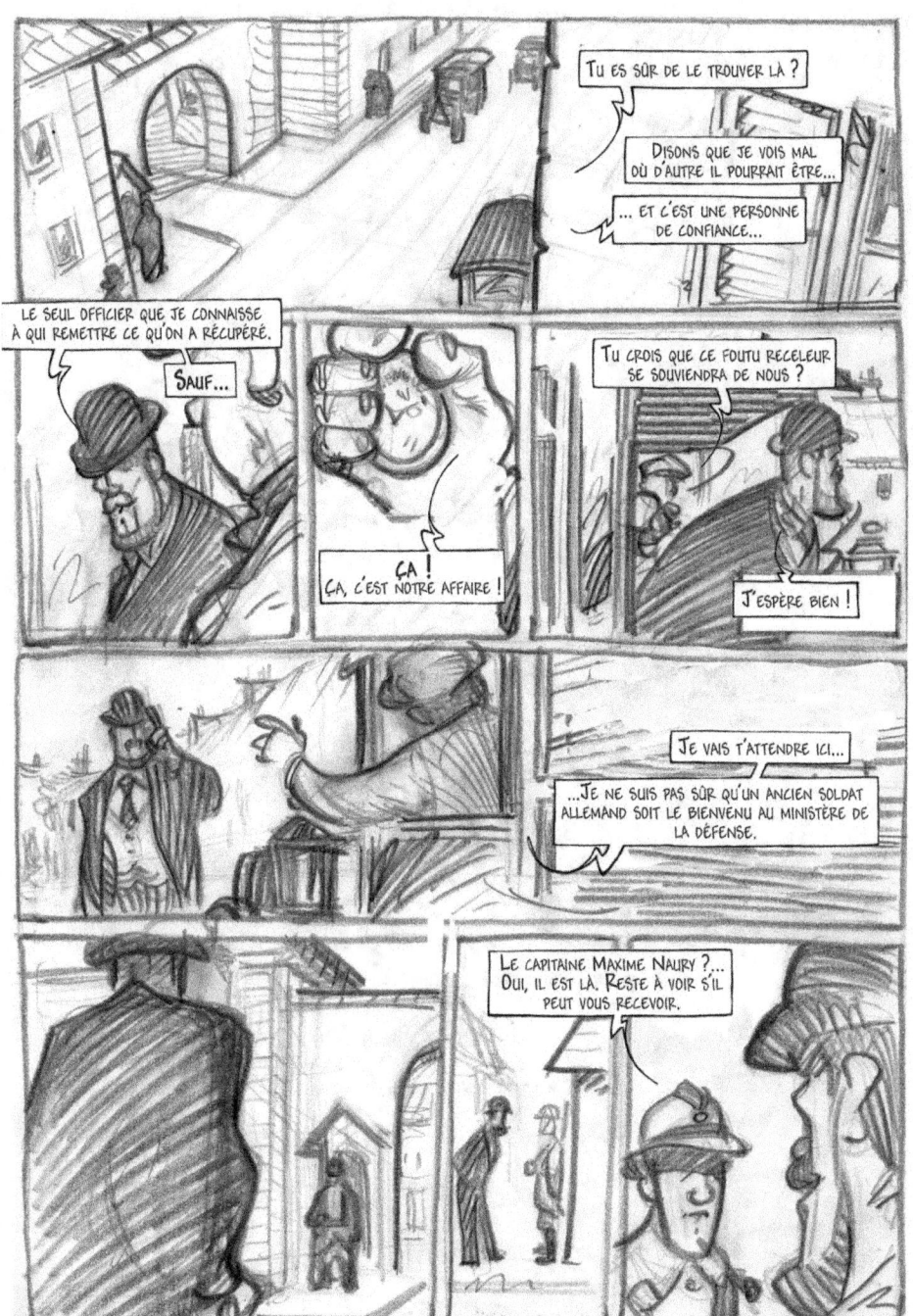

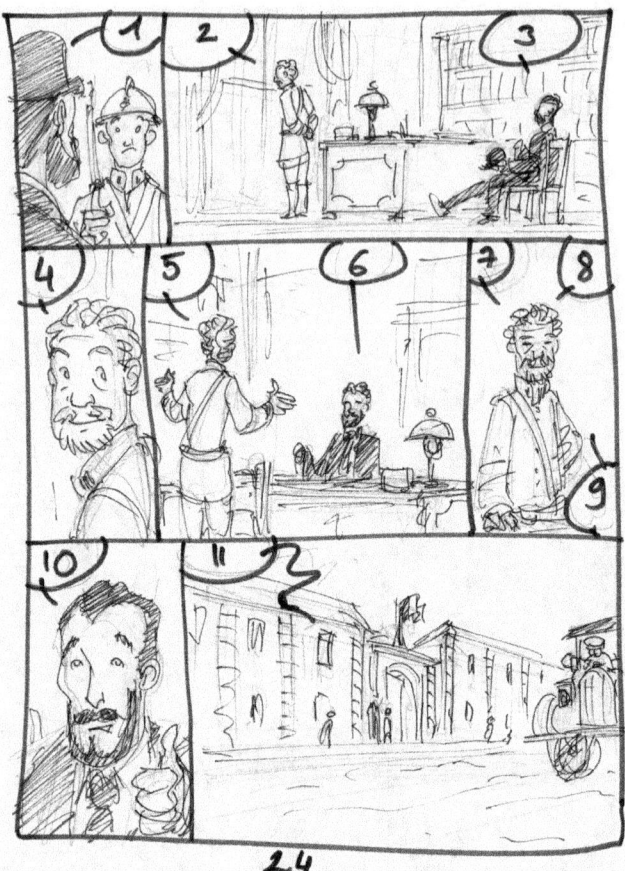

1. OH! LORSQU'IL SAURA POURQUOI JE SUIS ICI, IL POURRA... J'EN SUIS SÛR.

2. CE N'EST PAS LA PREMIÈRE FOIS QUE J'ENTENDS PARLER DE CE GENRE DE TRAFIC, SOLDAT DAGNEAU...

3. ...J'AI ÉTÉ DÉMOBILISÉ, VOUS SAVEZ, CAPITAINE...

4. HUM, OUI, C'EST VRAI, EXCUSEZ-MOI, LES HABITUDES...

5. J'AI DU MAL À OUBLIER LE PREMIÈRE CLASSE AUGUSTIN DAGNEAU QUI ÉTAIT SOUS MES ORDRES.

6. L'OUBLI N'EST PAS POUR NOUS, PAS POUR CEUX QUI ONT VÉCU CETTE BOUCHERIE.

7. C'EST VRAI... POUR EN REVENIR À NOTRE AFFAIRE...

8. AVEC LA VILLE QUI FOURMILLE DE REPRÉSENTANTS INTERNATIONAUX CHARGÉS DE METTRE AU POINT UN TRAITÉ DE PAIX, ET LES ALLEMANDS QUI RECHIGNENT À L'ACCEPTER...

9. ... LES AUTORITÉS ONT D'AUTRES CHATS À FOUETTER QUE D'ENQUÊTER SUR DES PILLAGES DE CHAMPS DE BATAILLES.

10. JE COMPRENDS, JE TENAIS JUSTE À VOUS REMETTRE CE QUE J'AI PU TROUVER... UN VÉHICULE PLEIN ATTEND DEHORS.

11. ET JE VOUS EN REMERCIE, JE FERAIS LE NÉCESSAIRE, OU AU MOINS, DE MON MIEUX, POUR QUE LES EFFETS PUISSENT RETROUVER LES FAMILLES AUXQUELLES ILS REVIENNENT.

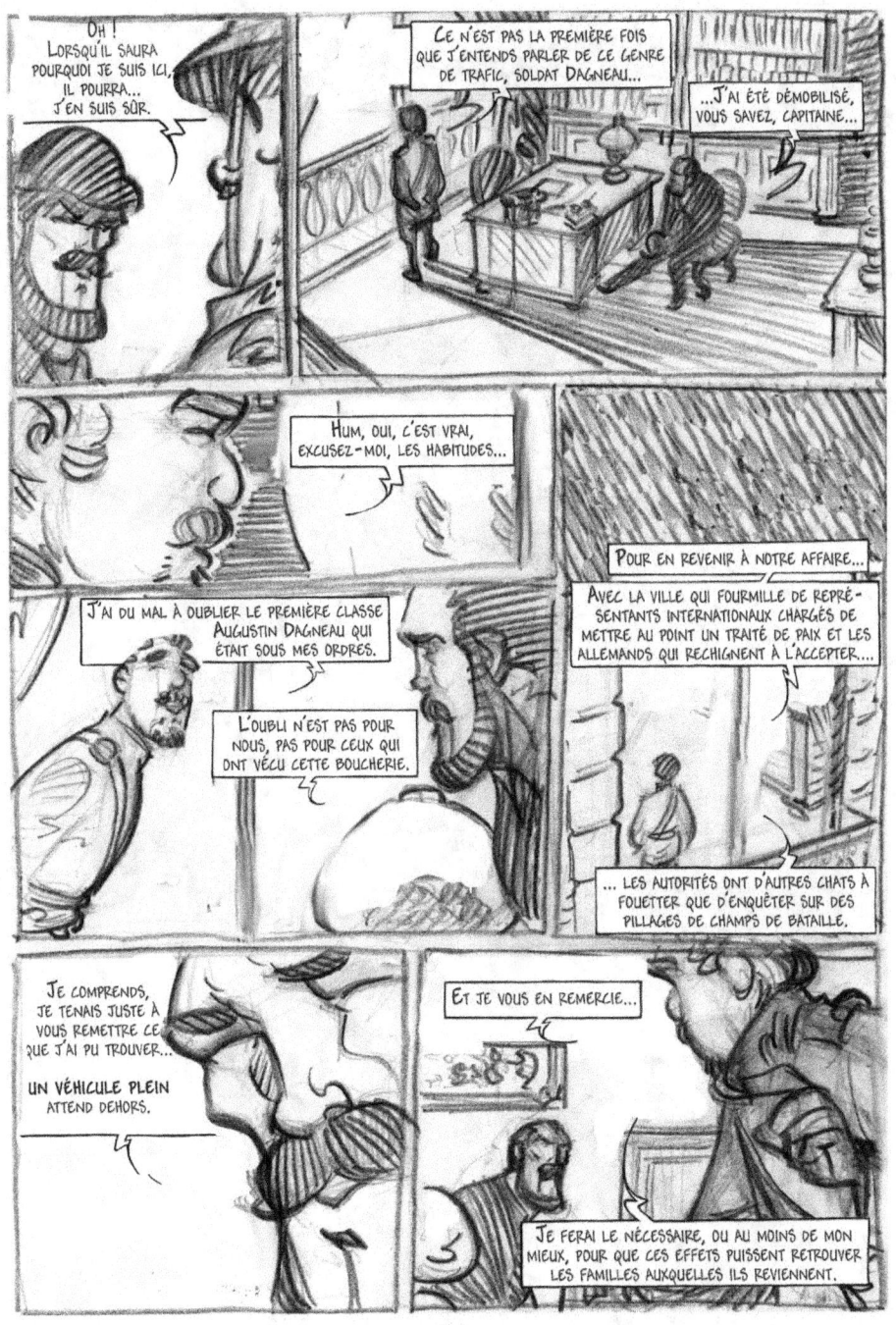

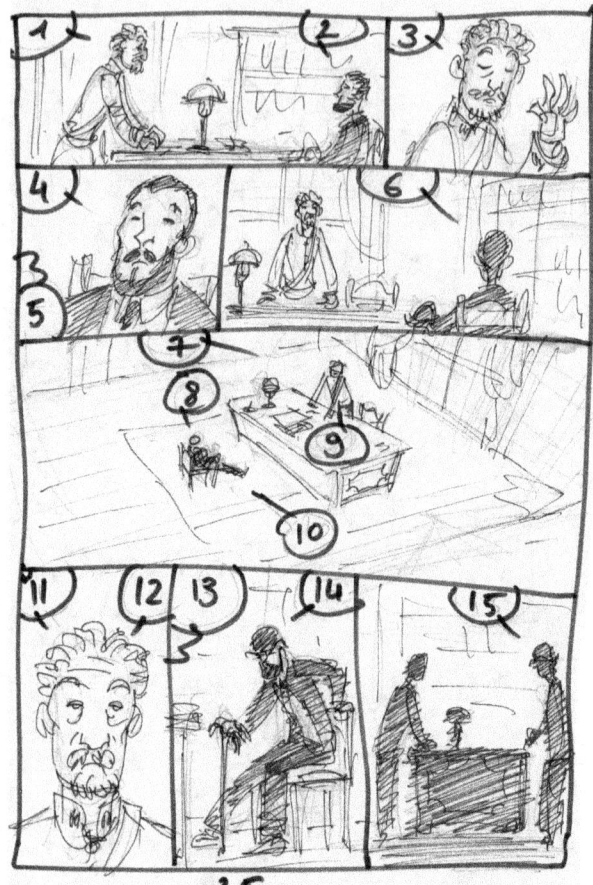

1. J'IMAGINE QUE ÇA NE SERT À RIEN DE VOUS DEMANDER COMMENT VOUS ÊTES TOMBÉS SUR TOUT ÇA ?
2. VOUS IMAGINEZ BIEN.
3. À VRAI DIRE, JE NE VEUX MÊME PAS LE SAVOIR...
4. J'AURAIS UNE QUESTION, CAPITAINE.
5. ALLEZ-Y.
6. EST-CE QUE LE NOM DE DYNEWELL APPARAÎT QUELQUE PART DANS VOS DOSSIERS ?
7. UN SOLDAT ANGLAIS ? DISPARU ?
8. TOUT PORTE À LE CROIRE.
9. CE NOM NE ME DIT RIEN, JE VAIS CHERCHER.
10. MERCI.
11. UNE DERNIÈRE CHOSE...
12. ...DES HOMMES COMME VOUS, CAPABLES DE NAGER EN EAUX TROUBLES, PEUVENT TOUJOURS NOUS ÊTRE UTILES, ICI, COMME INFORMATEURS...
13. ...PENSEZ-Y, NOUS PAYONS BIEN...
14. J'Y RÉFLÉCHIRAIS, PROMIS.
15. MAIS C'EST PLUTÔT AUX MORTS QUE L'ÉTAT DEVRAIT PAYER SA DETTE.

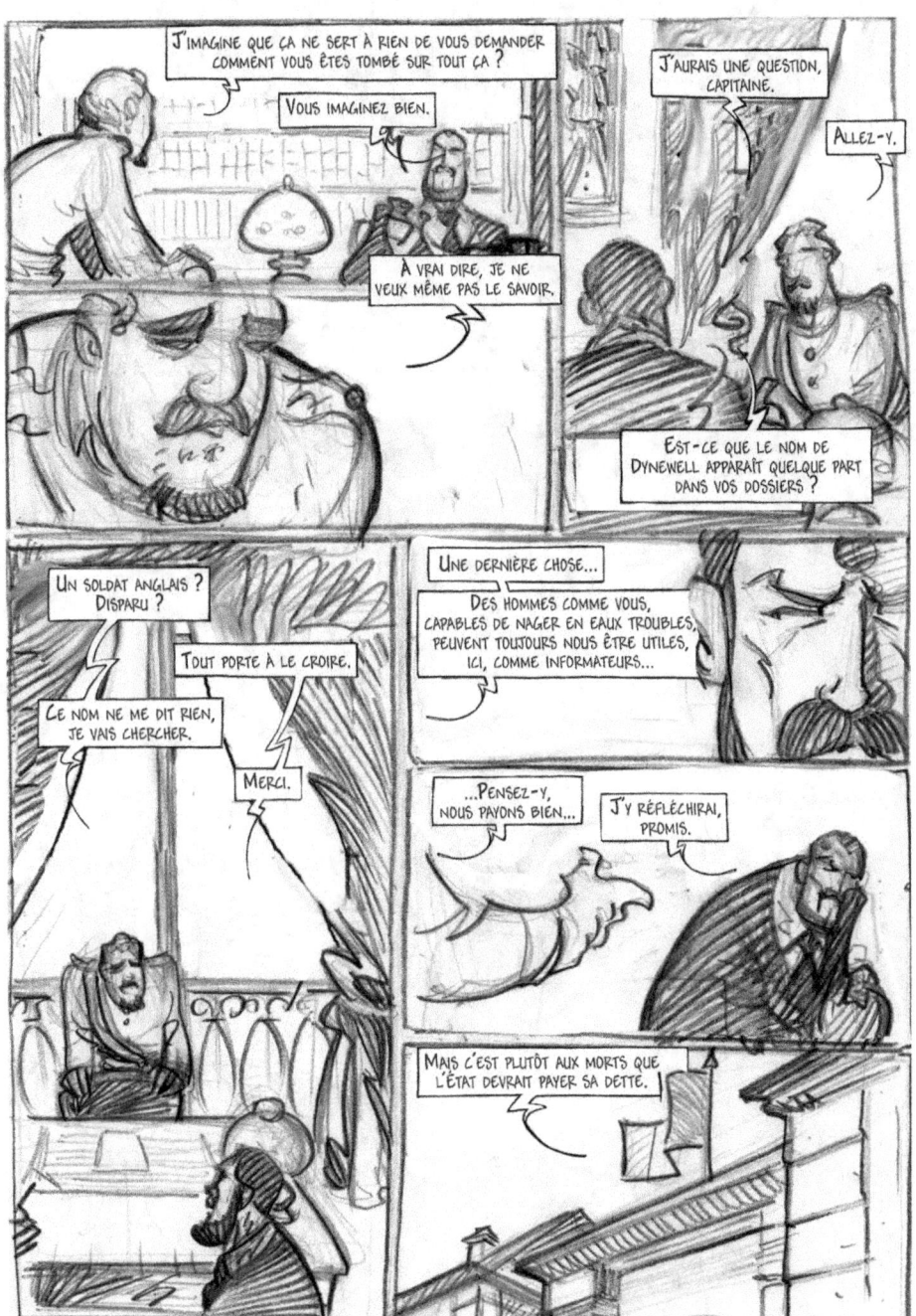

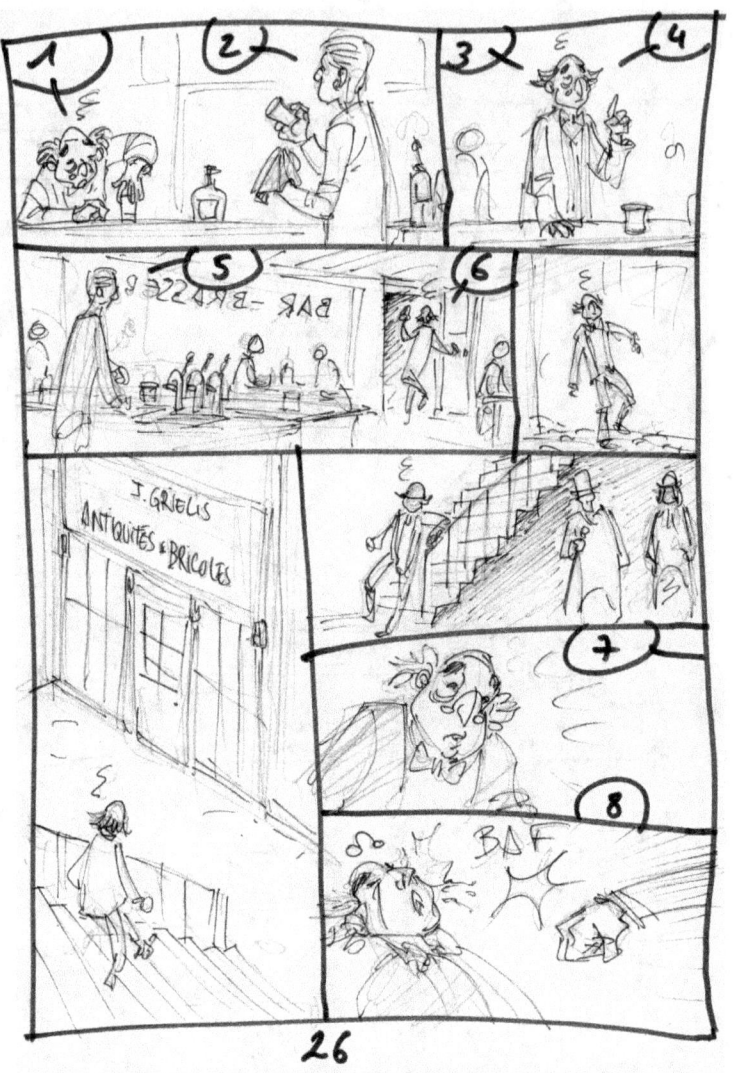

1. C'EST... C'EST ENCORE VIDE...
2. ET ÇA LE RESTERA! LA MAISON NE FAIT PAS CRÉDIT, JOSEPH, TU LE SAIS!
3. TOUT ÇA, C'EST LA FAUTE À CES DEUX TYPES... S'ILS N'AVAIENT P... PAS PRIS MA MARCHANDISE...
4. J'AU... J'AURAIS PU M'EN REMPLIR BIEN D'AUTRES...
5. VAUT PEUT-ÊTRE MIEUX PAS. DANS TON ÉTAT, JE NE SUIS PAS SÛR QUE TU RETROUVES TA BOUTIQUE.
6. AUCU SOUCIS! MES PIEDS CONNAISSENT LE CHEMIN...
7. JOSEPH GRIELIS?
8. HEU... OUI ?!!!

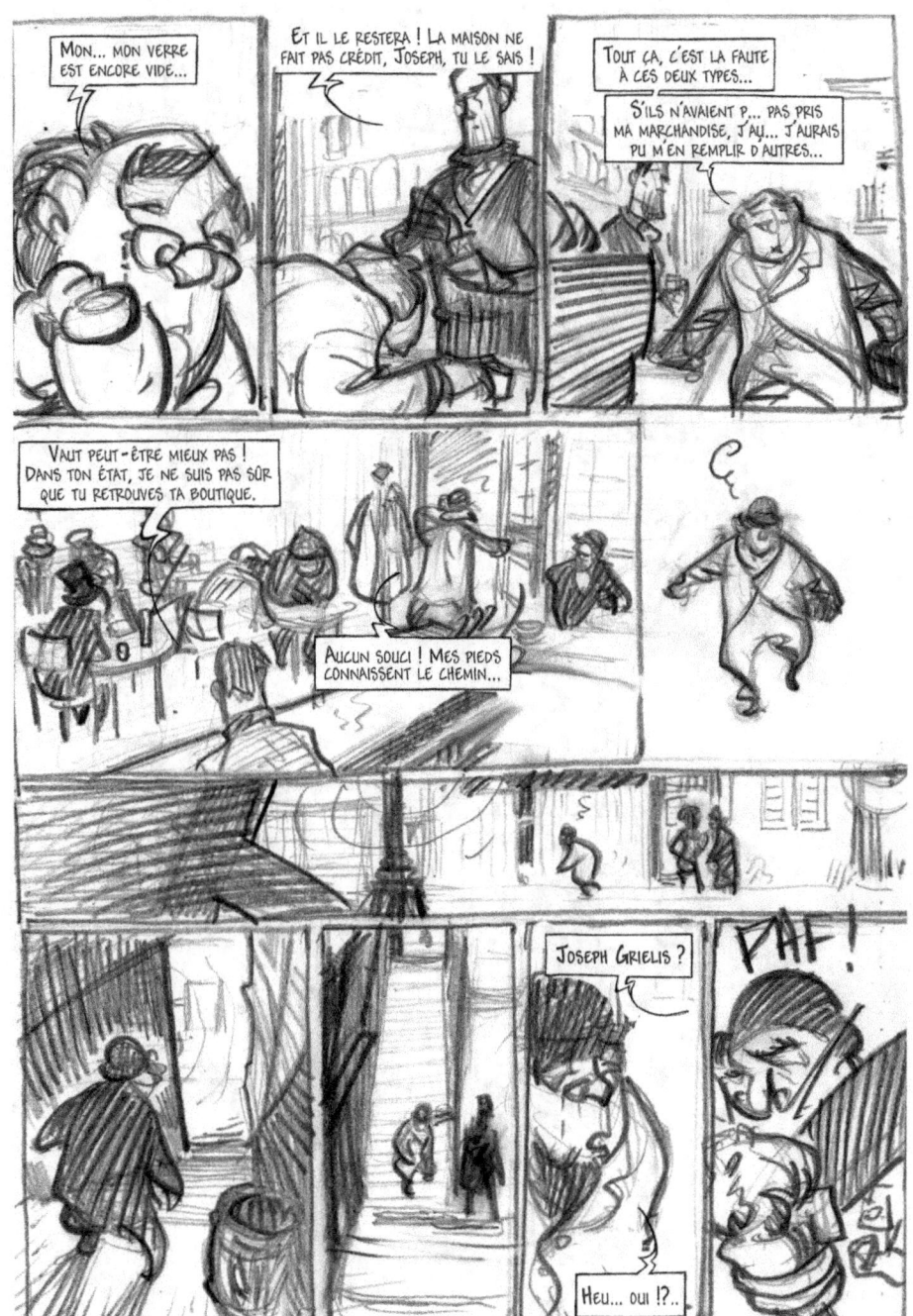

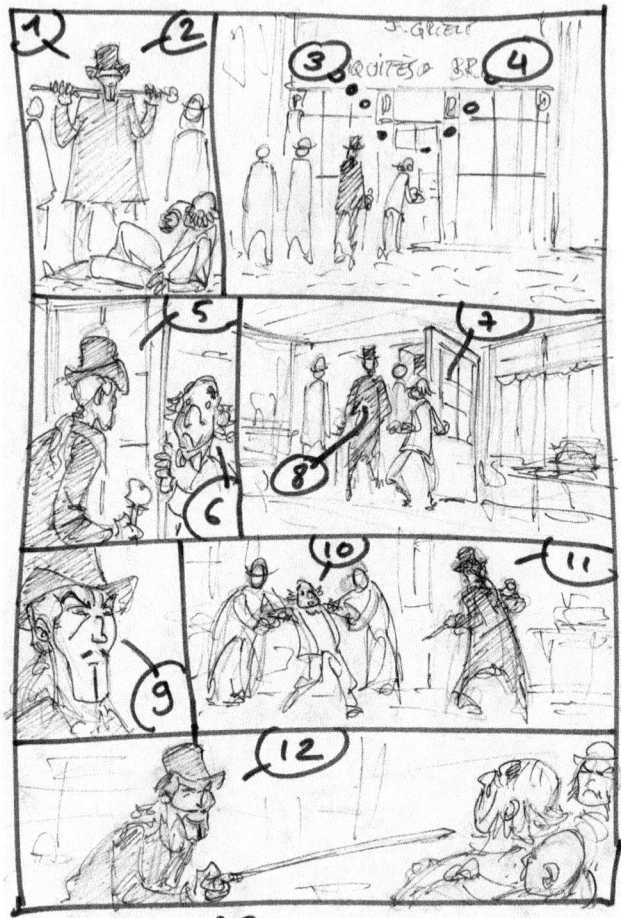

1. WELL, WELL, WELL,...
2. IL EST TARD, JE SAIS, MAIS TU VAS NOUS FAIRE PLAISIR ET OUVRIR CE QUI TE SERT DE BOUTIQUE.
3. ENTRE CEUX-LÀ QUI VEULENT QUE J'OUVRE LA NUIT...
4. ...ET LES AUTRES QUI ME FONT FERMER EN JOURNÉE,... JE NE SUIS PAS SORTI DE L'AUBERGE, MOI.
5. ORNE LE MERLU, J'IMAGINE QUE ÇA TE DIS QUELQUE CHOSE?
6. OH MON DIEU!
7. VOUS... VOUS ÊTES LUI... L'ÉLÉGANT!
8. LE DANDY, JE PRÉFÈRE.
9. QUELQU'UN T'AS AVERTI, À CE QUE JE VOIS.
10. NON! PITIÉ! JE VOUS LAISSE LE MAGASIN, SI VOUS VOULEZ!!!
11. JE N'EN DEMANDE PAS TANT, MAIS PUISQUE TU ADORES FAIRE LA CONVERSATION,...
12. JE SUIS SÛR QUE TU AS PLEIN DE CHOSES À NOUS APPRENDRE...

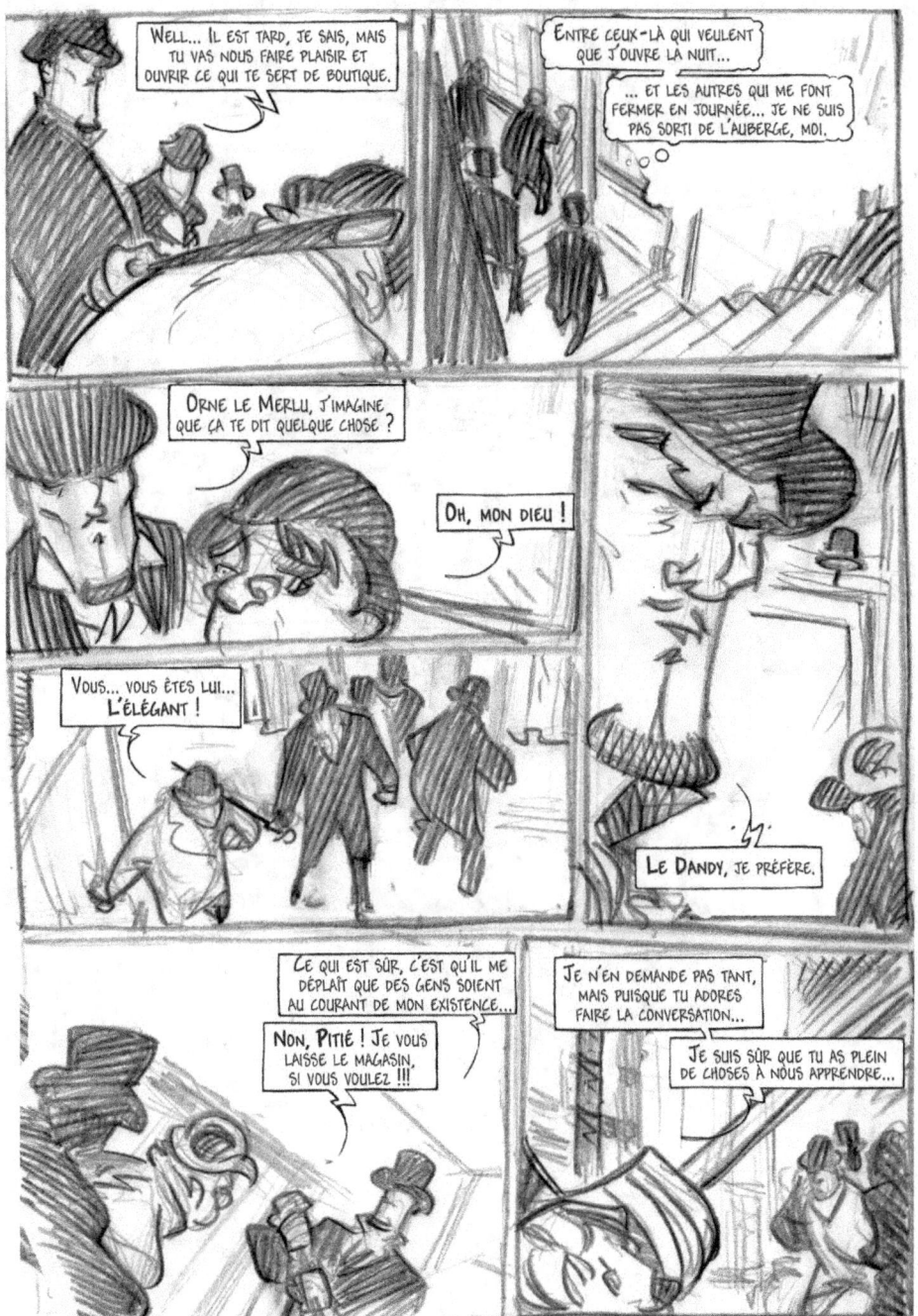

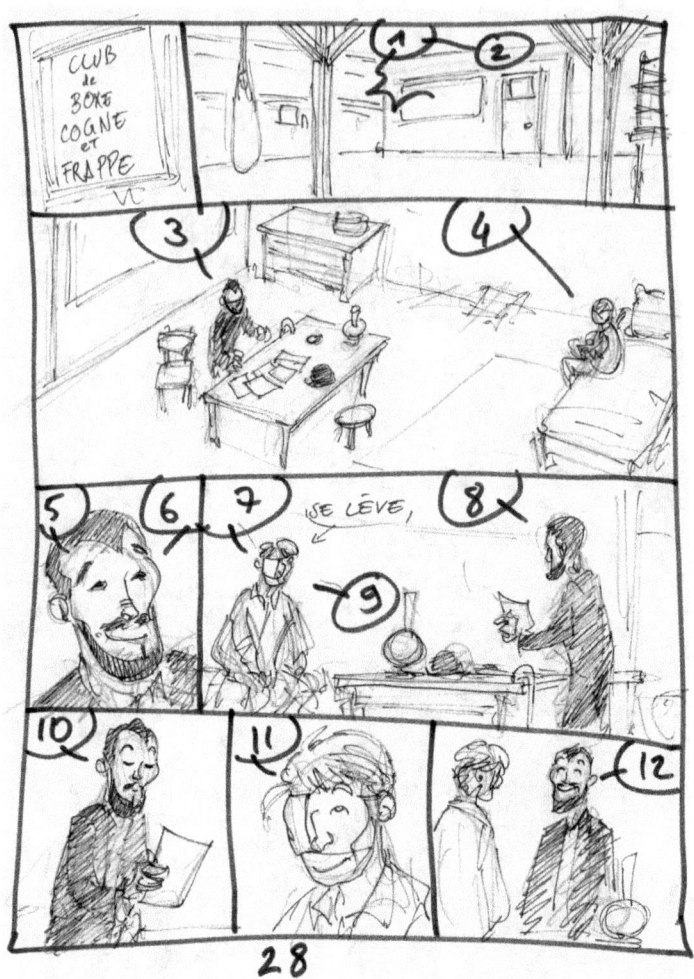

1. VOILÀ CE QUE M'A REMIS LE CAPITAINE NAURY.
2. ... IL Y AVAIT BIEN UN DYNEWELL AU FRONT...
3. UN CERTAIN GRIFFIN... GRIFFIN DYNEWELL.
4. LAISSE-MOI DEVINER, UN SOLDAT DE SA MAJESTÉ?
5. OFFICIER, JE TE PRIE !! CES DYNEWELL SONT DES GENS DE LA HAUTE.
6. ... LE GRATIN DE LA BONNE SOCIÉTÉ LONDONIENNE.
7. DES ARISTOS?
8. C'EST ÇA, DE LA VIEILLE NOBLESSE QUI REMONTE AU 16ème SIÈCLE.
9. HÉ BEN !
10. CECI DIT, ILS ONT, SEMBLE-T-IL, BÂTI LEUR FORTUNE SUR LA MAÎTRISE DES MÉCANIQUES, ROUAGES, AUTOMATES EN TOUS GENRES ET SURTOUT...
11. L'HORLOGERIE !
12. C'EST BIEN, TU SUIS !

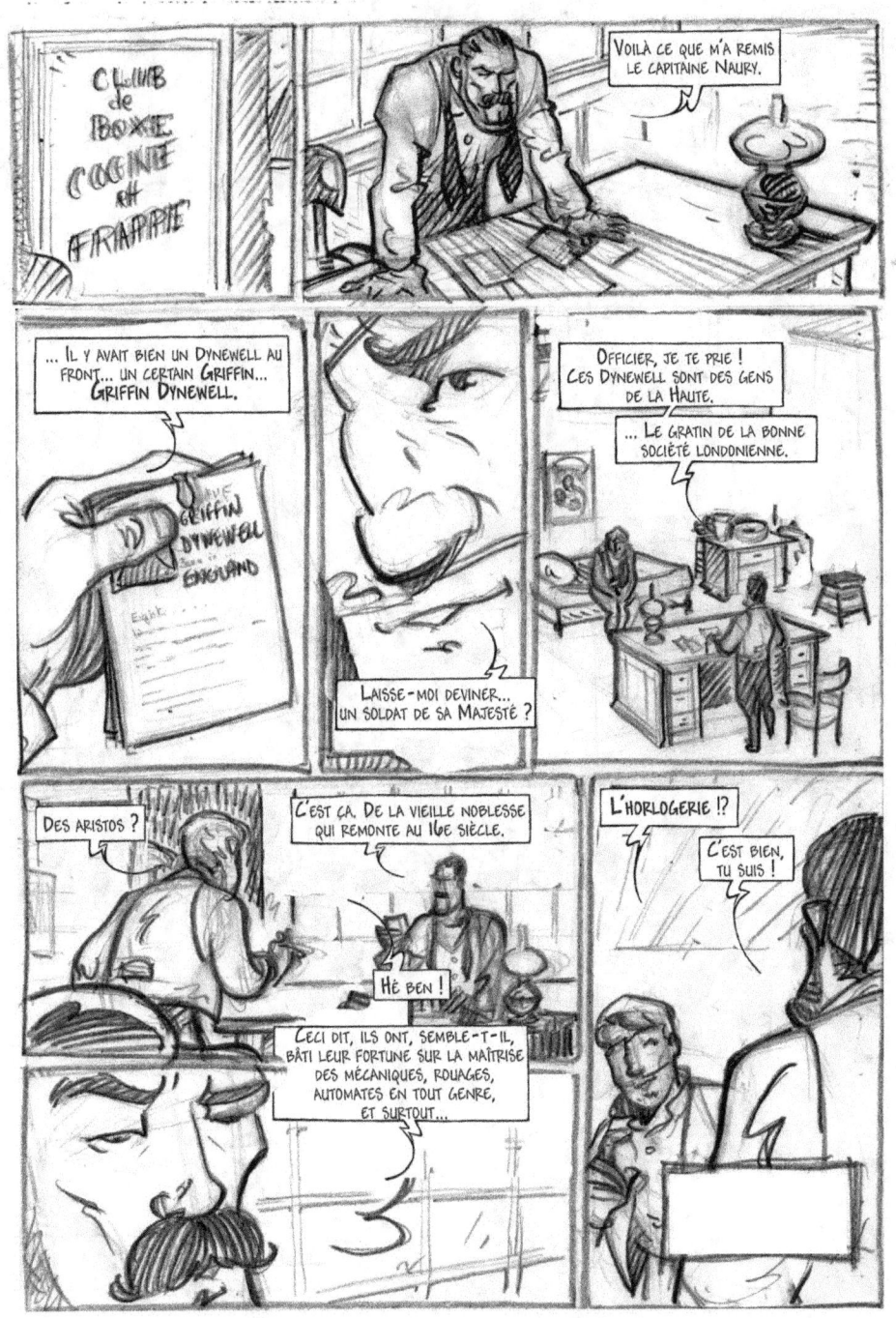

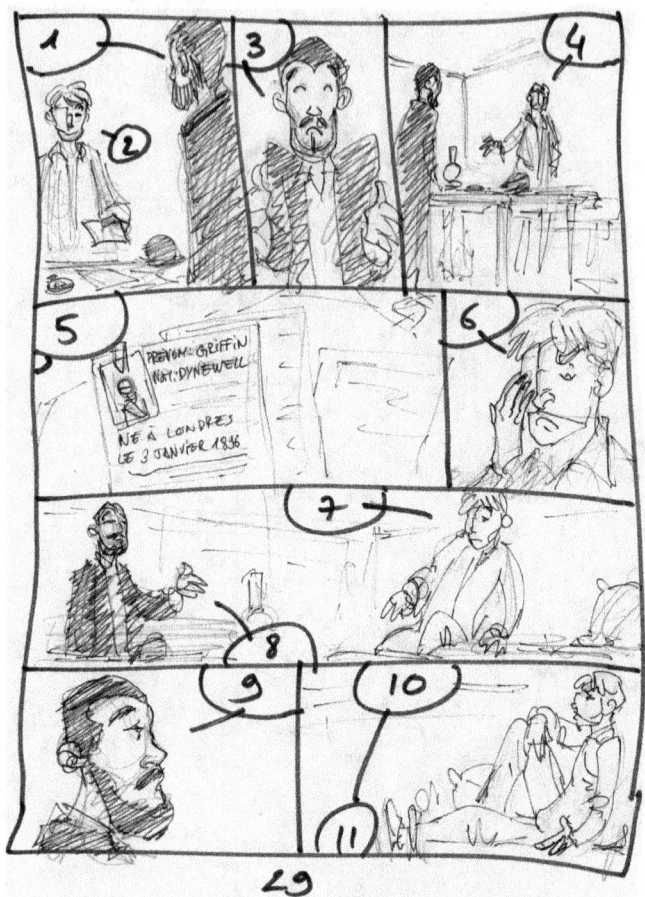

1. ET L'ANECDOTE SUPPLÉMENTAIRE LAISSÉE PAR NAURY : L'ARMÉE BRITANNIQUE AURAIT APPROCHÉ LES DYNEWELL DÈS 1914, POUR QU'ILS METTENT LEUR SAVOIR AU SERVICE DE L'EFFORT DE GUERRE.

2. ET ?

3. RIEN, ENFIN, RIEN D'OFFICIEL EN TOUT CAS... À PART LE FILS ENVOYÉ AU FRONT.

4. ON SAIT CE QU'IL EST DEVENU, CE GRIFFIN ?

5. DISPARU À L'ÉTÉ 1916, PENDANT LA BATAILLE DE LA SOMME.

6. LA SOMME ? ÇA À NOUS FAIT DES SOUVENIRS EN COMMUN.

7. D'ACCORD... MAIS DE LÀ À ENVOYER DE GROS BRAS RECHERCHER CETTE MONTRE, J'AI DU MAL À VOIR LE LIEN.

8. ILS CHERCHENT PEUT-ÊTRE UNE TRACE DE GRIFFIN, LA PREUVE DE SA MORT.

9. C'ÉTAIT L'HÉRITIER, LE FILS UNIQUE ... IL Y A UNE FORTUNE FAMILIALE EN JEU.

10. RAISON DE PLUS...

11. POURQUOI NE PAS PASSER PAR DES VOIES OFFICIELLES ? À MOINS QUE...

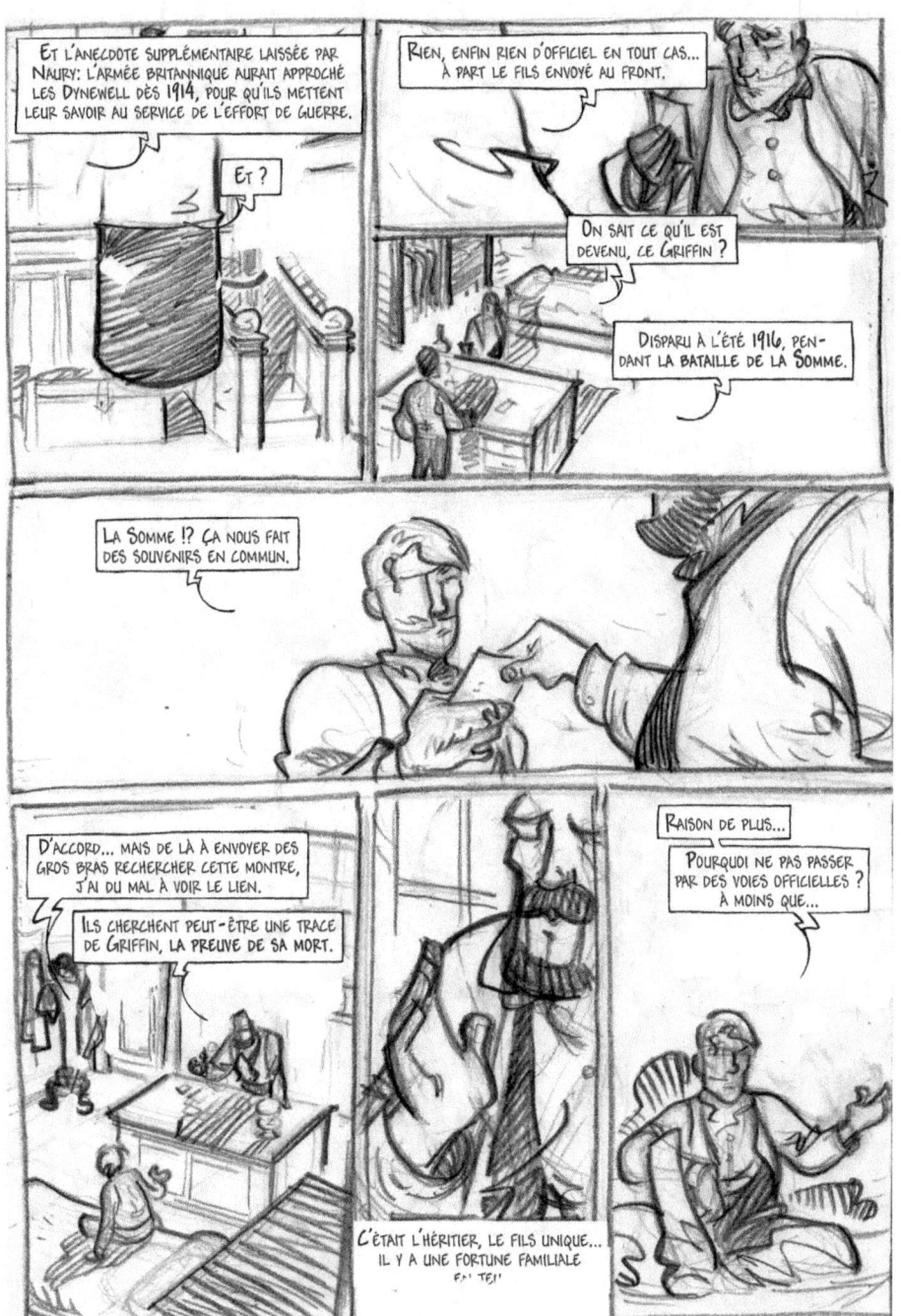

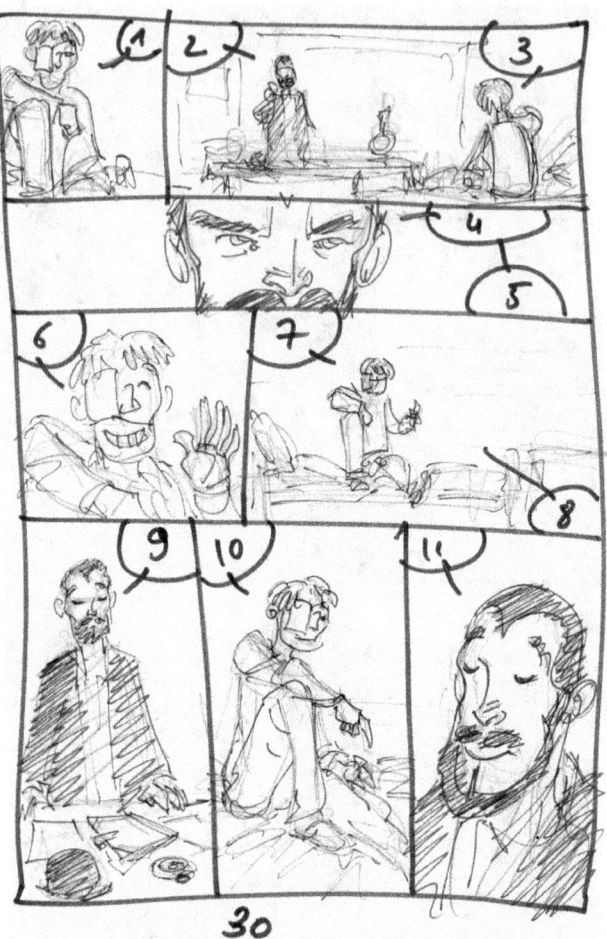

1. "LES TYPES DERRIÈRE TOUT ÇA, NE SOIENT JUSTEMENT PAS LES "OFFICIELS".

2. DES ILLÉGITIMES AUXQUELS LA DISPARITION DE GRIFFIN PROFITERAIT ! ÇA TIENT LA ROUTE.

3. ET TU COMPTES ~~_____~~ CREUSER JUSQU'À DÉTERRER SON CADAVRE ?

4. S'IL LE ~~FAUT!~~ AFIN QU'IL PUISSE DORMIR EN PAIX !

5. TU ES AVEC MOI ?

6. AH ! AH ! AH ! C'EST PLUTÔT TOI QUI N'ARRIVE PLUS À DORMIR ~~___ ___~~ TRANQUILLE DEPUIS LA GUERRE...

7. MAIS RASSURE-TOI, MON SOMMEIL N'EST PAS MEILLEUR... DONC OUI, JE TE SUIS.

8. PUIS ÇA ME CHANGERA DE LA BOXE.

9. EXCELLENT ! JE PRÉFÈRES TE LAISSER CETTE PAPERASSE ET LA MONTRE, LA LOGE D'UN CLUB SPORTIF ME PARAÎT LA MEILLEURE PLANQUE POSSIBLE.

10. ÇA ME VA... MAIS ILS NE ME LOGENT QUE JUSQU'AU COMBAT, DANS DEUX JOURS.

11. ÇA DEVRAIT SUFFIRE.

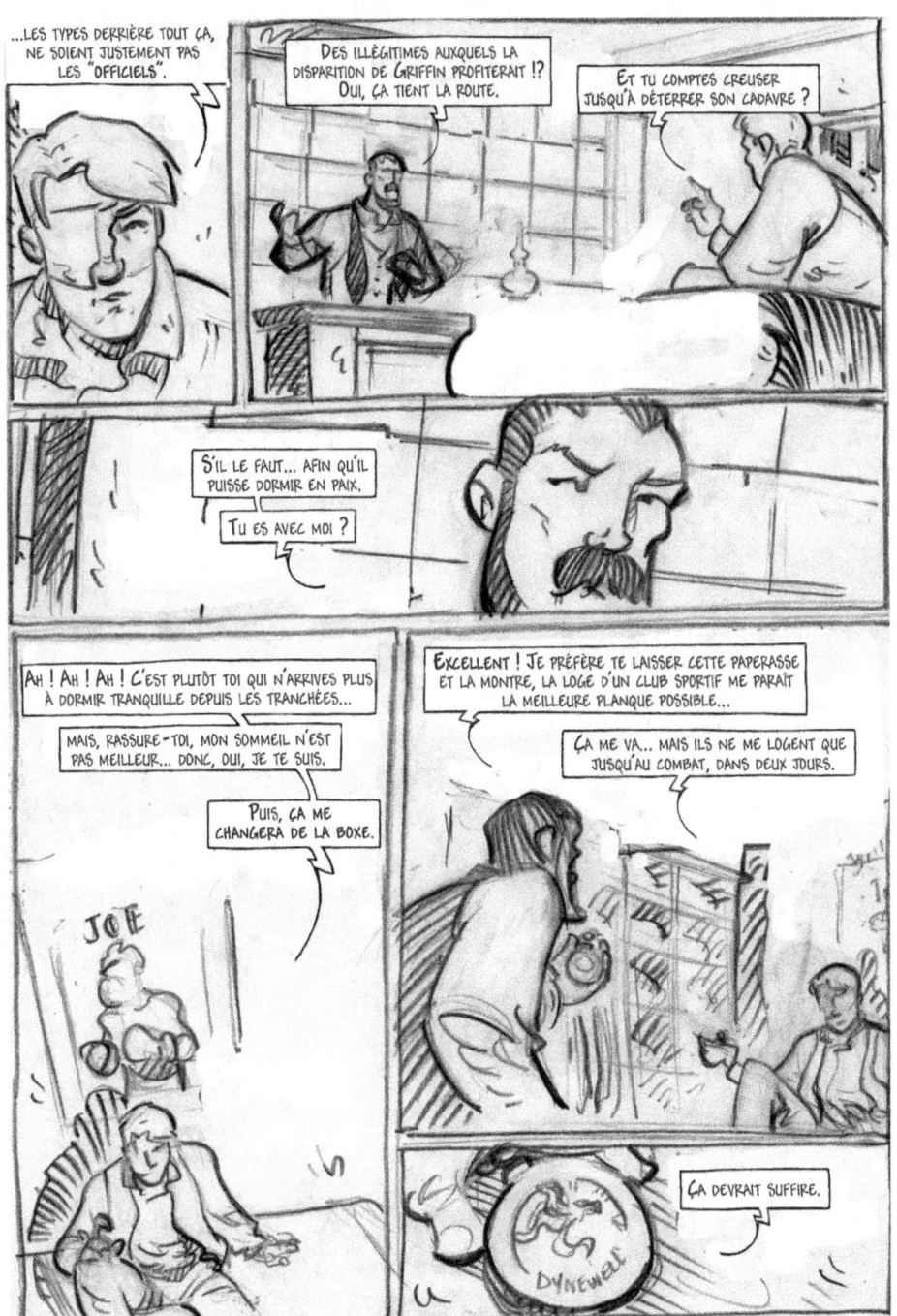

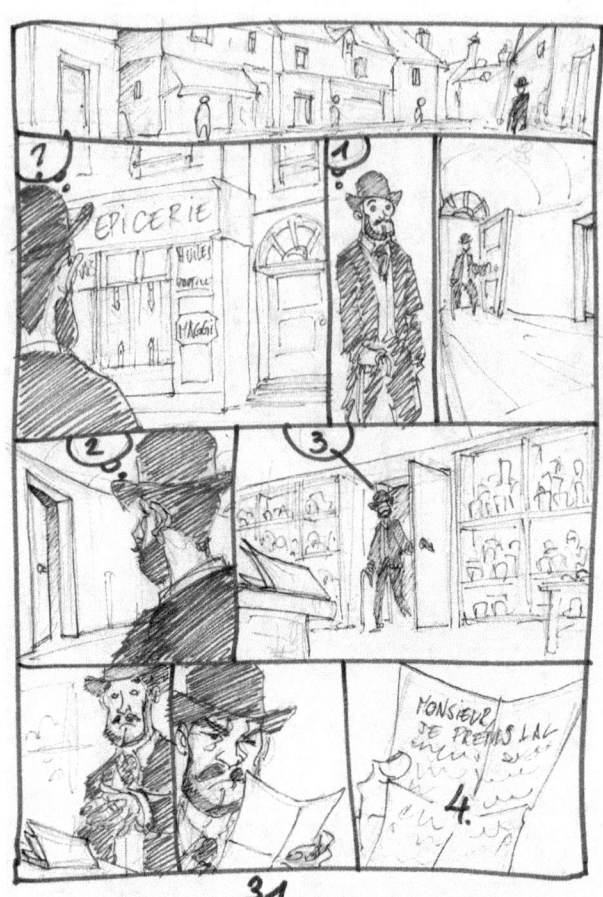

1. DÉJÀ FERMÉ ? BIZARRE ÇA...

2. QU'EST-CE QUE...

3. ADÈLE ??!!

4. MONSIEUR,

JE PRENDS LA LIBERTÉ DE VOUS ADRESSER CE MESSAGE, CAR JE CRAINS FORT QUE VOUS N'AYEZ MIS VOTRE NEZ DANS UNE AFFAIRE QUI ME CONCERNE... ET CELA ME CONTRARIE.

AYANT, PAR AILLEURS, ÉTÉ INFORMÉ DE L'ATTACHEMENT QUE VOUS SEMBLEZ PORTER À LA PROPRIÉTAIRE DE CETTE ÉPICERIE (CHOSE QUE JE NE PEUX QUE CONCEVOIR DEPUIS QUE J'AI FAIT SA CONNAISSANCE), ELLE EST DÉSORMAIS ENTRE MES MAINS.

J'AI LE PLAISIR DE VOUS ANNONCER QUE, POUR LA REVOIR, IL FAUDRA VOUS RENDRE DÈS CE SOIR, ET PENDANT TROIS JOURS, SUR LES QUAIS DU CANAL DE L'OURCQ. JE VOUS Y ATTENDRAI DANS UN HANGAR À BATEAU QUE VOUS N'AUREZ AUCUN MAL À TROUVER... NOUS POURRONS Y DISCUTER TRANQUILLEMENT.

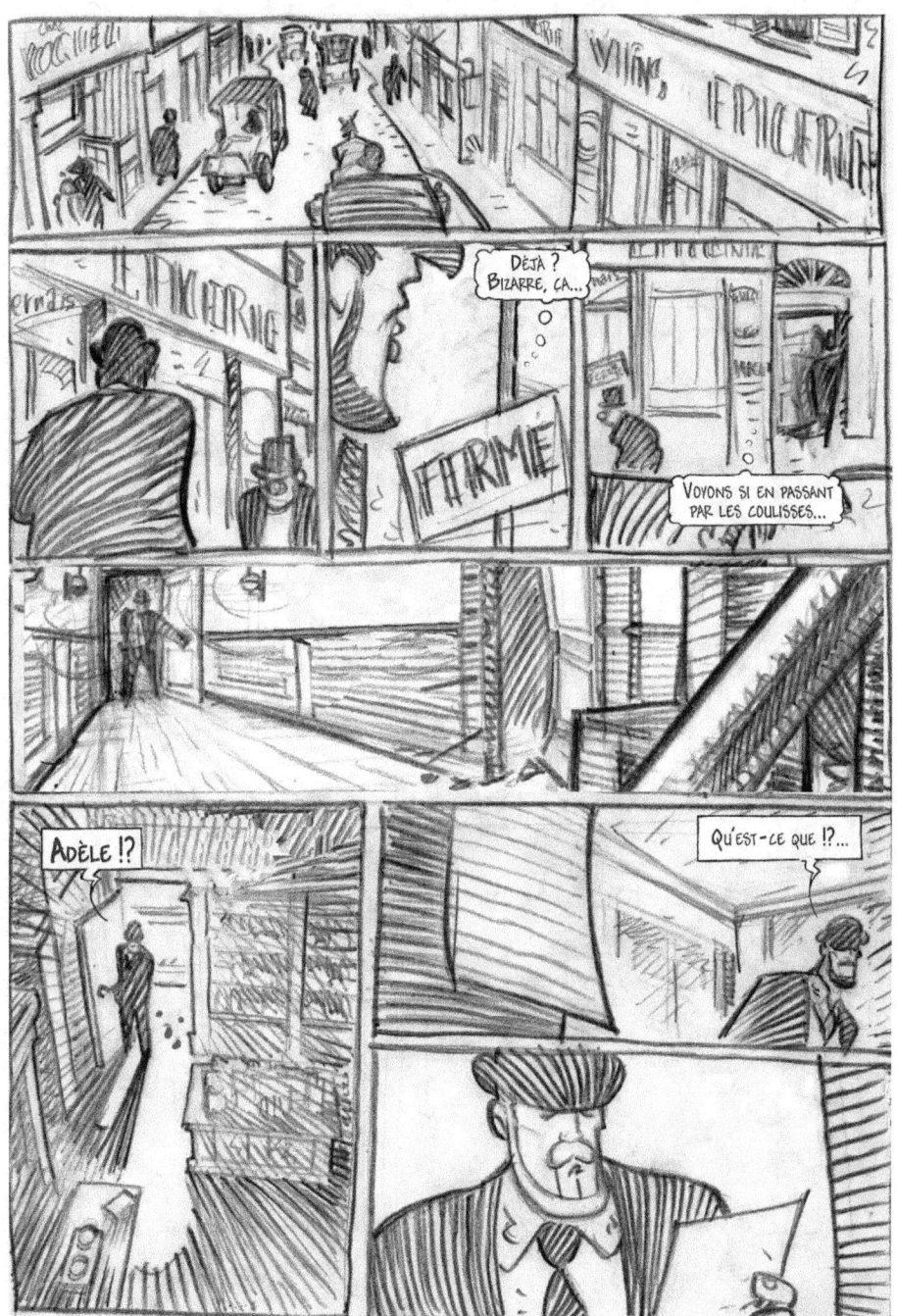

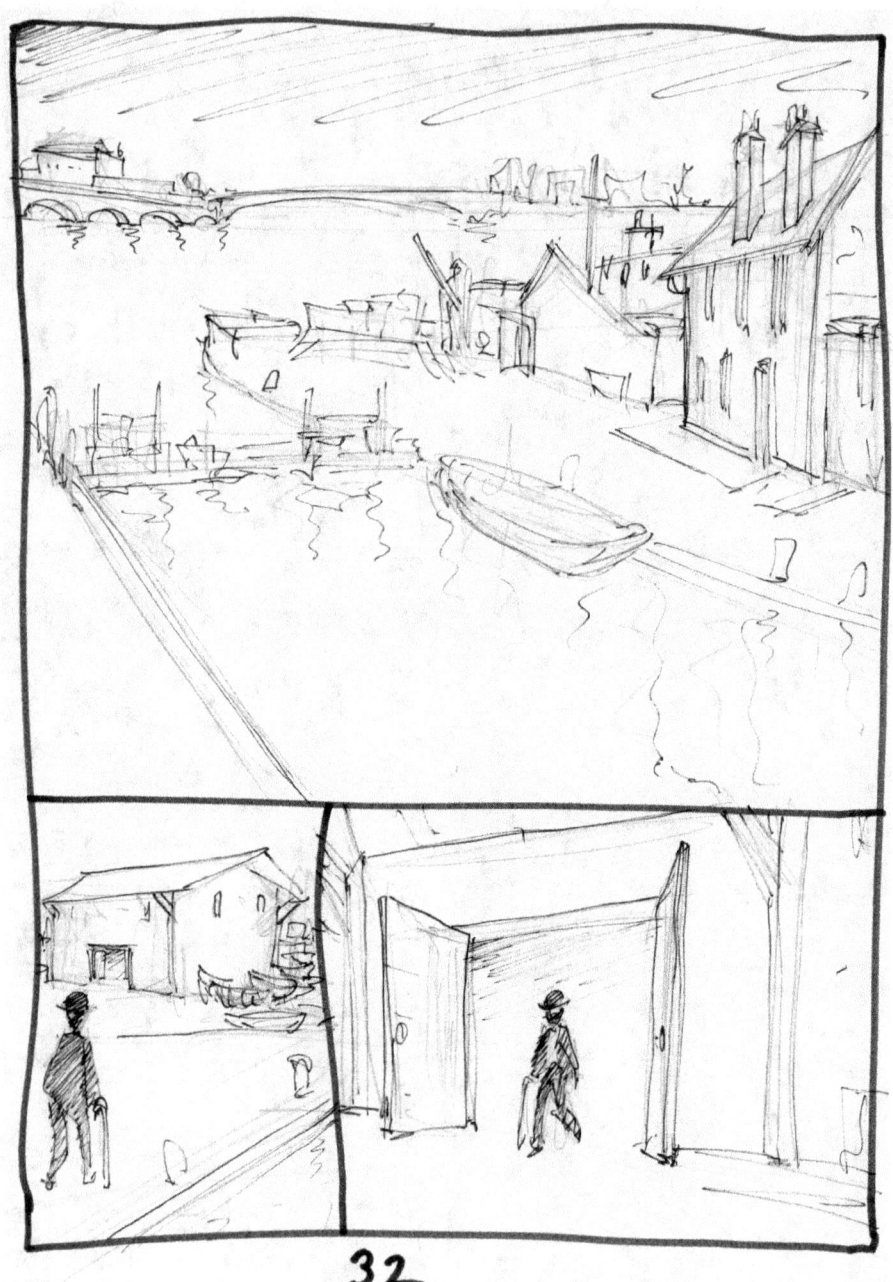

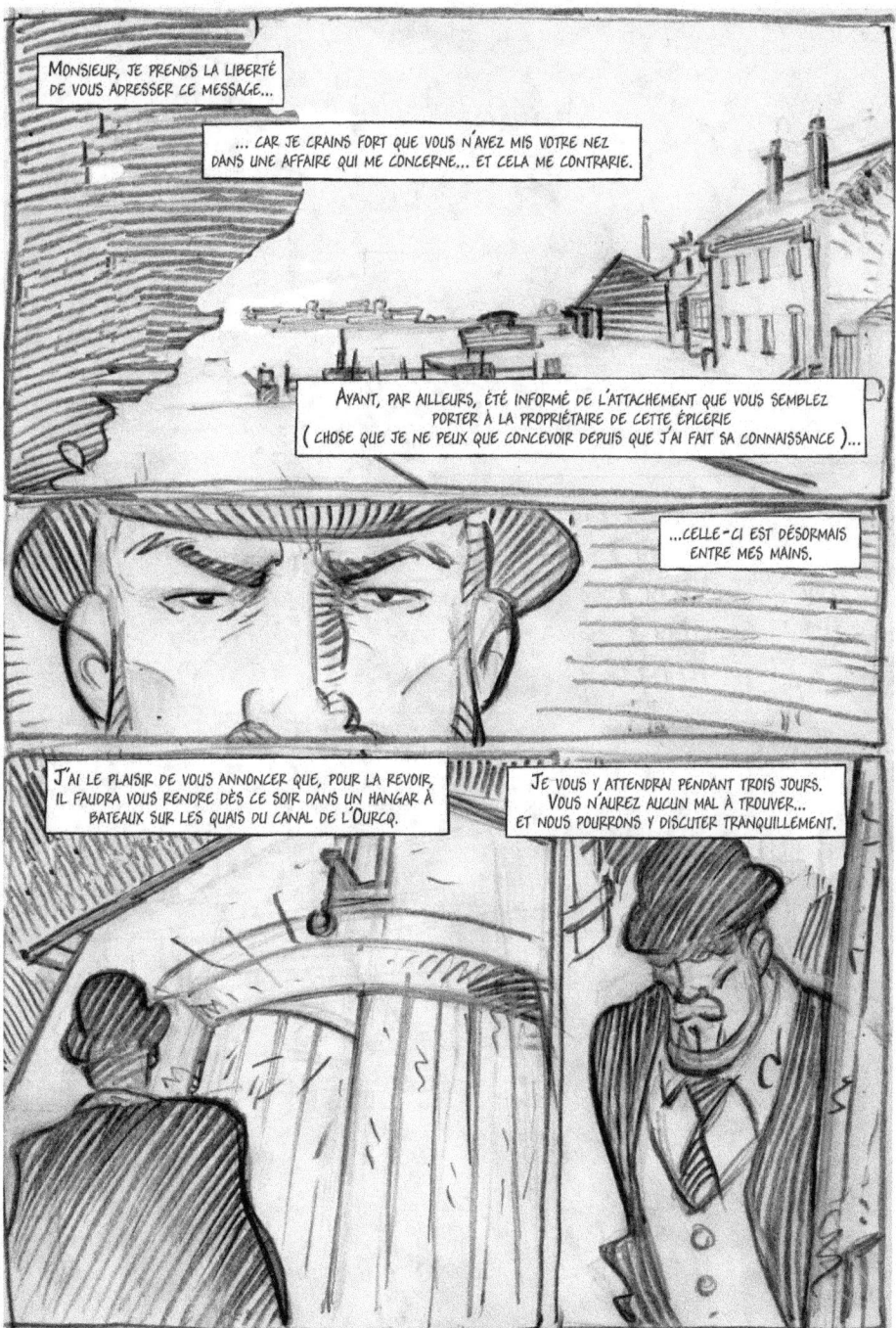

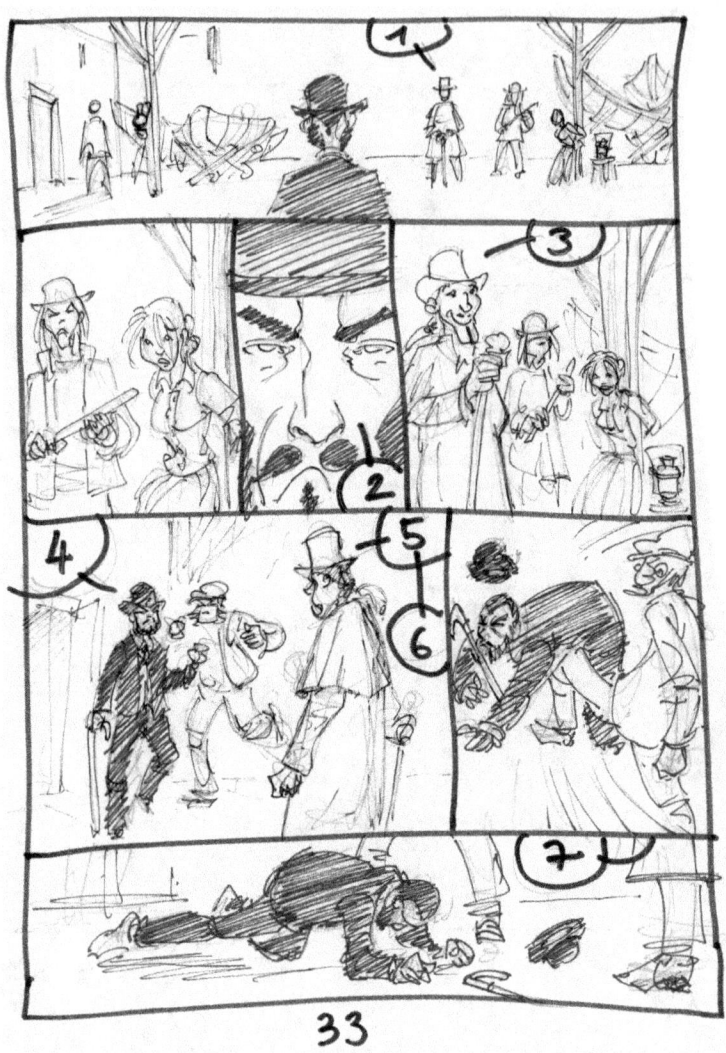

1. PRESQUE EN AVANCE.
2. LAISSEZ-LA !!
3. TOUT DE SUITE LES GRANDS MOTS ! NOUS AVONS DEUX OU TROIS CHOSES À RÉGLER AVANT ÇA...
4. RIEN DU TOUT !! VOUS LA LAISSEZ PARTIR !! TOUT DE SUITE !!!
5. AH OUI, JOSEPH GRIELIS M'AVAIT AVERTIT DE CE DÉTAIL...
6. ... VOTRE IMPULSIVITÉ !
7. J'AI TOUTE VOTRE ATTENTION, MAINTENANT ?

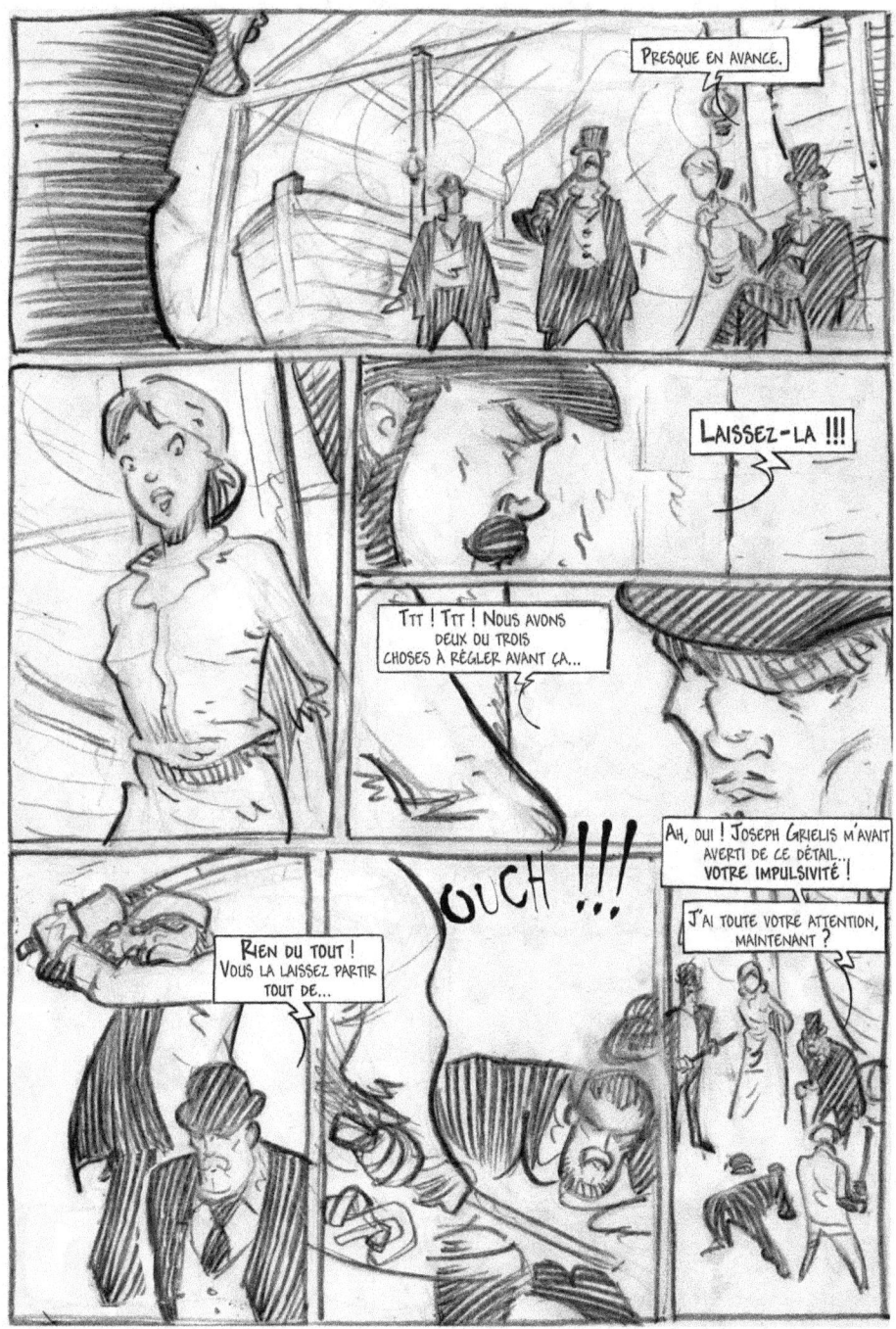

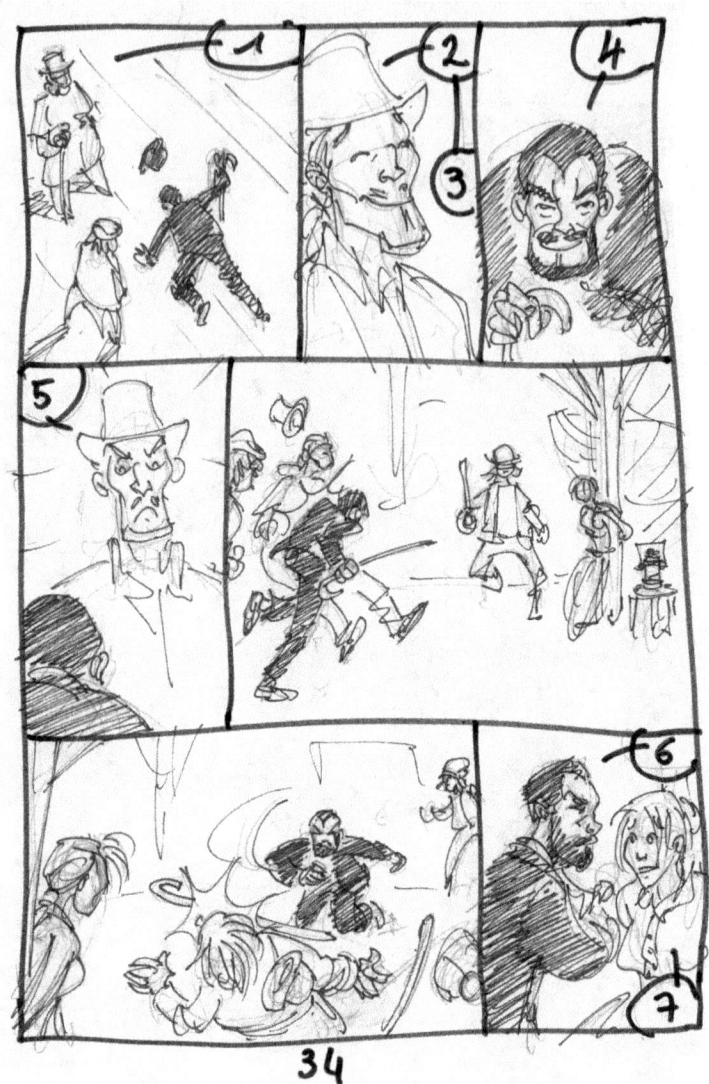

1. CE GRIELIS, LE RECELEUR, UN SACRÉ BAVARD, N'EST-CE-PAS ?... ET FACILEMENT IMPRESSIONNABLE...
2. VOUS RETROUVER, VOUS ET VOS HABITUDES, A ÉTÉ UN JEU D'ENFANT GRÂCE À LUI.
3. ... VOUS SAVEZ DONC CE QUE JE CHERCHE.
4. ET VOUS CROYEZ QUE LES DYNEWELL RÉCOMPENSERONT UN MEURTRIER DE LEUR RAMENER CETTE MONTRE ?
5. QUOI ?!!!
6. ON VA SORTIR DE LÀ !
7. AUGUSTIN !...

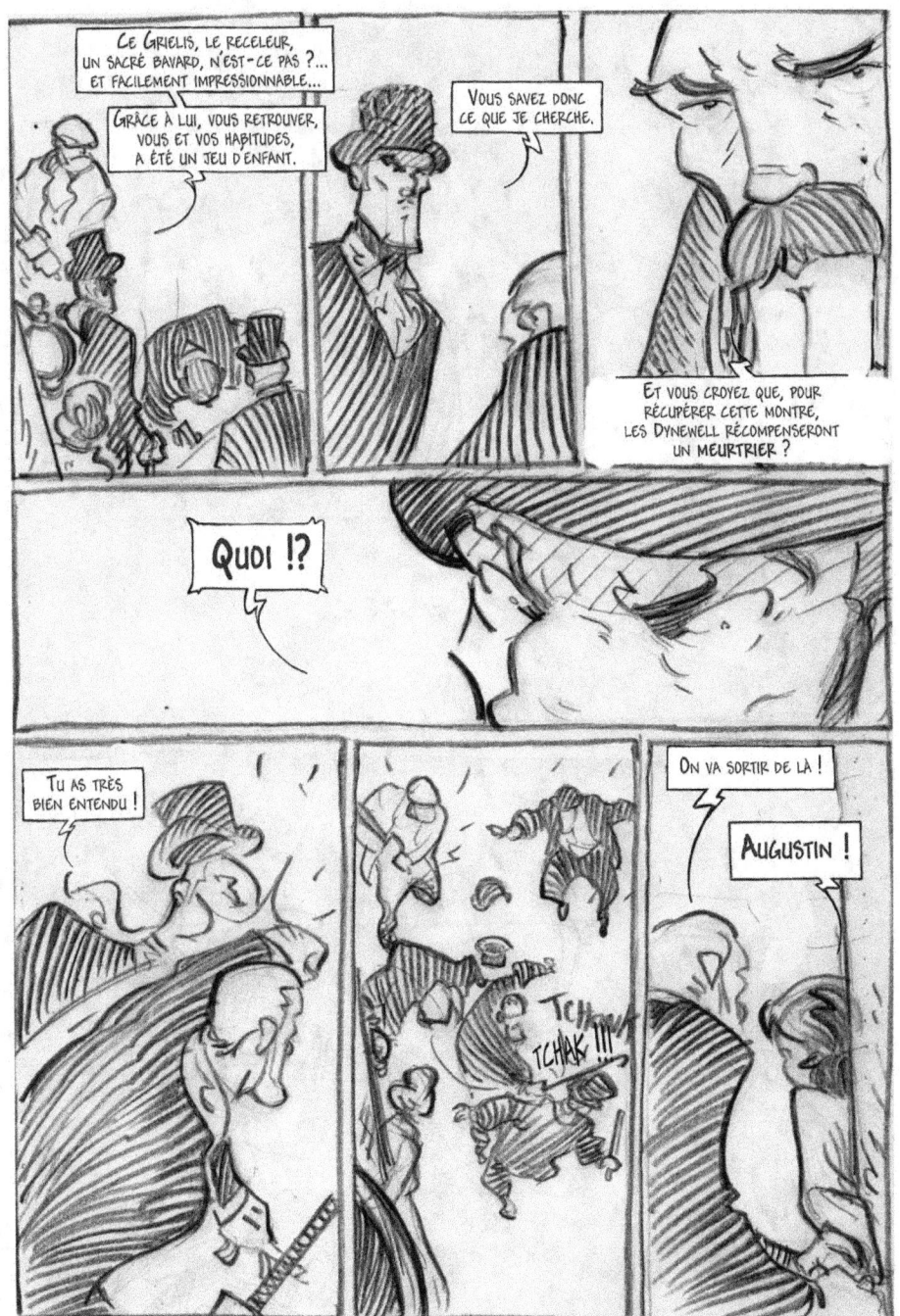

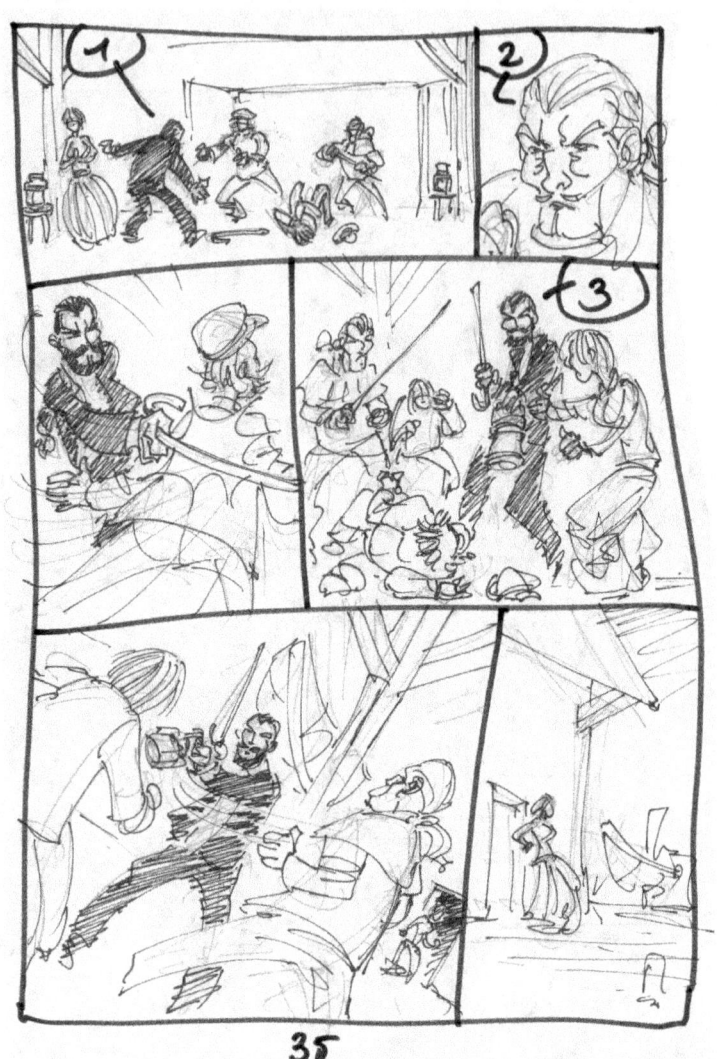

1. LA LAMPE! PRENDS LA LAMPE!!
2. ET DIRE QUE JE VOULAIS SEULEMENT DISCUTER...
3. FONCE MAINTENANT! SAUVE-TOI!!

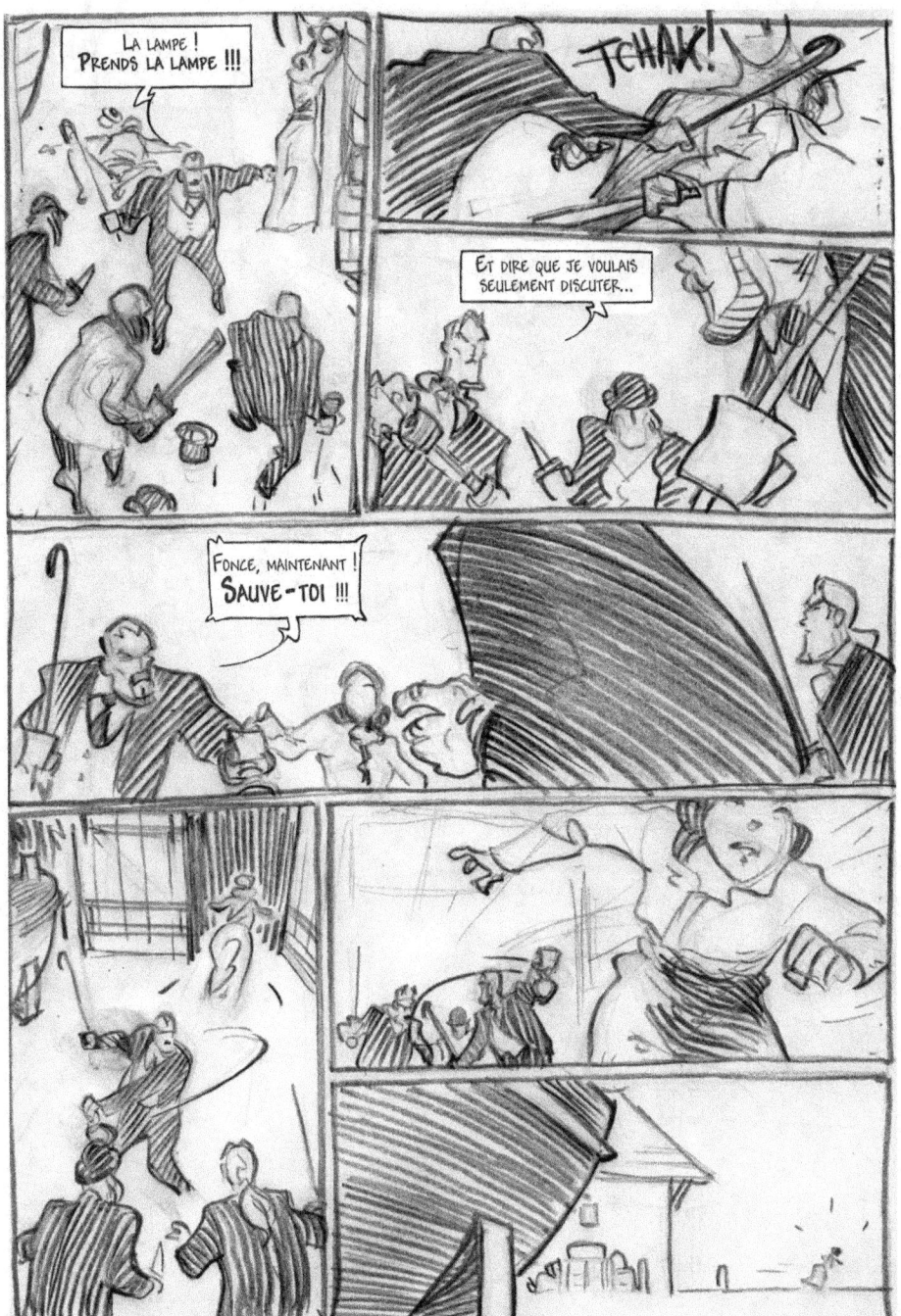

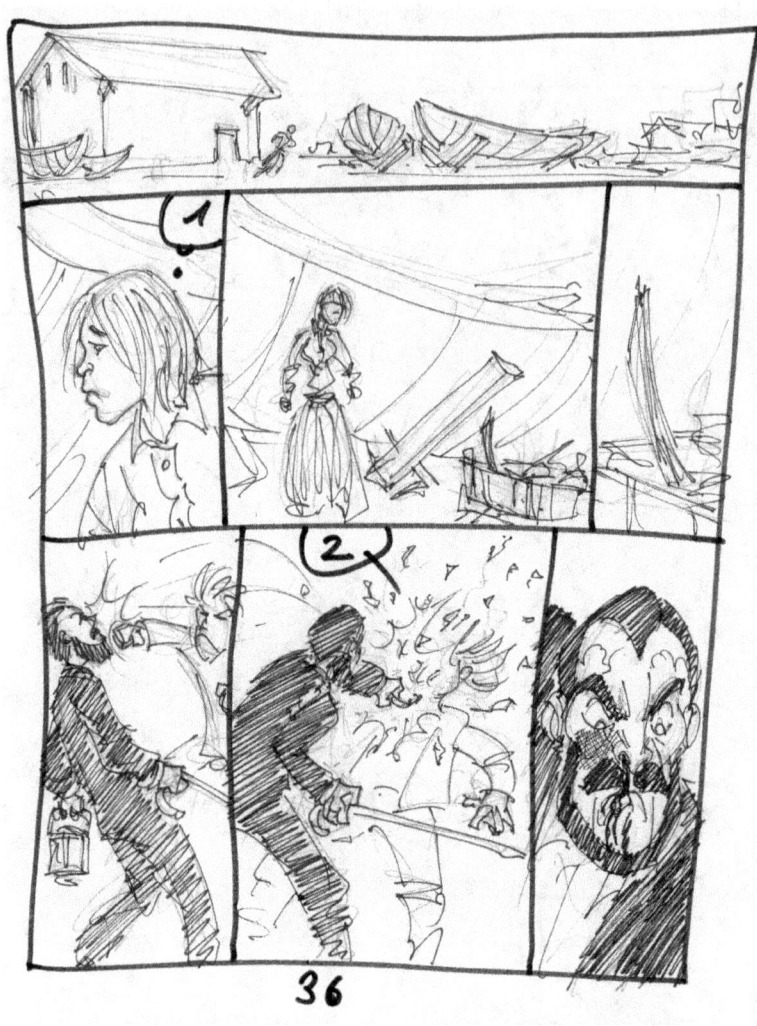

1. NON! JE NE VAIS PAS LE LAISSER...
2. AAAAAAAHHH!!

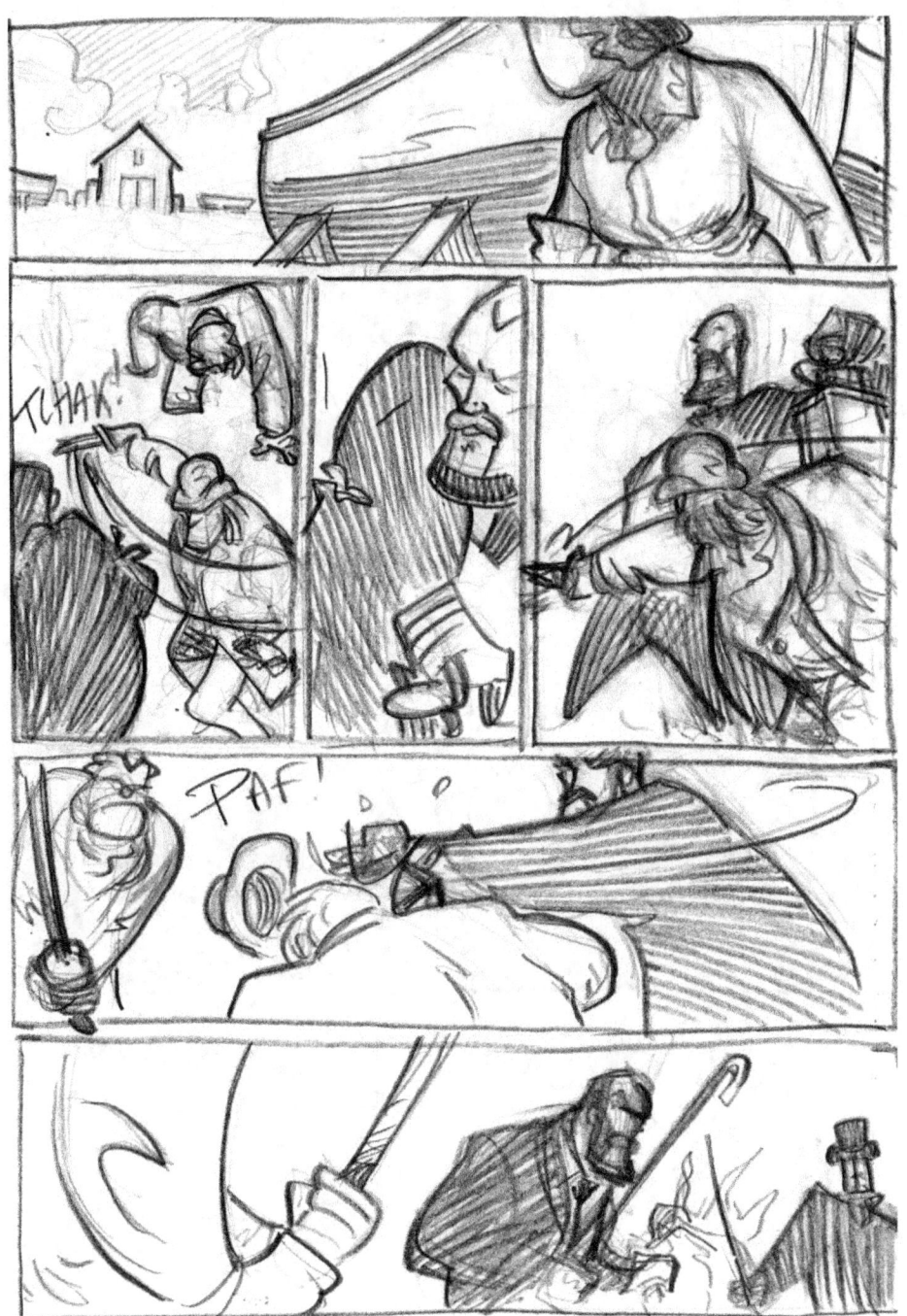

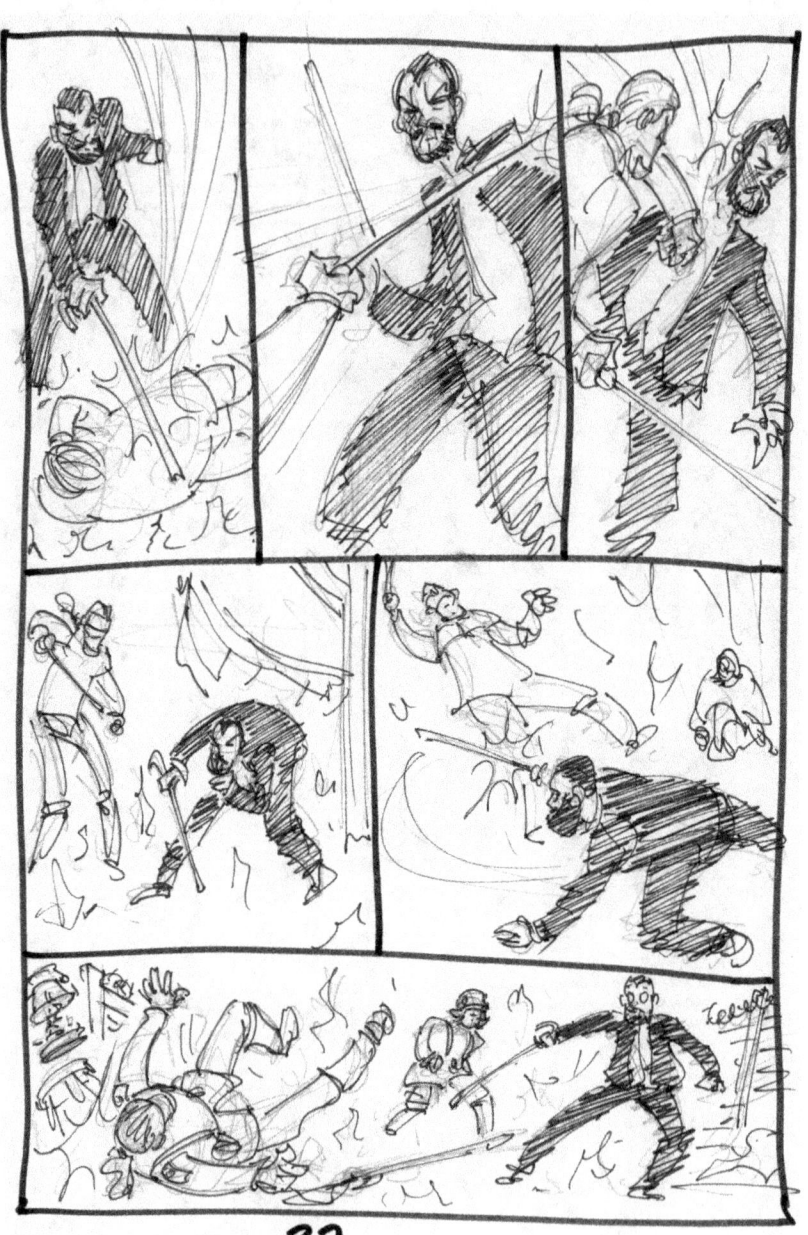

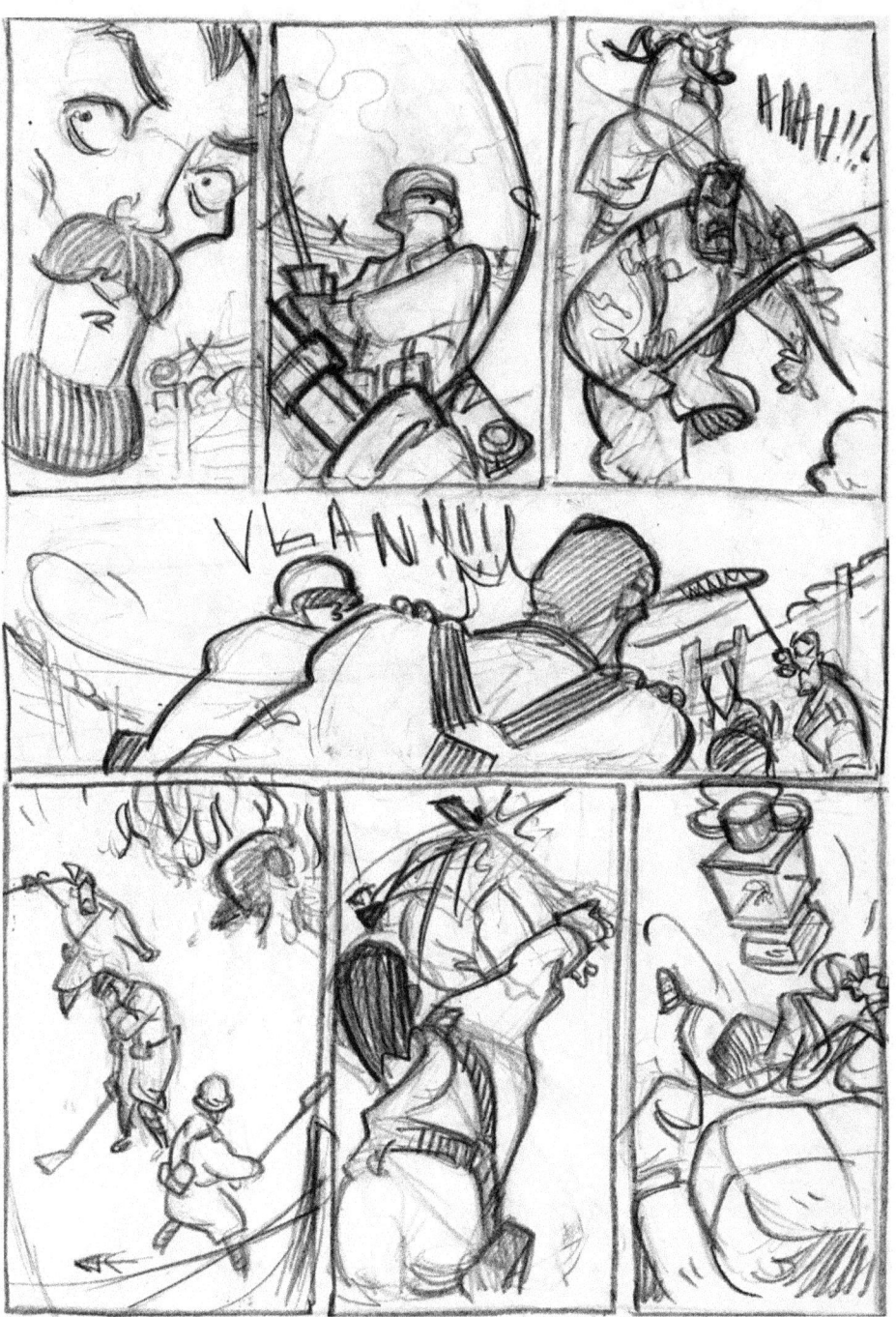

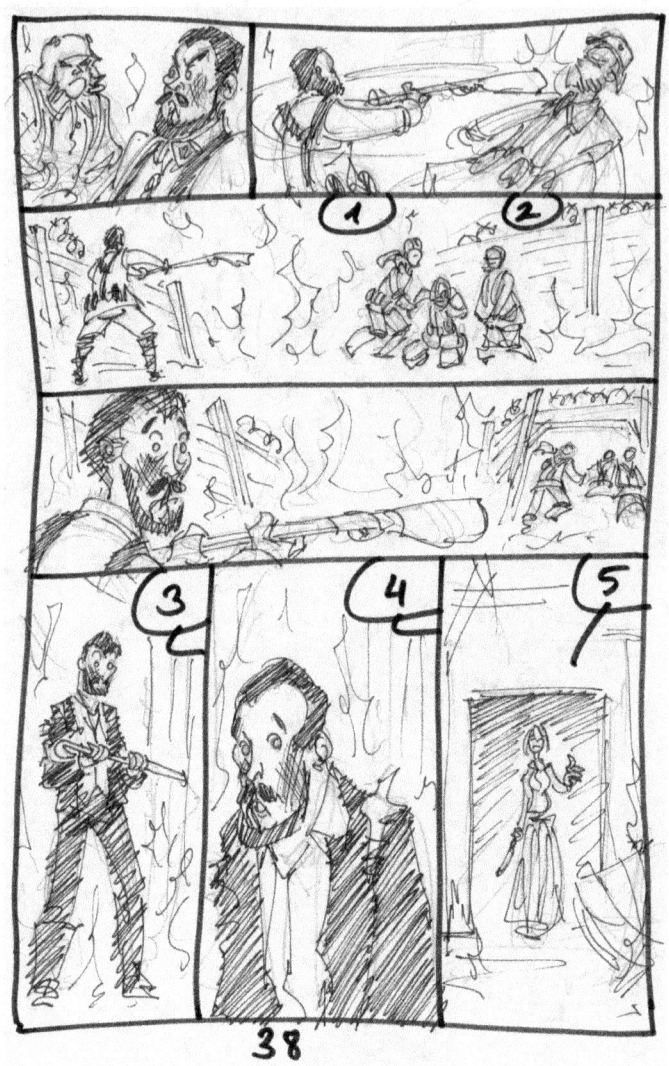

1. C'EST UN MALADE!!
2. ON SE TIRE AVANT DE CRÂMER!!!
3. AUGUSTIN!!
4. IL FAUT SORTIR D'ICI! VITE!
5. REVIENS-MOI, JE T'EN PRIE...

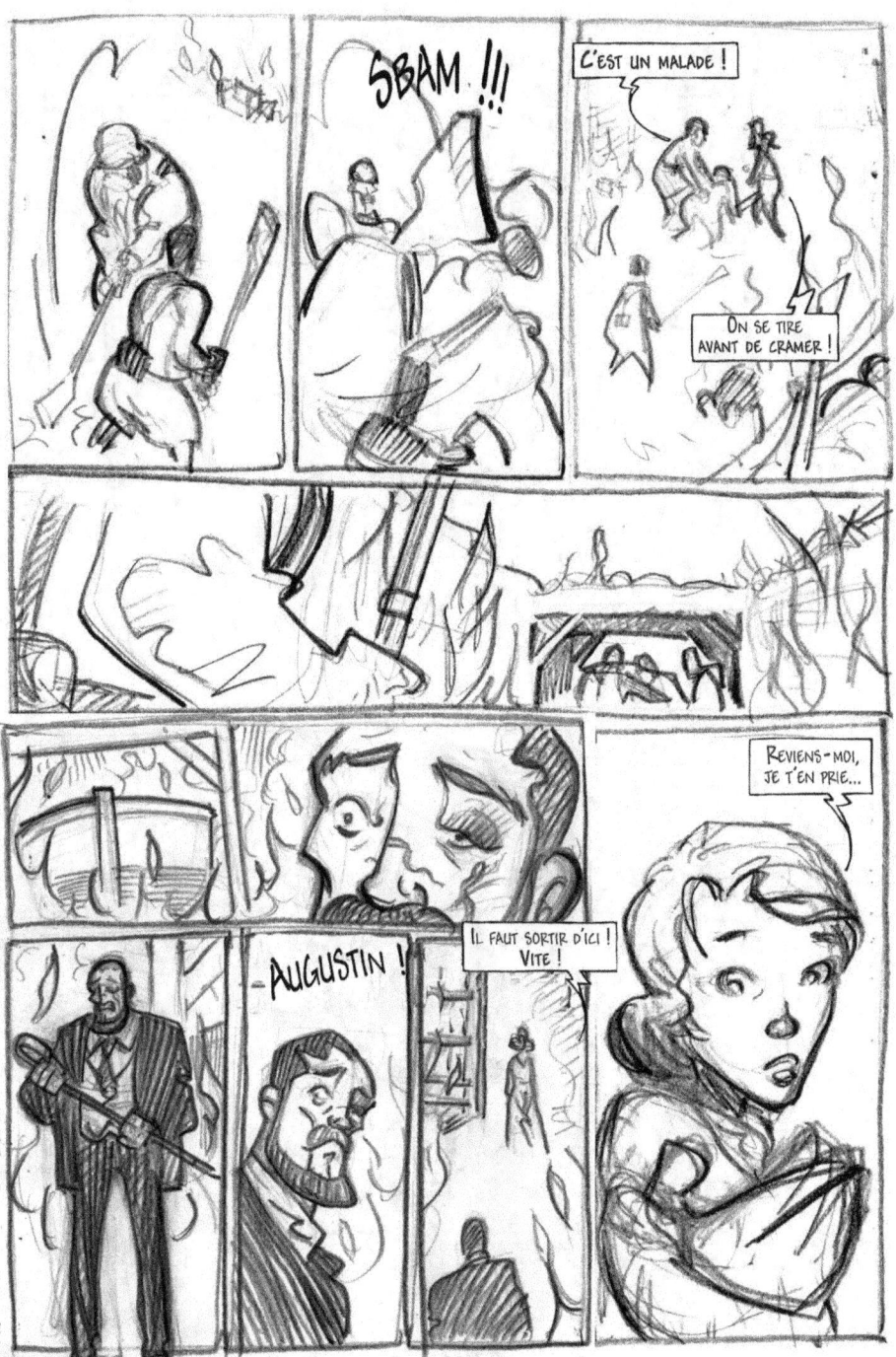

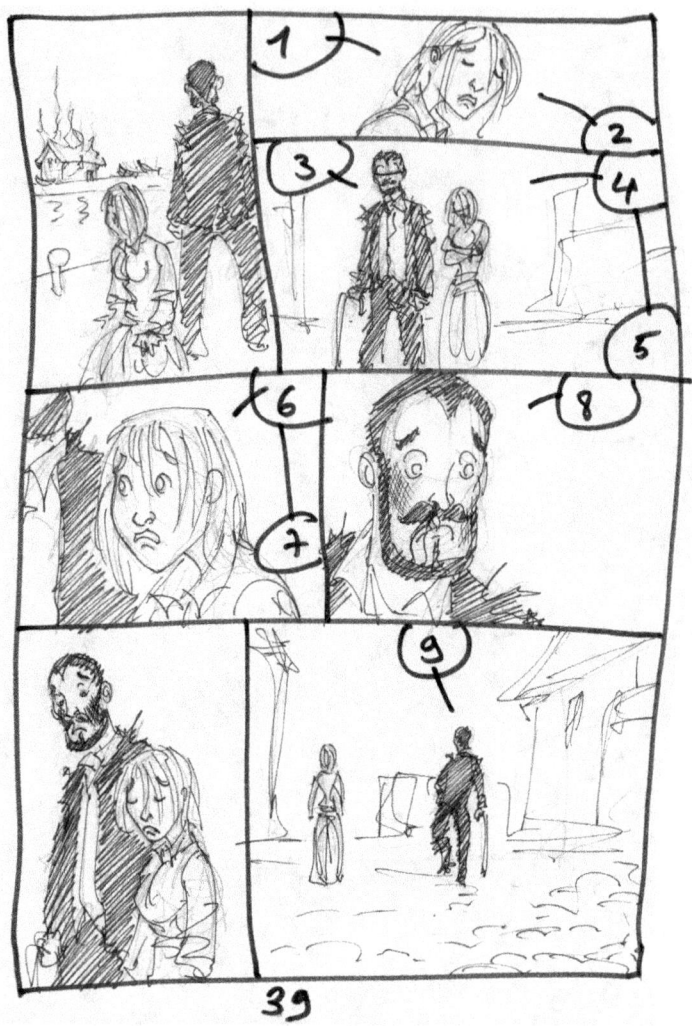

1. MERCI... MERCI D'ÊTRE VENU, AUGUSTIN...
2. ...MÊME SI...
3. MÊME SI ?
4. J'AURAIS PRÉFÉRÉ NE JAMAIS DÉCOUVRIR CETTE PART DE TOI...
5. TU N'ÉTAIS PLUS CELUI QUE JE CONNAIS... CELUI POUR LEQUEL JE RESSENS QUELQUE CHOSE...
6. CETTE VIOLENCE T'ES FAMILIÈRE... ET ÇA ME FAIT PEUR...
7. ...TU ME FAIS PEUR...
8. ADÈLE, NON !
9. LAISSE-MOI AU MOINS TE RACCOMPAGNER...

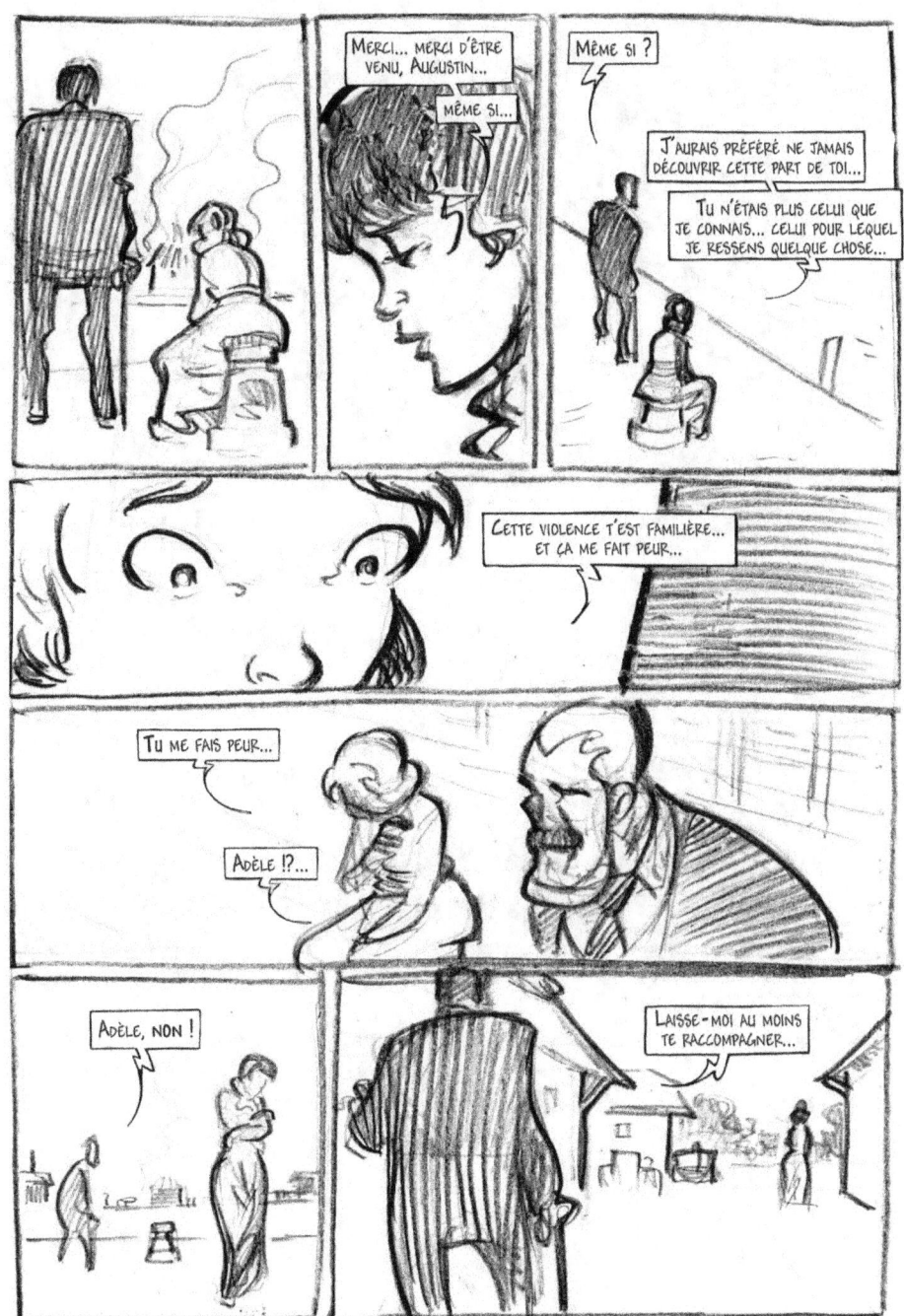

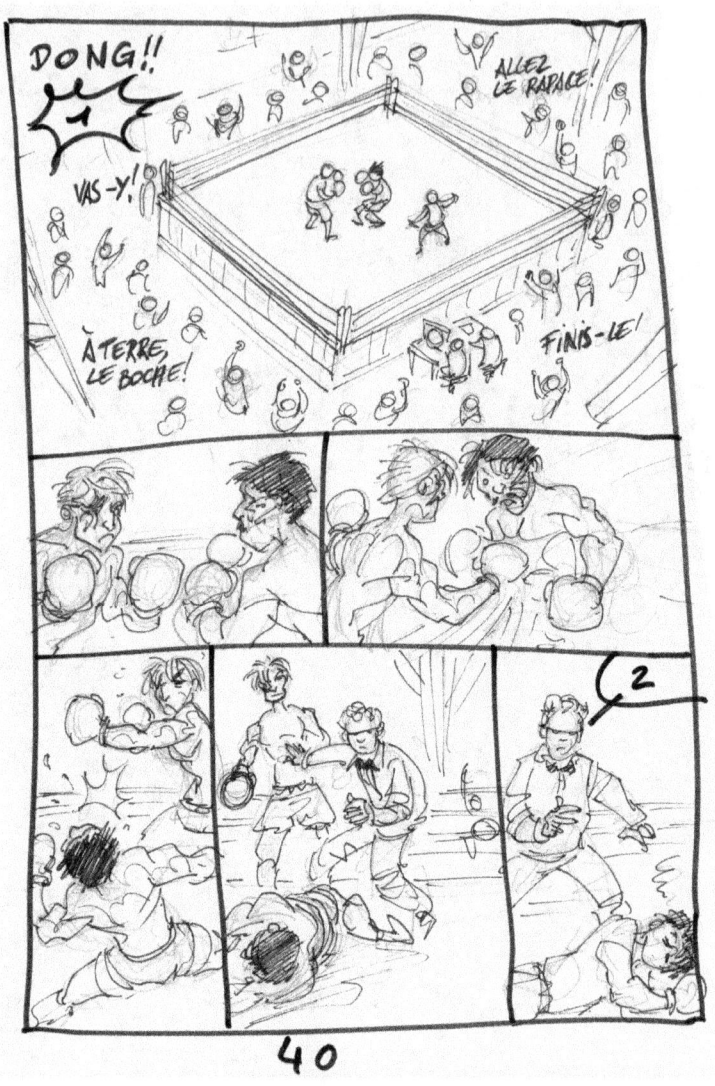

1. QUATRIÈME ROUND!
2. 1... 2... 3...

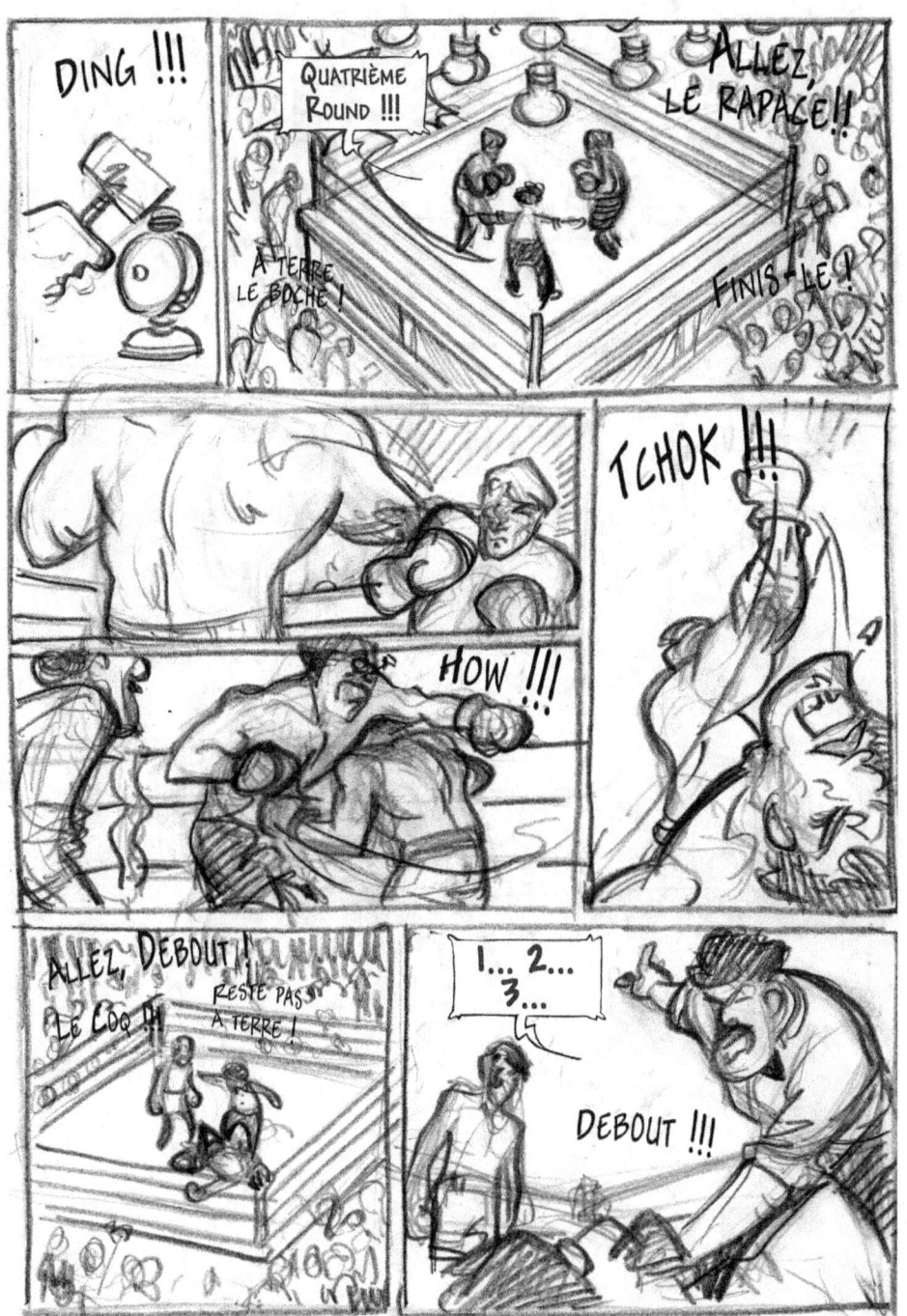

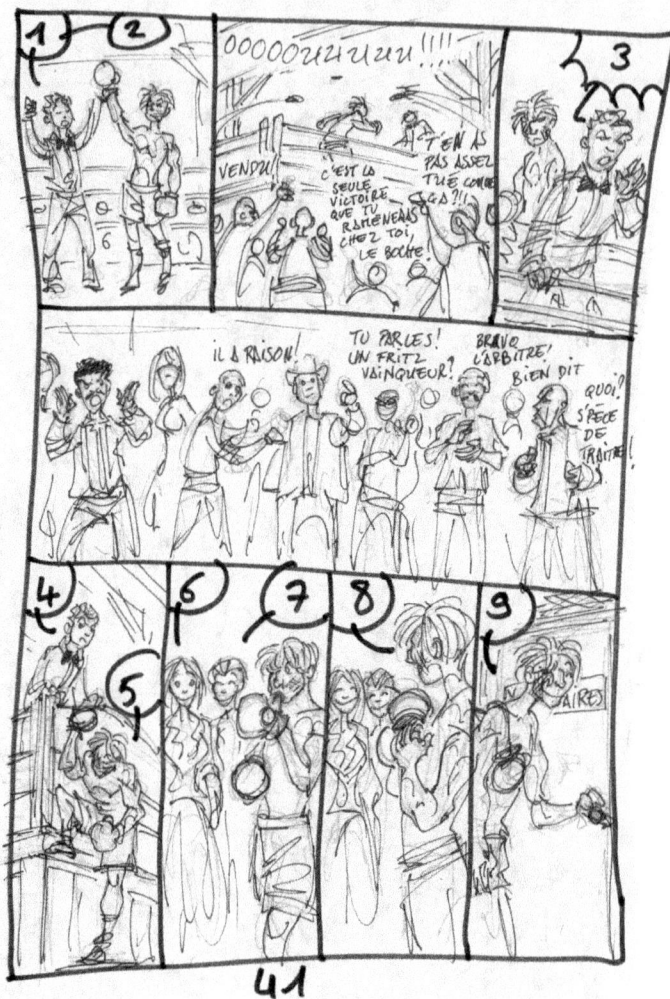

1. Dix!!...
2. Le rapace teuton vainqueur!
3. Ça suffit!!! La loi du ring a rendu son verdict! Veuillez le respecter!
4. Mieux vaut regagner le vestiaire, ça calmera les esprits.
5. Kein problem. J'ai le triomphe modeste.
6. Monsieur le rapace, quel match formidable!
7. Vous êtes impressionnant!
8. Je vous remercie, mesdames...
9. Juste le temps de me rafraîchir et je suis à vous.

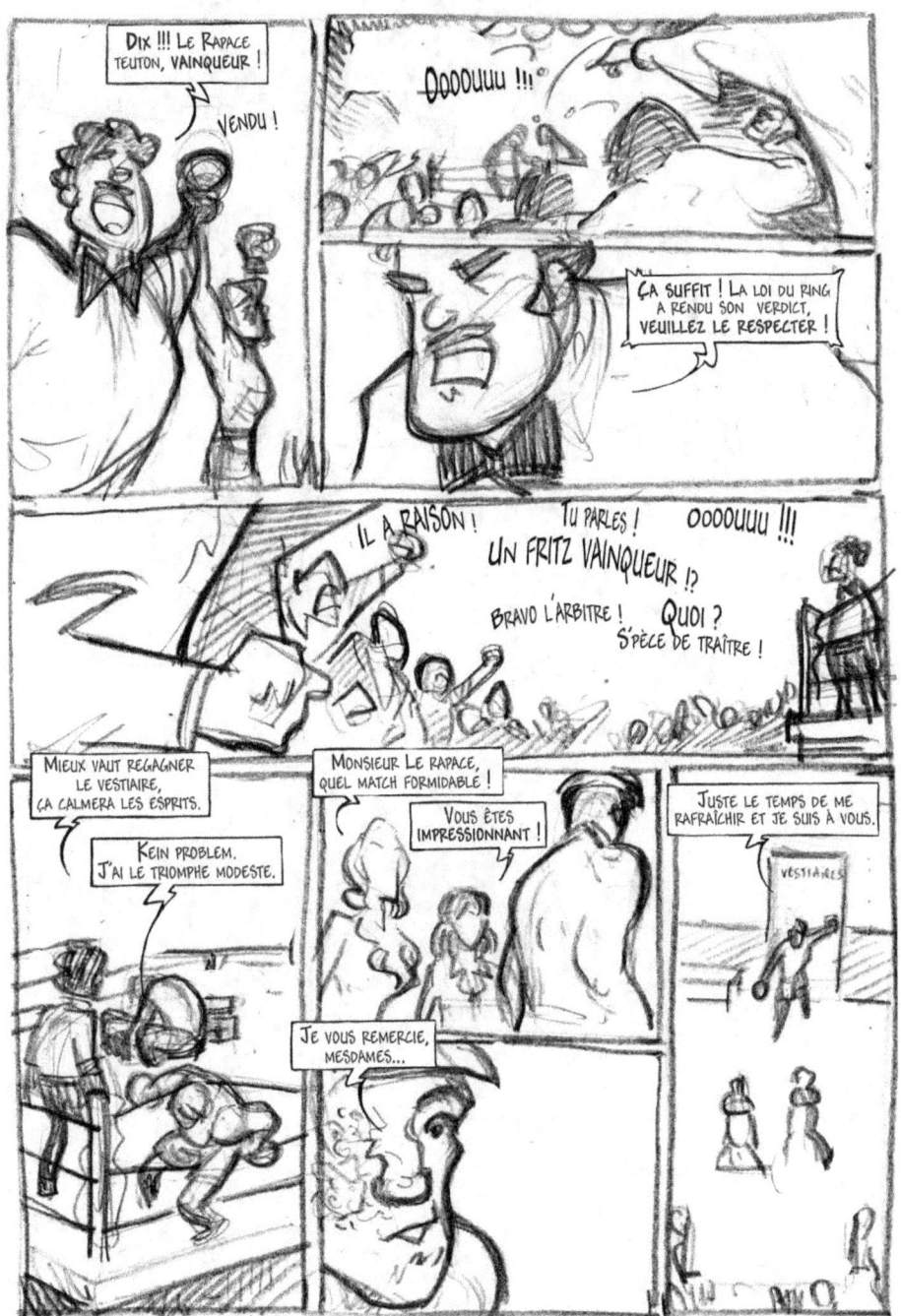

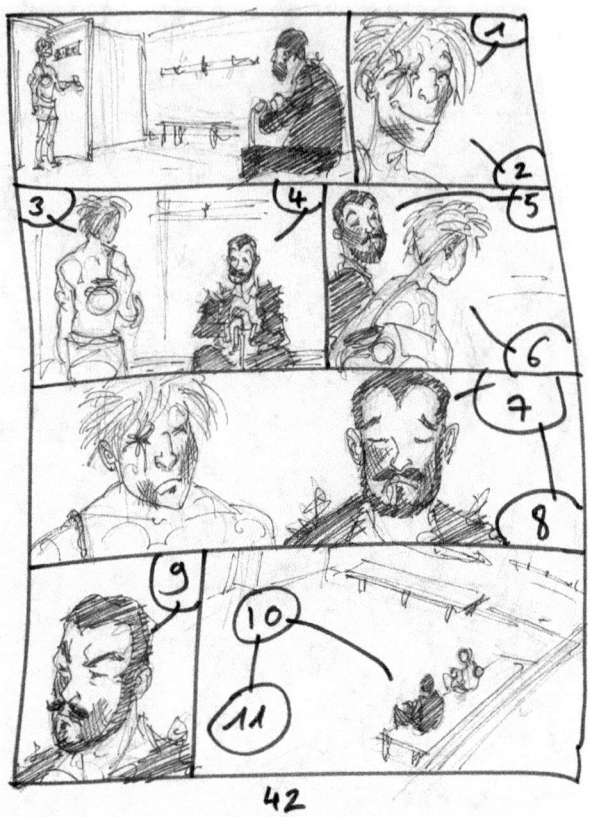

42

1. BEN TIENS, QUI VOILÀ ?!!

2. T'AS UNE FAÇON ORIGINALE DE SUIVRE UN COMBAT.

3. AH NON! VISIBLEMENT, T'AS EU TA DOSE POUR LA SOIRÉE.

4. LE DANDY, J'AI RECROISÉ SA ROUTE...

5. ET IL A TROUVÉ À QUI PARLER, ENFIN, PARLER N'EST PAS LE TERME LE PLUS APPROPRIÉ.

6. ÇA ME SOULAGE DE TE VOIR ASSIS LÀ... QUAND ON SAIT DE QUOI IL EST CAPABLE.

7. ÇA... IL S'EST DONNÉ LES MOYENS POUR ME RENDRE DINGUE.

8. D'UNE CERTAINE MANIÈRE, ÇA M'A DÉFOULÉ... MAIS ÇA NE M'A PAS PERMIS D'EN APPRENDRE PLUS.

9. AVEC NOUS, IL EST TOMBÉ SUR OS, UN OS QU'IL N'EST PAS PRÊT DE LÂCHER, CE CLEBARD...

10. OR, COMME TOUS LES CHIENS, IL A BESOIN D'EXERCICE.

11. J'AI DONC BIEN ENVIE DE LUI OFFRIR UNE PETITE BALLADE À CE DANDY...

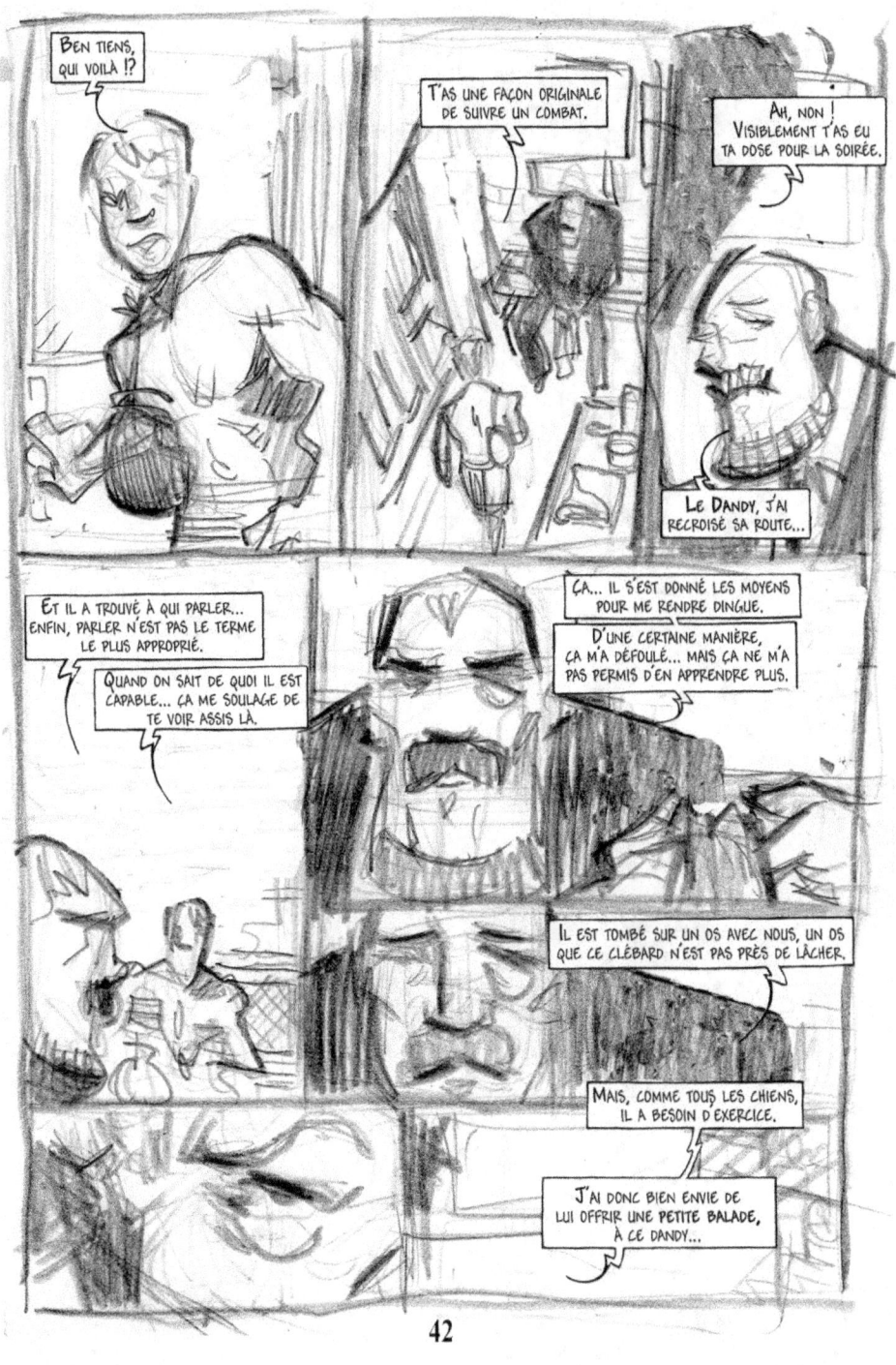

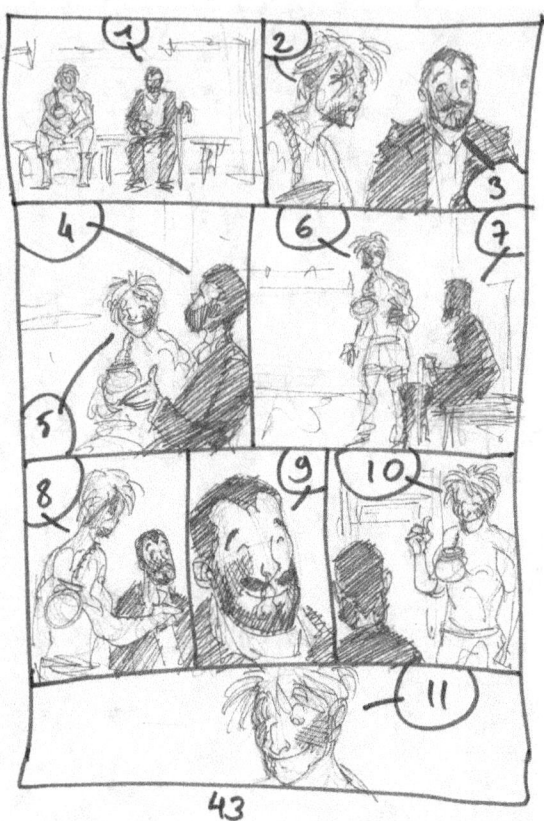

1. ÇA TE DIRAIS DE M'ACCOMPAGNER À LONDRES?

2. TU VEUX CARRÉMENT REMONTER À LA SOURCE? RAMENER LA MONTRE AUX DYNEWELL?

3. C'EST LA MEILLEURE FAÇON DE TIRER CETTE AFFAIRE AU CLAIR...

4. ET QUI SAIT S'IL N'Y AURA PAS UNE RÉCOMPENSE AU BOUT? LES DYNEWELL SE MONTRERONT PEUT-ÊTRE RECONNAISSANTS D'AVOIR RETROUVÉ LE SOUVENIR DE LEUR HÉRITIER?

5. HÉHÉ... ARGUMENTS VALABLES.

6. MAIS, AVOUE-LE, CE QUI TE FAIT MAL AU CŒUR, AUTANT QU'À MOI, C'EST QU'UN NUISIBLE PUISSE UTILISER À SON PROFIT LA MÉMOIRE D'UN TYPE TOMBÉ AU COMBAT.

7. TOUCHÉ.

8. BON ALORS ÉCOUTE, JE SUIS MAINTENANT LIBRE DE TOUT ENGAGEMENT SPORTIF, ET EN PLUS, J'AI UNE PRIME DE MATCH À EMPOCHER... JE VEUX BIEN ALLER EN DÉPENSER UNE PARTIE CHEZ LES ROSBIFS.

9. FAIS GAFFE! TU VAS FINIR PAR TROUVER DU CHARMES À TOUTES LES CAPITALES QUI ONT VAINCUES LE KAISER.

10. POUR PARIS, C'EST DÉJÀ FAIT, ELLES M'ATTENDENT DERRIÈRE CETTE PORTE.

11. RASSURE-MOI, J'AURAIS LE TEMPS D'Y GOÛTER AVANT QU'ON PARTE, HEIN? DIS!

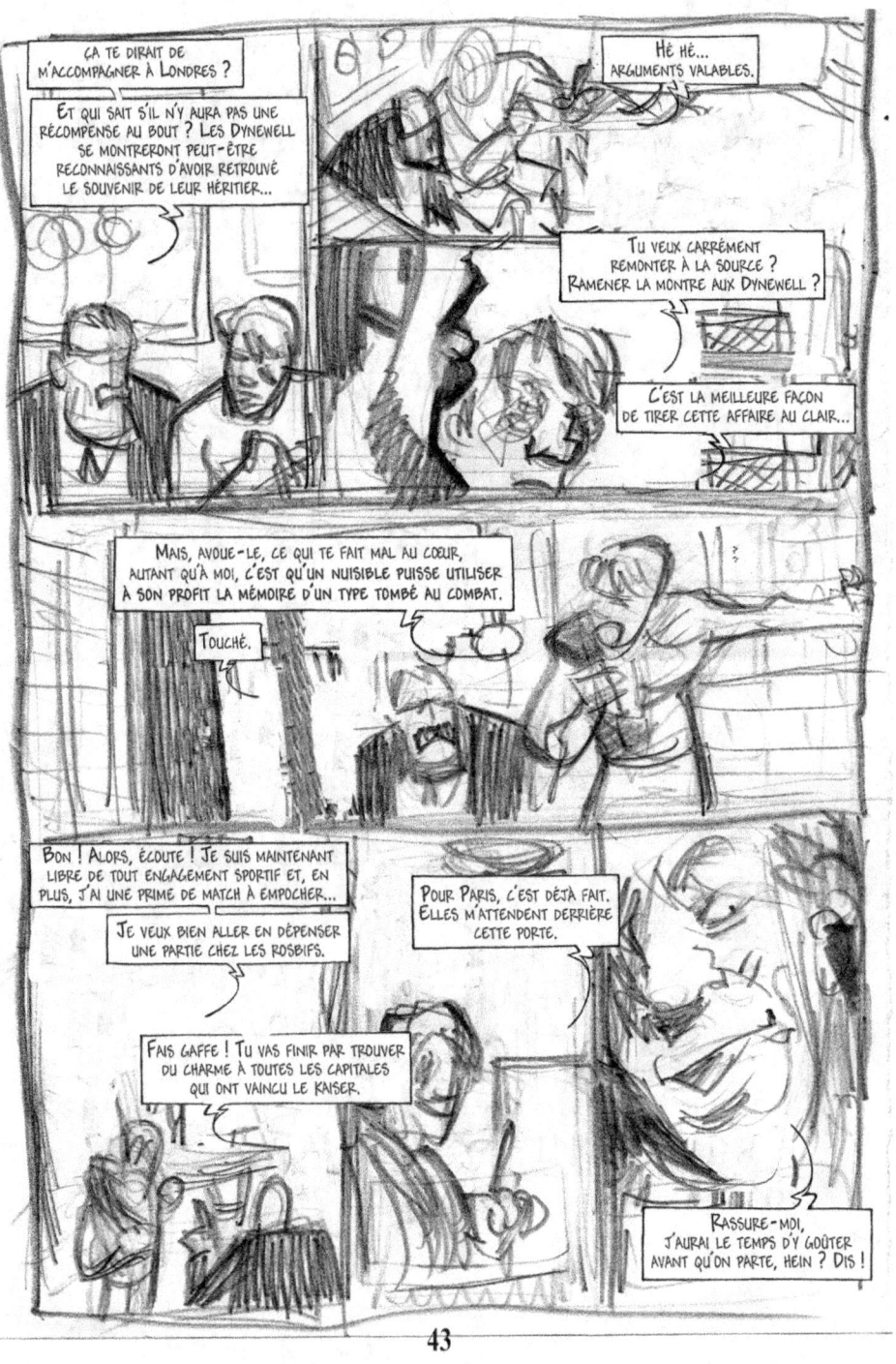

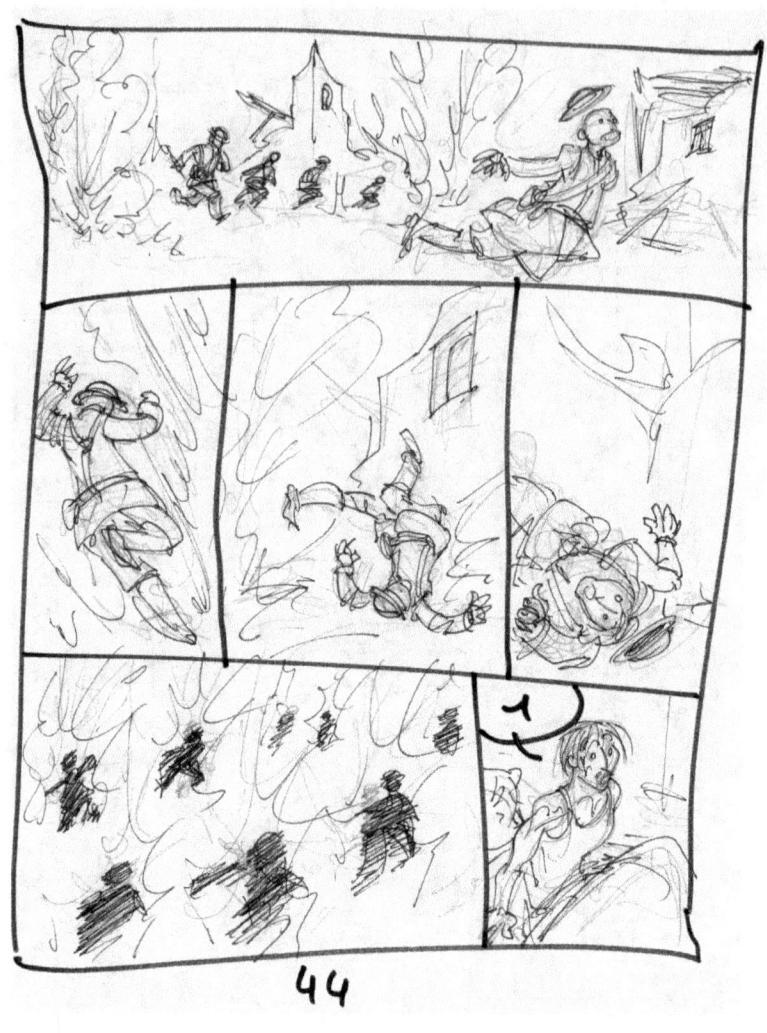

1. AAAAAH!!!

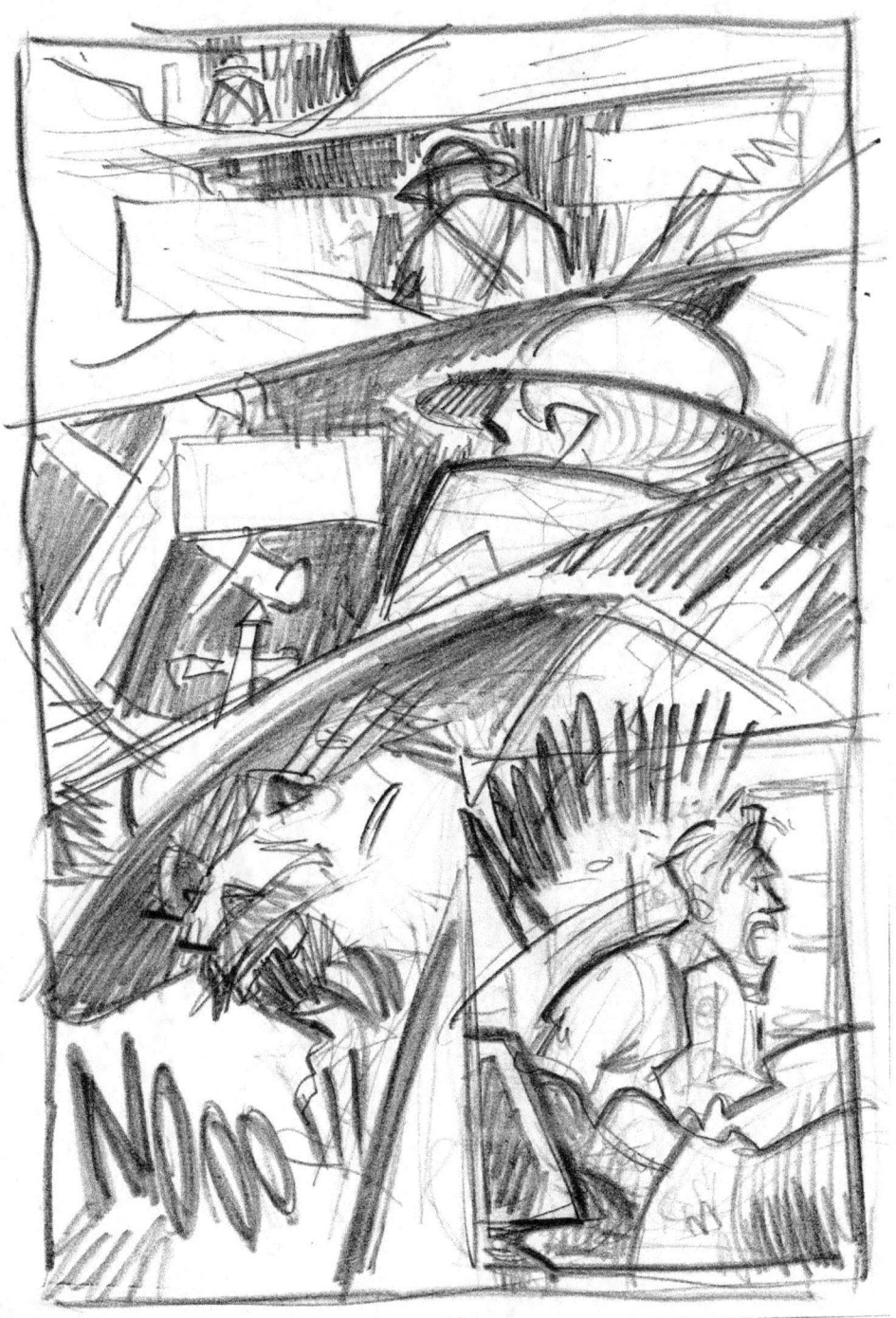

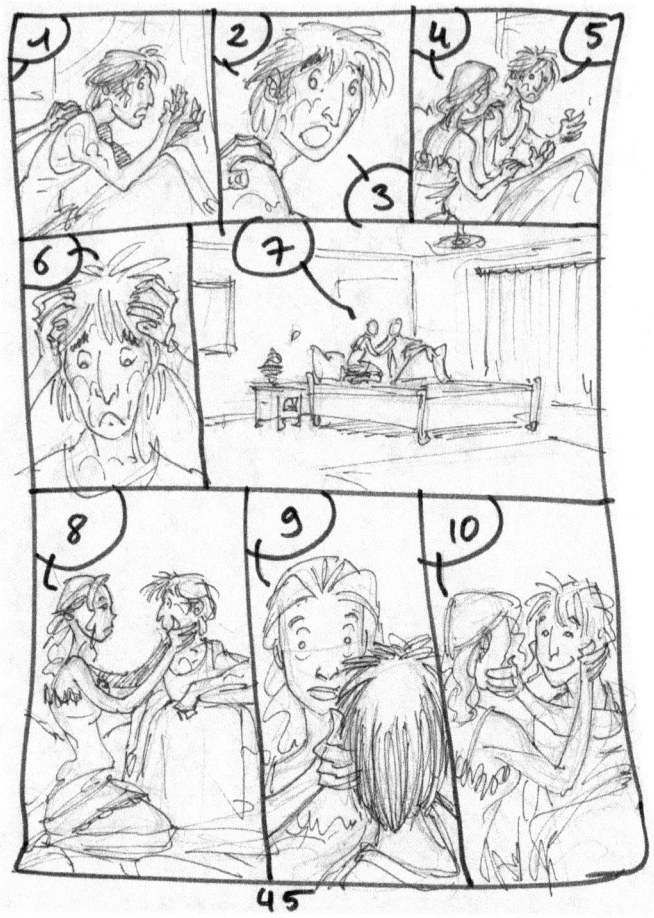

1. TOUT VA BIEN, CALME-TOI, JE SUIS LÀ.
2. CAMILLE ?!!... JE...
3. ...JE N'AI PLUS LA MOINDRE IDÉE DE QUI JE SUIS.
4. CE N'EST RIEN, JUSTE LE MÊME CAUCHEMAR QUI TE HANTE TOUTES LES NUITS.
5. CE N'EST PAS SEULEMENT UN CAUCHEMAR, C'EST QUELQUE CHOSE QUE J'AI VÉCU...
6. ET JE N'AI PLUS AUCUN SOUVENIR DE QUI J'ÉTAIS AUPARAVANT... JE NE SUIS PLUS PERSONNE.
7. ECOUTE-MOI! TU SAIS QUI TU ES! LE TRAUMATISME A BRISÉ TA MÉMOIRE, MAIS J'AI RETROUVÉ DES INDICES, TU LE SAIS!
8. JE SUIS L'INFIRMIÈRE DONT TU AVAIS BESOIN, CELLE QUI T'AS TROUVÉ DANS UN HÔPITAL DE GUERRE, CELLE QUI VA TE RENDRE TON IDENTITÉ!
9. TU ES GRIFFIN DYNEWELL!
10. TOUT VA BIEN ALLER, MON AMOUR.

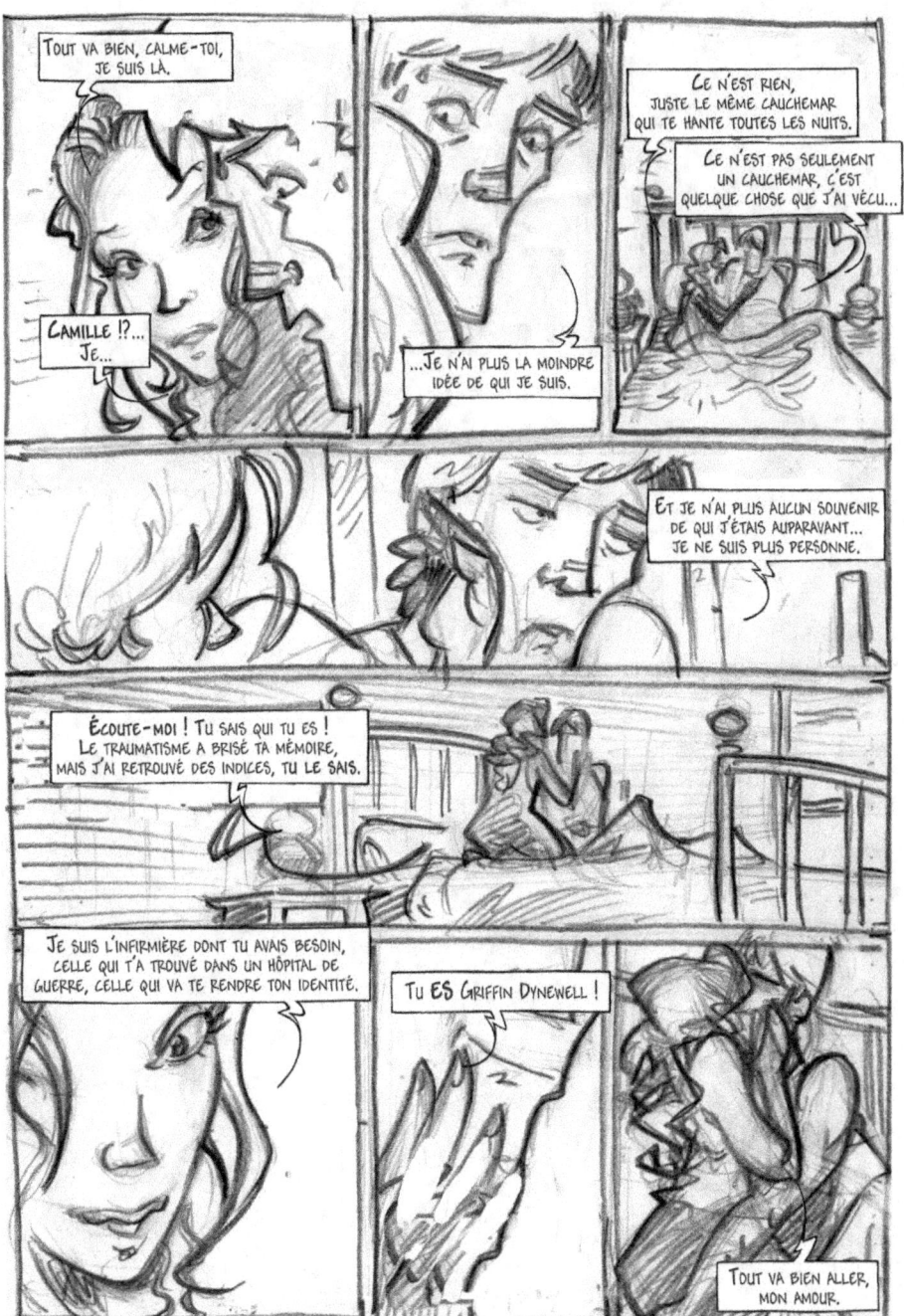

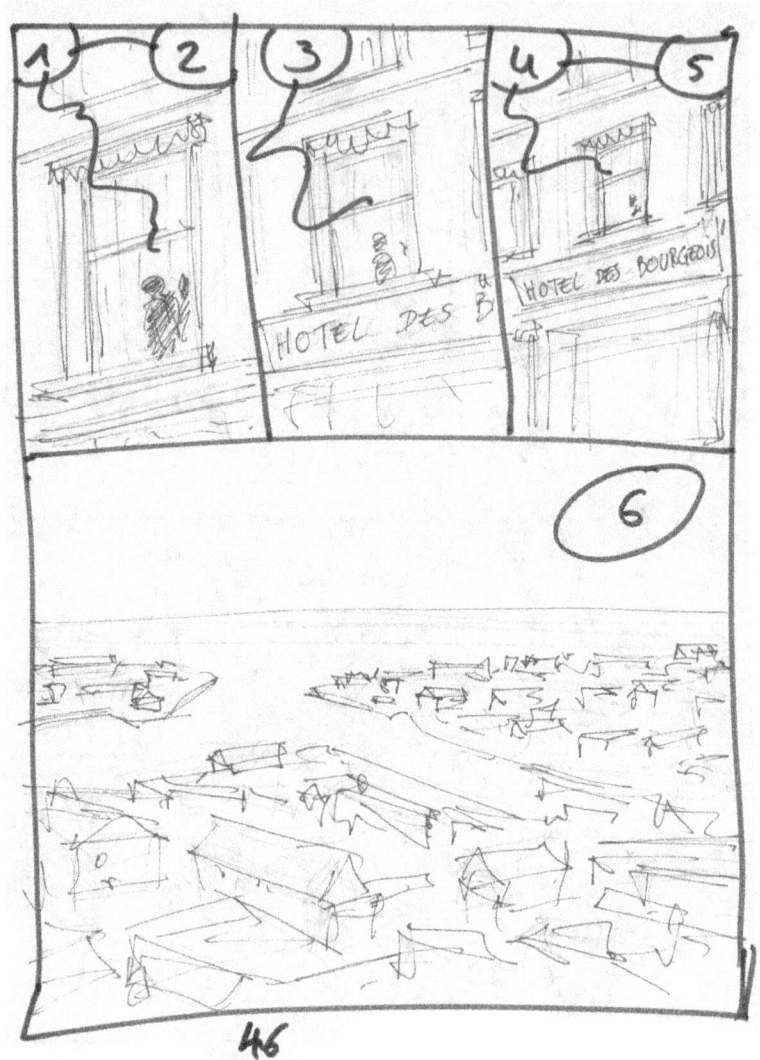

1. BIENTÔT, NOUS RETROUVERONS LES TIENS.
2. ... LES DYNEWELL ATTENDENT LE FILS QU'IL CROYAIENT PERDU À LA GUERRE.
3. NE LAISSE PAS DE PLACE AU DOUTE !
4. MERCI CAMILLE...
5. DEMAIN, NOUS TRAVERSERONS LA MANCHE ET REJOINDRONS LONDRES.
6. MON HÉRITAGE M'ATTENDS...

SUITE ET FIN DANS LA SECONDE PARTIE "L'HÉRITIER DES DYNEWELL"

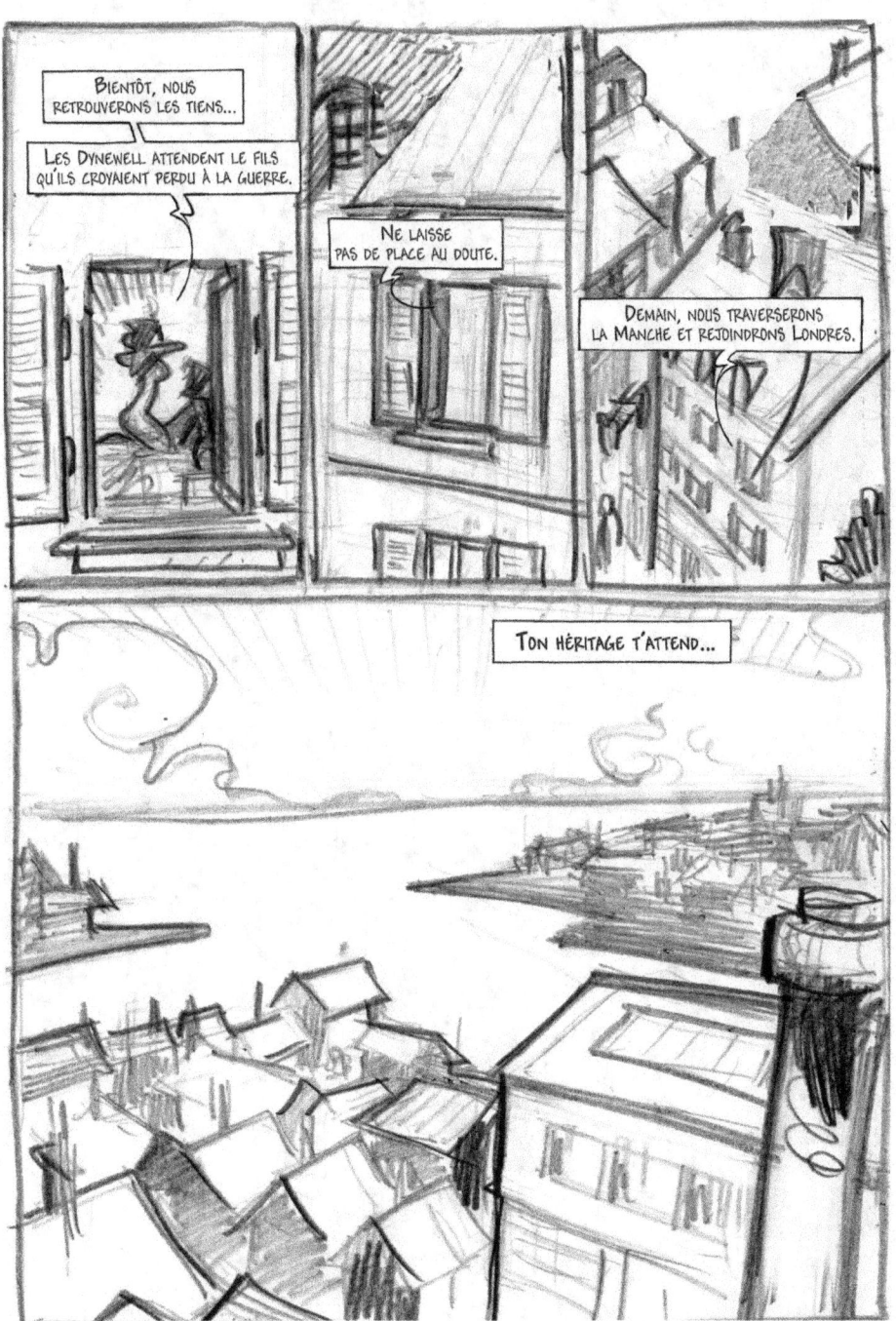

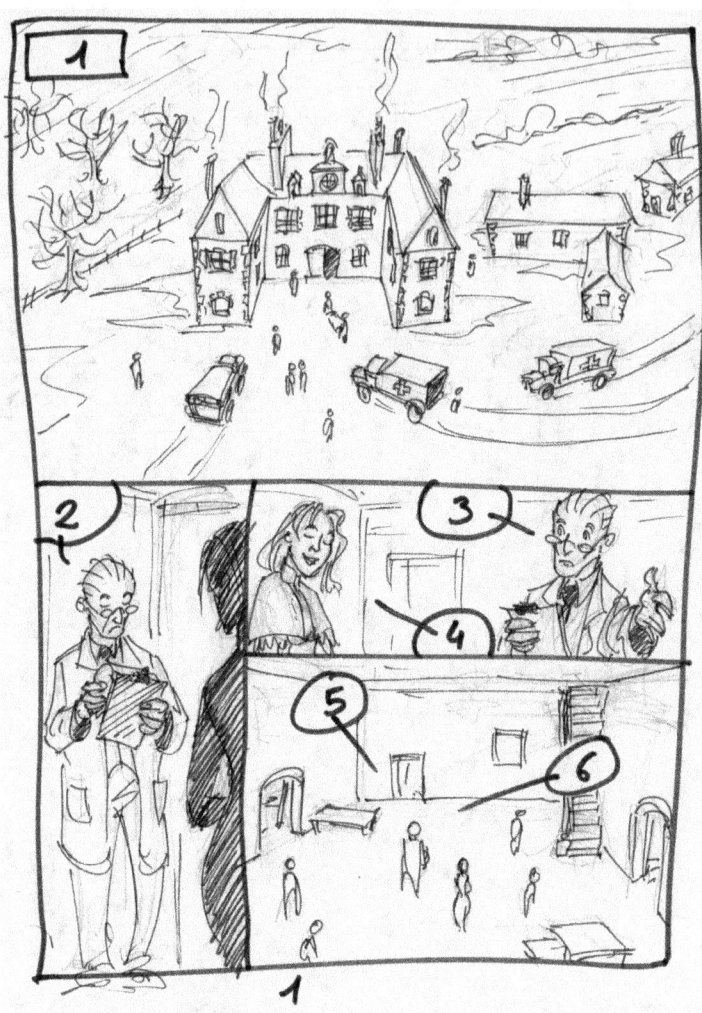

1. PICARDIE, JANVIER 1917, QUELQUE PART À L'ARRIÈRE DU FRONT.

2. LIONETTI CAMILLE ?
BIEN, JE VOIS QUE VOUS EXERCEZ DEPUIS LE DÉBUT DU CONFLIT... C'EST PARFAIT, VOTRE EXPÉRIENCE NOUS SERA UTILE.

3. VEUILLEZ ME SUIVRE, JE VAIS VOUS FAIRE VISITER LES LIEUX.

4. MERCI, DOCTEUR.

5. J'IMAGINE QUE VOUS AVEZ CONNU LES HÔPITAUX DE CAMPAGNE, ÇA VOUS CHANGERA UN PEU, ICI...

6. NOUS N'ACCUEILLONS QUE CEUX QUI ONT SURVÉCU...
CE QUI NE VEUT PAS DIRE QU'ILS AIENT EU PLUS DE CHANCE.

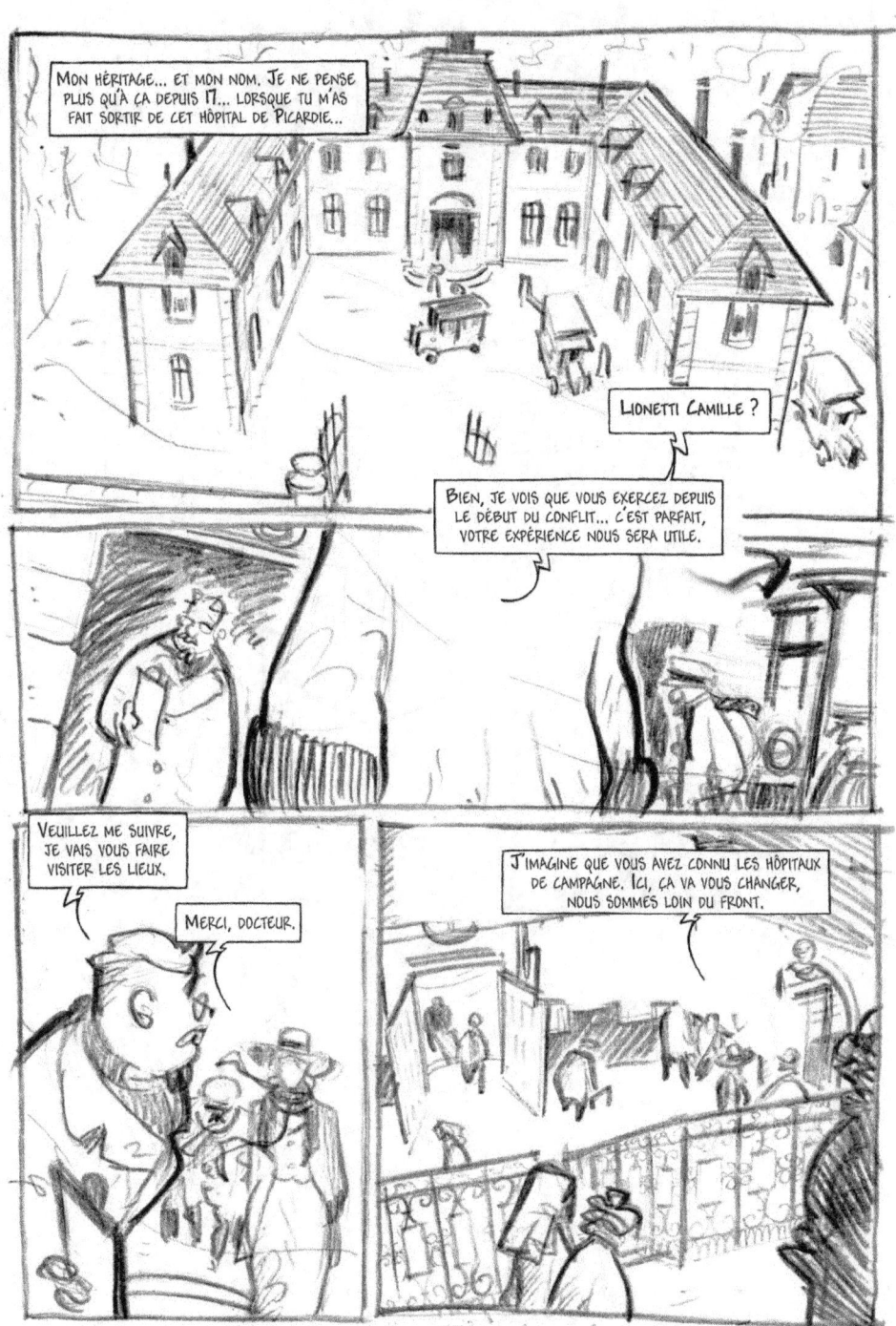

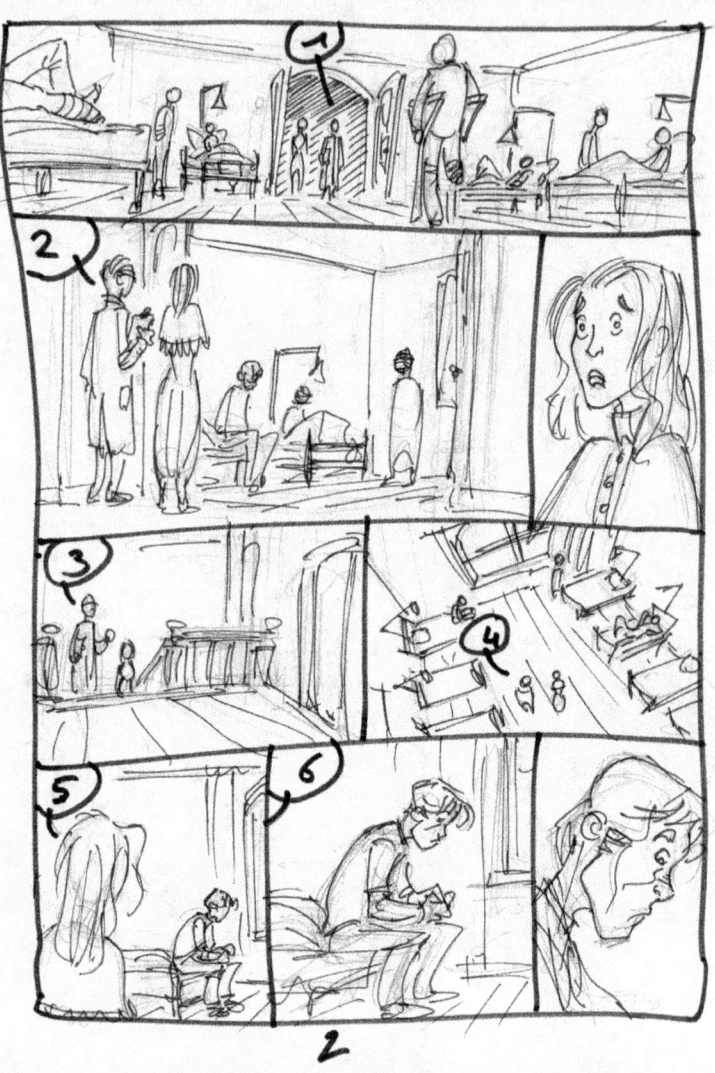

1. REZ DE CHAUSSÉE, L'AILE OUEST EST RÉSERVÉE AUX AMPUTÉS.
2. L'AILE EST, NOUS LA CONSACRONS AUX TRAUMATISÉS DE LA FACE.
3. ICI, À L'ÉTAGE, LES BLESSURES PHYSIQUES SONT SUPERFICIELLES,...
4. ...CELLES DE L'ESPRIT, PAR CONTRE...
5. EUX NE RETROUVERONT PEUT-ÊTRE JAMAIS LEURS FAMILLES.
6. SANS AIDE, IL Y A DE FORTES CHANCES QUE NON, MADEMOISELLE.

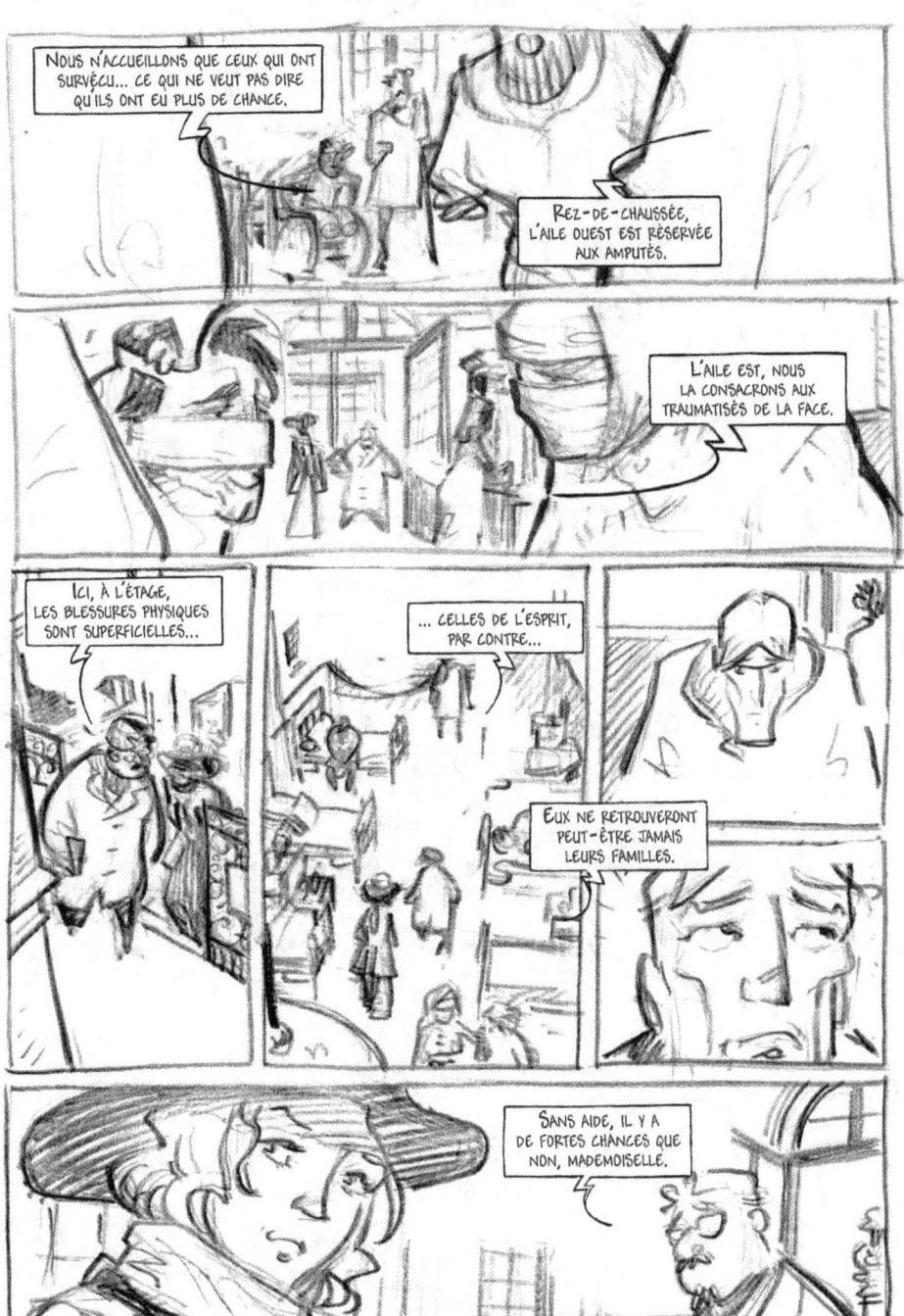

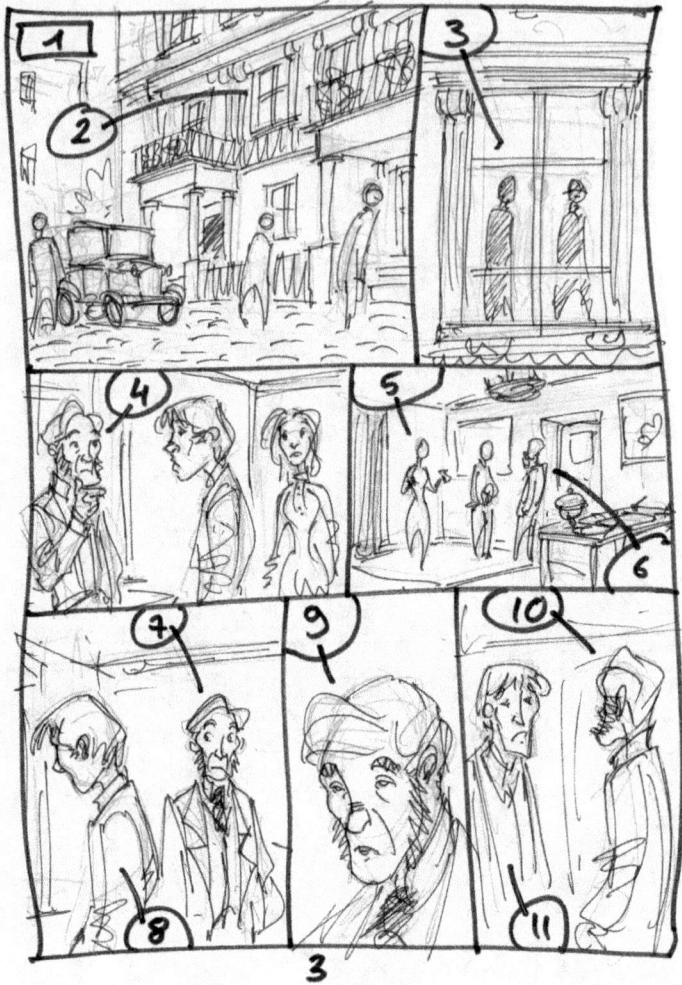

1. LONDRES 1919, QUARTIER DE KENSINGTON

2. J'AI EU DU MAL À CROIRE VOS COURRIERS, MADEMOISELLE LIONETTI...

3. ...PRÉTENDRE AVOIR RETROUVÉ GRIFFIN, ALORS QUE TOUT SON RÉGIMENT A ÉTÉ ANÉANTIT LORS DE LA BATAILLE DE LA SOMME.

4. JE VOUS AI DEMANDÉ DE VENIR POUR CELA, POUR POUVOIR JUGER DE VISU. ET J'ADMET QUE C'EST PLUS QU'ÉTONNANT.

5. JE VOUS LE RÉPÈTE, MONSIEUR LE SECRÉTAIRE, IL M'A FALLU PLUS D'UN AN POUR RETROUVER SES DOSSIERS, MAIS JE VOUS ASSURE, VOUS AVEZ BIEN DEVANT VOUS GRIFFIN DYNEWELL.

6. LA RESSEMBLANCE EST EN EFFET TROUBLANTE, MAIS IL Y A UN JE NE SAIS QUOI DE CHANGÉ...

7. ...L'EXPÉRIENCE TRAGIQUE DU FRONT, JE SUPPOSE.

8. JE NE SAURAIS QUOI RÉPONDRE, MONSIEUR, LES DERNIERS SOUVENIRS QUE J'AI SONT CEUX D'OBUS TOMBANTS ET DE CORPS MIS EN PIÈCES.

9. JE COMPRENDS, JE SUIS NAVRÉ.

10. J'IMAGINE QUE PARLER DE VOTRE PÈRE, DE VOS PROCHES, N'APPORTERA PAS GRAND CHOSE ?

11. JE CRAINS QUE OUI, MONSIEUR.

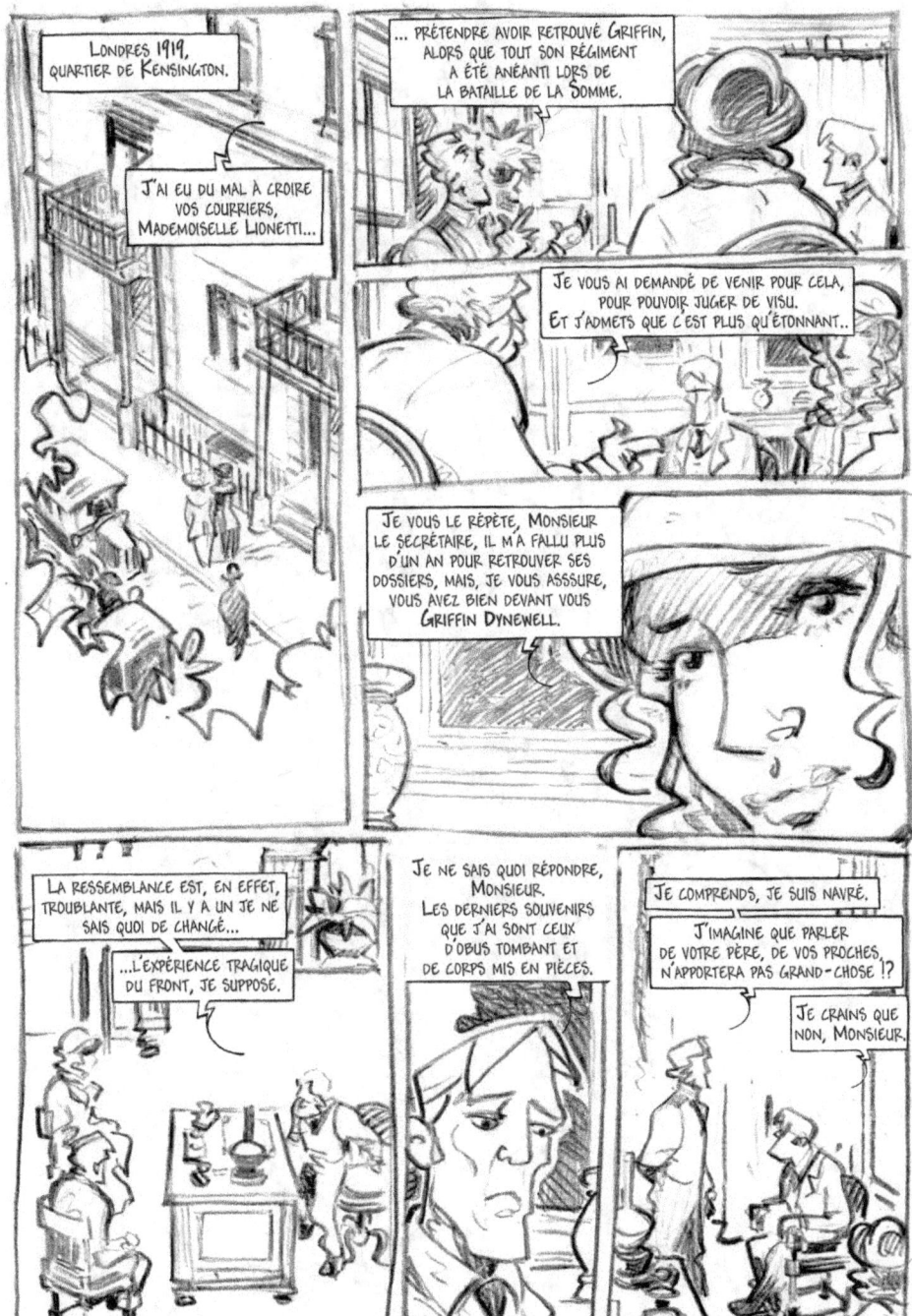

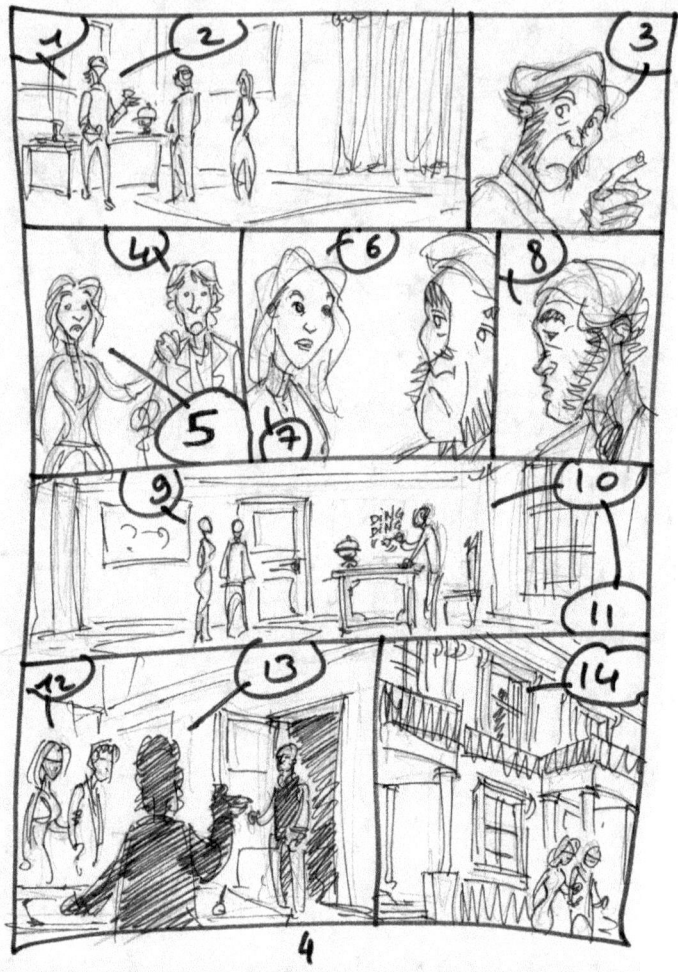

1. D'ACCORD...
2. POUR RÉSUMÉ, TOUT CE QUE VOUS CONNAISSEZ DE LA FAMILLE DYNEWELL SE TROUVE DANS LE DOSSIER MILITAIRE DE GRIFFIN.
3. NE SERAIT-CE VOTRE ASPECT PHYSIQUE, RIEN N'AIDE À PROUVER VOTRE IDENTITÉ.
4. MONSIEUR LE SECRÉTAIRE, JE...
5. LAISSE GRIFFIN, MONSIEUR LEVINSON A RAISON.
6. IL NE PEUT LUI-MÊME PRÉTENDRE QUI IL EST... MAIS PEUT-ÊTRE QUE REVOIR LES SIENS, RETROUVER DES LIEUX FAMILIERS, COMME ICI, POURRAIT L'AIDER.
7. ... DONNEZ-LUI CETTE CHANCE.
8. JE SUIS PRÊT À VOUS LA DONNER, MAIS PRÉVENIR LA FAMILLE ET SURTOUT MÉNAGER LA SANTÉ DÉCLINANTE DE SIR EDWIN, VOTRE... PÈRE, CELA RISQUE DE PRENDRE UN CERTAIN TEMPS, VOUS COMPRENEZ?
9. BIEN SÛR.
10. EN TANT QUE SECRÉTAIRE DES DYNEWELL, JE VAIS FAIRE LE NÉCESSAIRE... JE DEMANDERAIS AUSSI À CE QUE LE MÉDECIN DE FAMILLE VOUS EXAMINE.
11. LAISSEZ-MOI VOS COORDONNÉES, JE VOUS TIENDRAIS AU COURANT.
12. MERCI 13. À PRÉSENT, SI VOUS VOULEZ BIEN M'EXCUSER, CAMERON VA VOUS RACCOMPAGNER.
14. VOUS EN PENSEZ QUOI, JAMES?

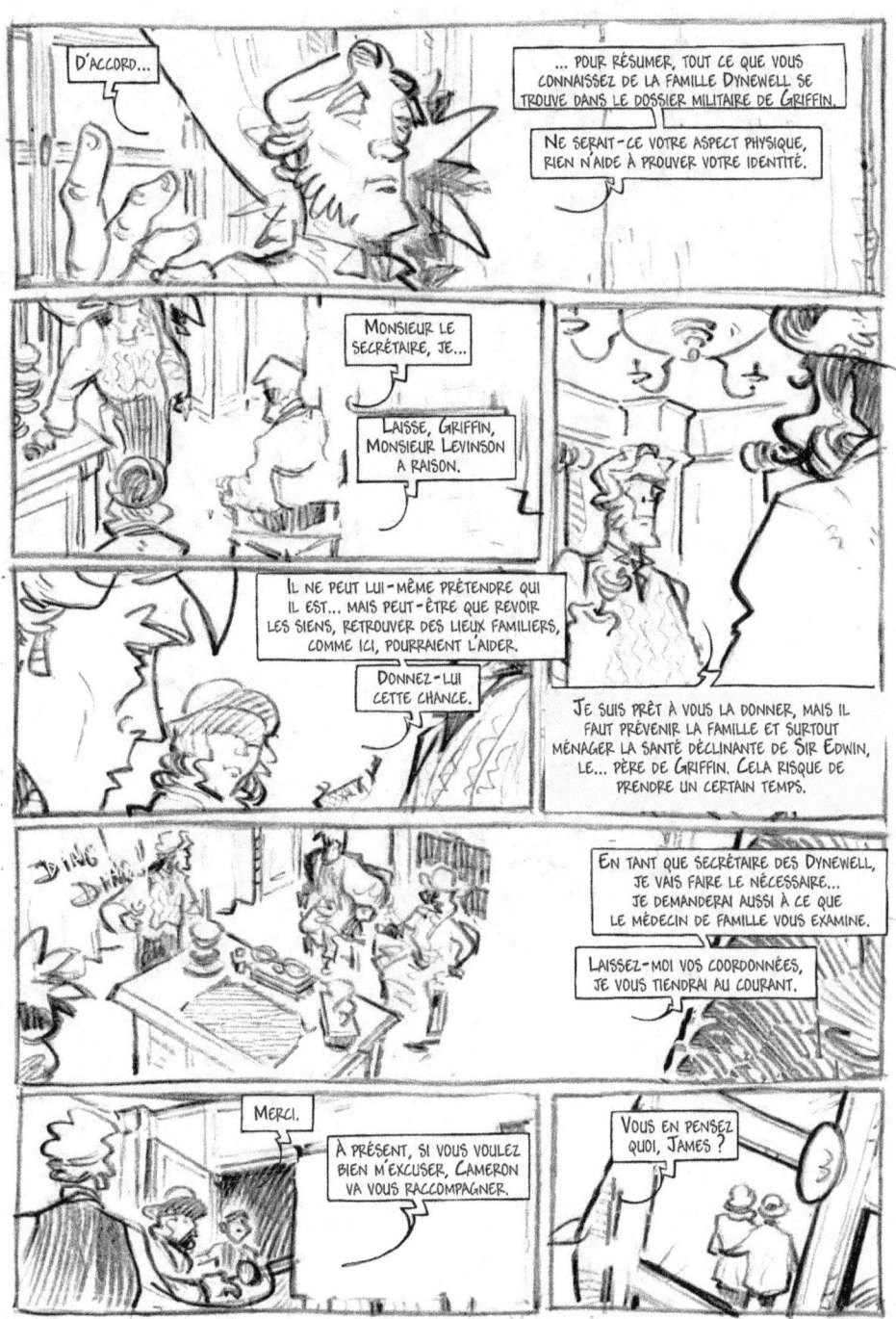

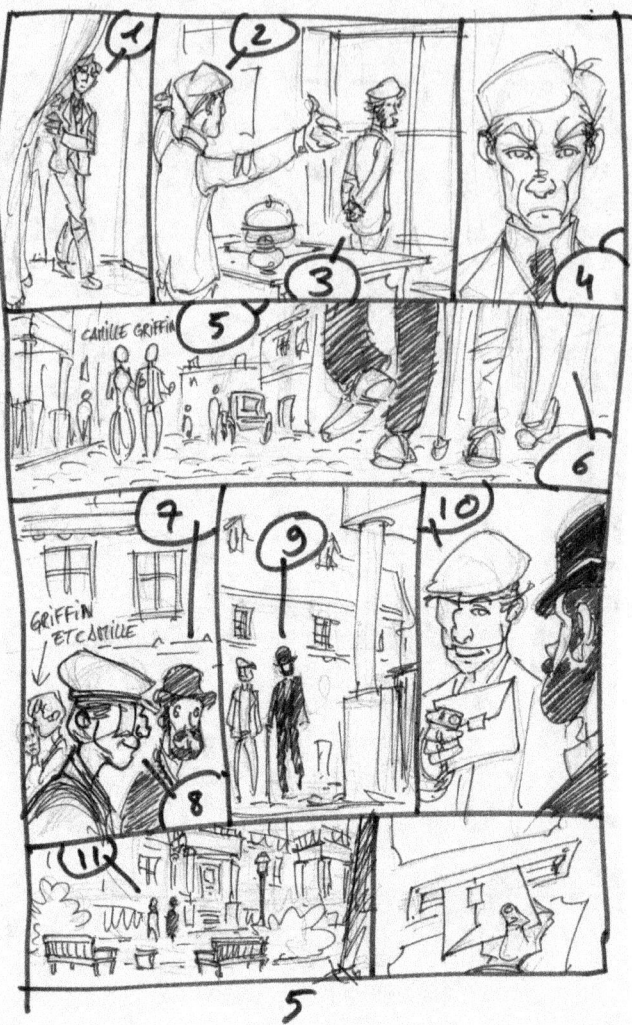

1. D'APRÈS VOUS, HAYDEN ?
2. COMMENT VOULEZ-VOUS ME FAIRE CROIRE QUE CET INDIVIDU EST VRAIMENT GRIFFIN ?
3. CINQ ANS, DONT UNE GRANDE PARTIE DANS LES TRANCHÉES, ÇA VOUS CHANGE UN HOMME, VOUS SAVEZ.
4. MAIS JE ME DOUTAIS BIEN QUE CELA VOUS DÉPLAIRAIT, QU'UN AMNÉSIQUE VIENNE VOUS CONTESTER L'HÉRITAGE DYNEWELL, N'EST-CE PAS, COUSIN JAMES !
5. CE DOIT ÊTRE JUSTE UN PEU PLUS LOIN.
6. BEAU QUARTIER ! Y'A PAS À DIRE.
7. T'AURAIS PRÉFÉRÉ WITHECHAPEL ?
8. MA FOI, ÇA SE DISCUTE.
9. REMONTE TON COL NOAH, ON Y EST !
10. ON JOUE SEULEMENT LES FACTEURS POUR COMMENCER, JE TE RAPELLE.
11. ON POSTE ET ON OBSERVE TRANQUILLEMENT CE QU'IL SE PASSE...

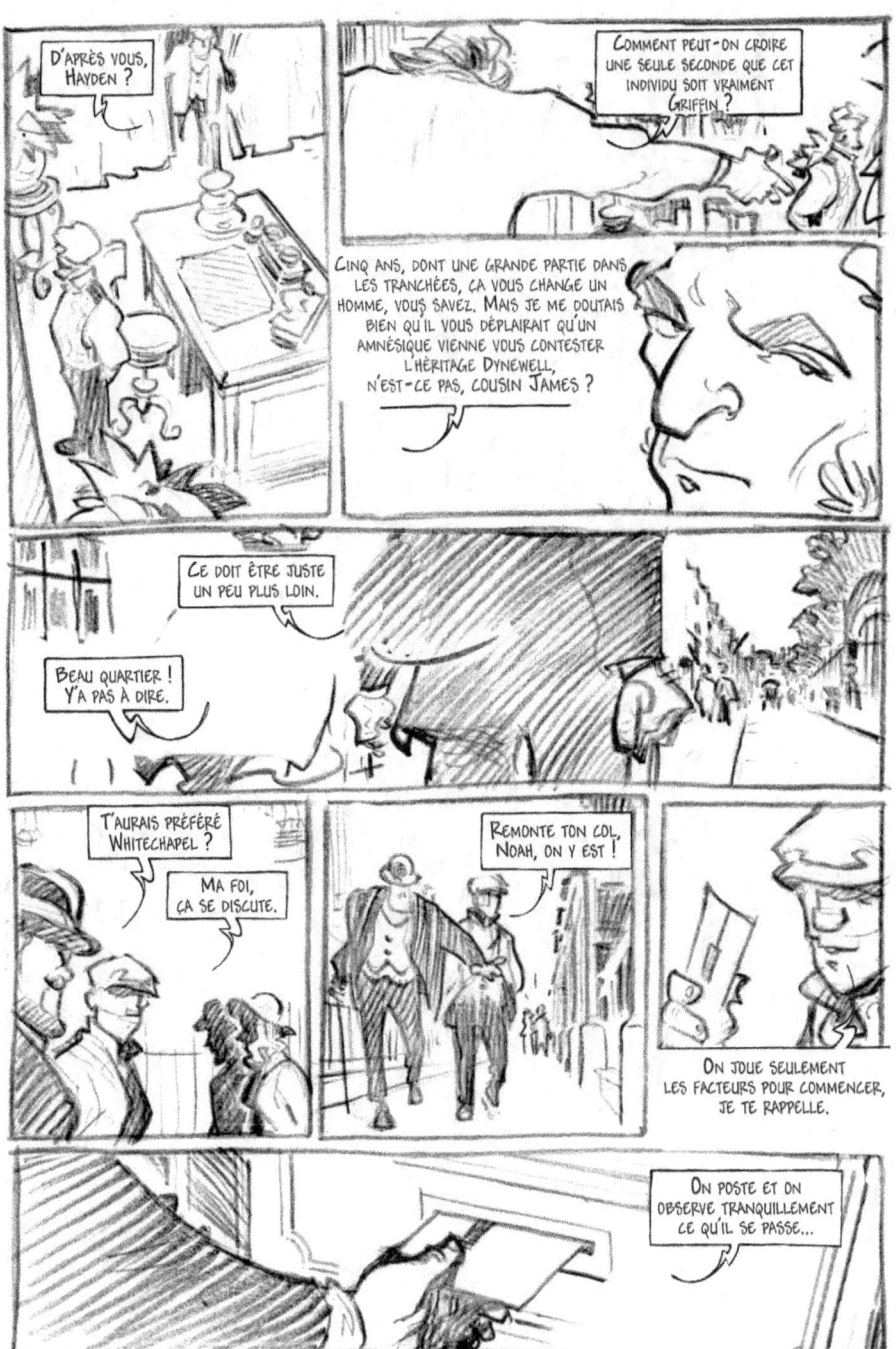

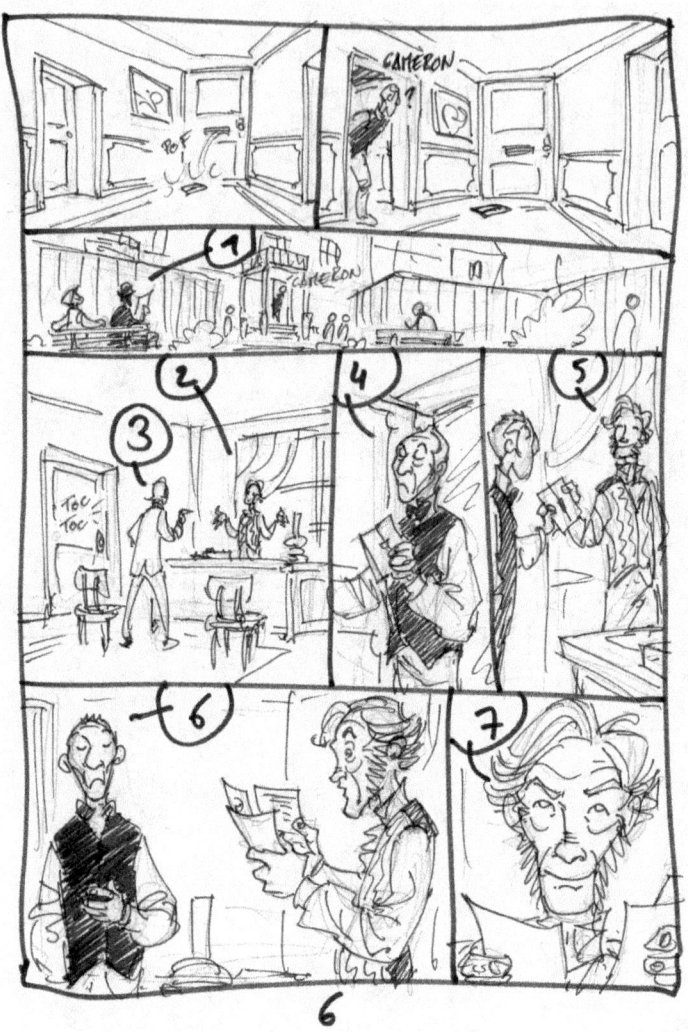

1. COURRIER ARRIVÉ À DESTINATION.
2. J'AI AUTANT DE DOUTES QUE VOUS, JAMES, SOYEZ-EN SÛR !
3. ALORS SUR QUELS CRITÈRES ALLEZ-VOUS BASER VOTRE CONVICTION ?
4. MONSIEUR LEVINSON ? NOUS VENONS DE RECEVOIR CECI. IL ME SEMBLE QUE C'EST IMPORTANT.
5. MERCI, CAMERON.
6. JE N'AI MALHEUREUSEMENT PAS PU VOIR QUI AVAIT DÉPOSÉ CE COURRIER.
7. MON CHER JAMES, JE CROIS QU'ON A TROUVÉ LÀ DE QUOI METTRE NOTRE PRÉTENDANT HÉRITIER À L'ÉPREUVE...

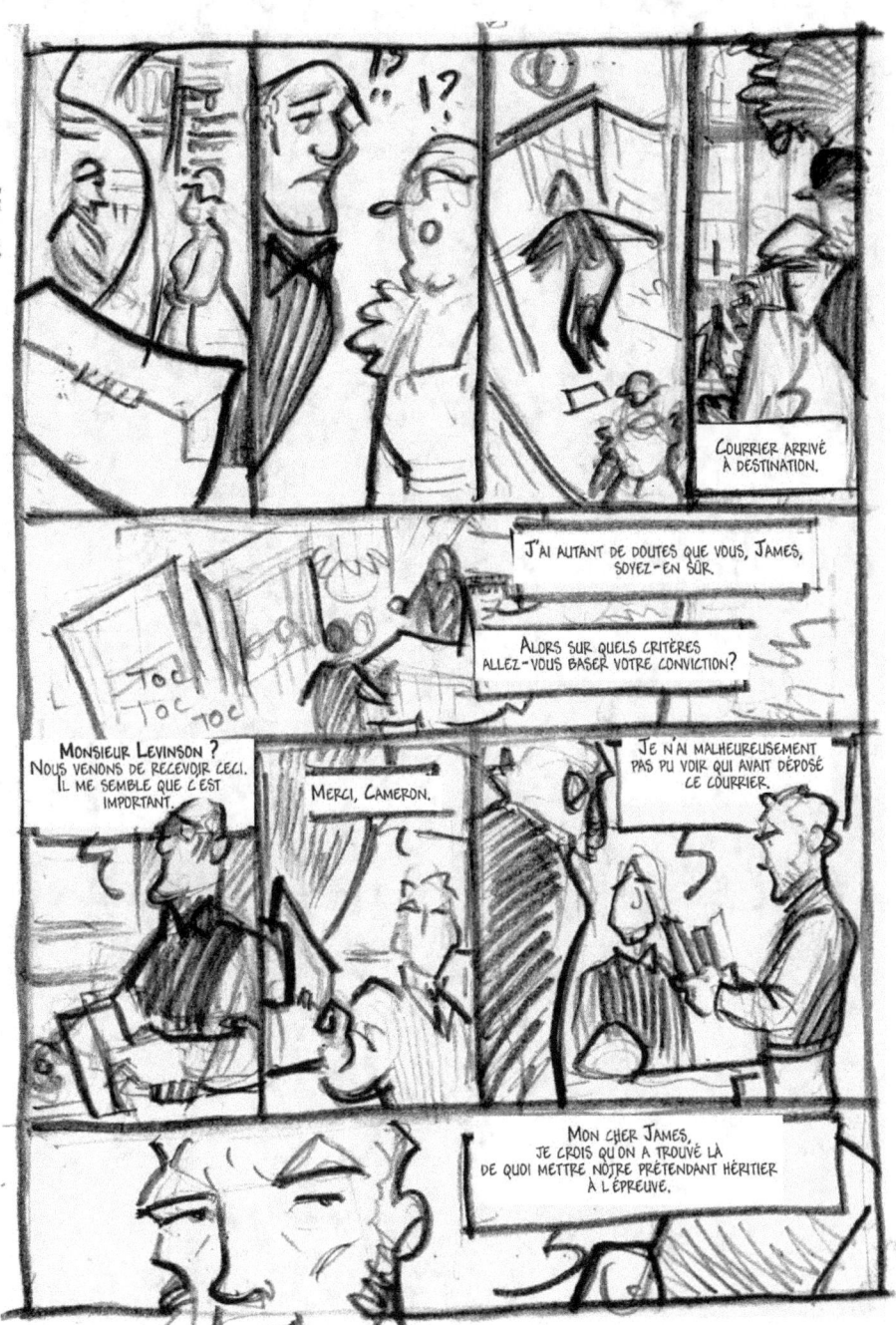

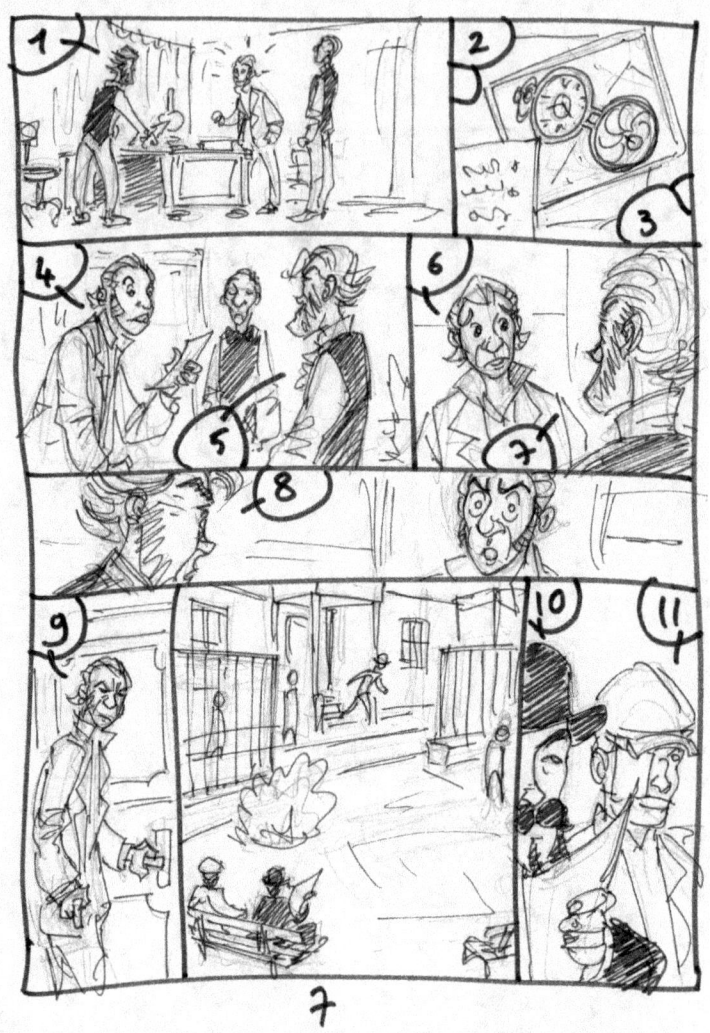

1. DEUX PERSONNES QUI NOUS VIENNENT DE PARIS SEMBLENT AVOIR MIS LA MAIN SUR UN OBJET DE VALEUR NOUS APPARTENANT...
2. ... LA MONTRE DE GRIFFIN!
3. QUOI ??!!!
4. BON SANG! C'EST TROP POUR UNE SEULE JOURNÉE,... IL FAUT ABSOLUMENT QUE JE PARLE AU PATRIARCHE!
5. HORS DE QUESTION! SIR EDWIN DYNEWELL SE REPOSE À LA CAMPAGNE, VEILLÉ PAR SON INFIRMIÈRE.
NOUS NE LE DÉRANGERONS QU'UNE FOIS L'ENQUÊTE ACHEVÉE.
6. MAIS...
7. DE PLUS, JE NE SUIS PAS SÛR QU'IL SOIT PRÊT À VOUS ÉCOUTER...
8. ... VOUS OUBLIEZ QUE VOUS AVEZ RÉUSSI À ÉCHAPPER À UNE GUERRE QUI LUI A COÛTÉ SON FILS UNIQUE.
9. NOUS EN REPARLERONS, HAYDEN.
10. UNE PISTE À SUIVRE?
11. VU QU'ELLE A L'AIR PRESSÉE ET ÉNERVÉE, CETTE PISTE, J'M EN CHARGE.

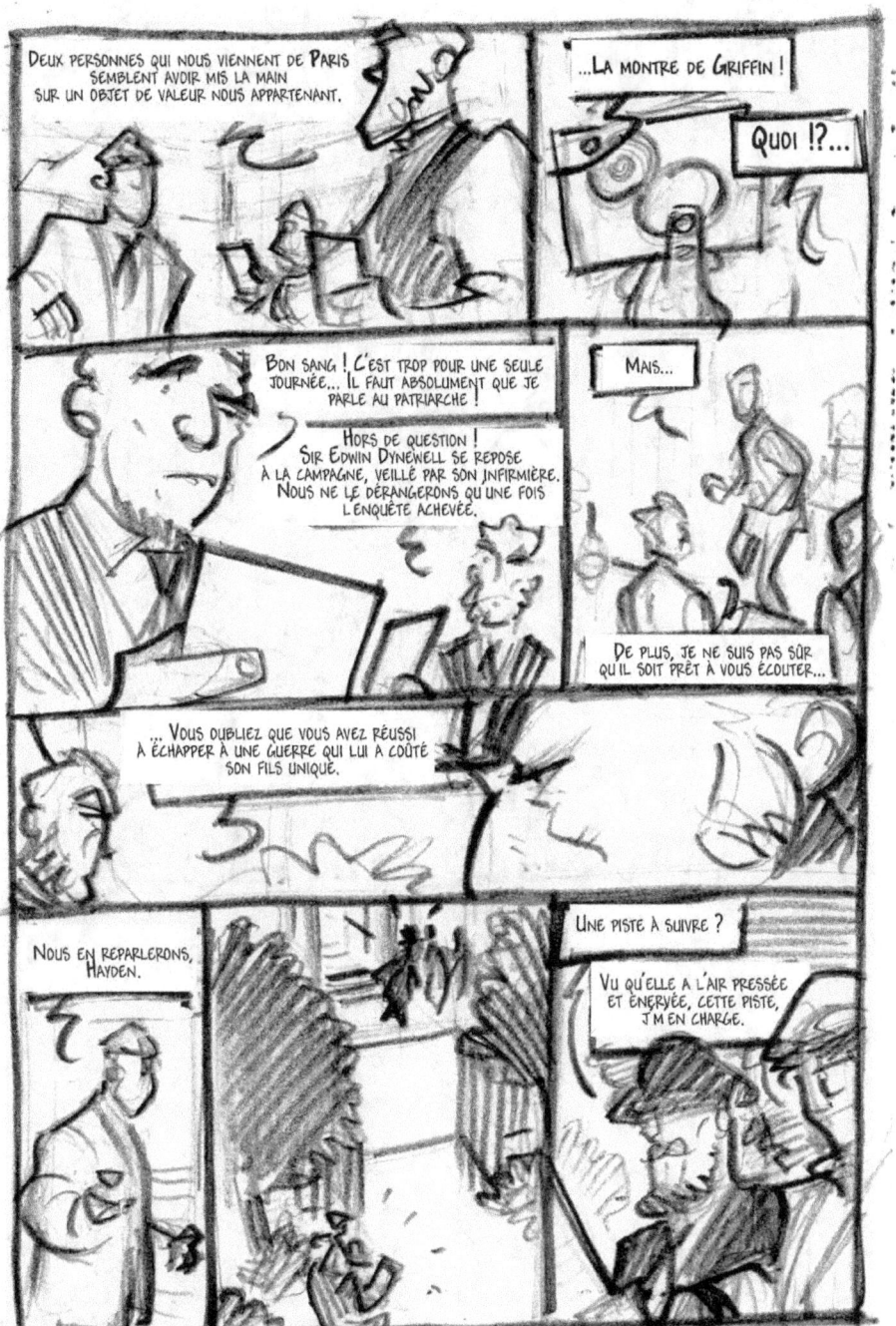

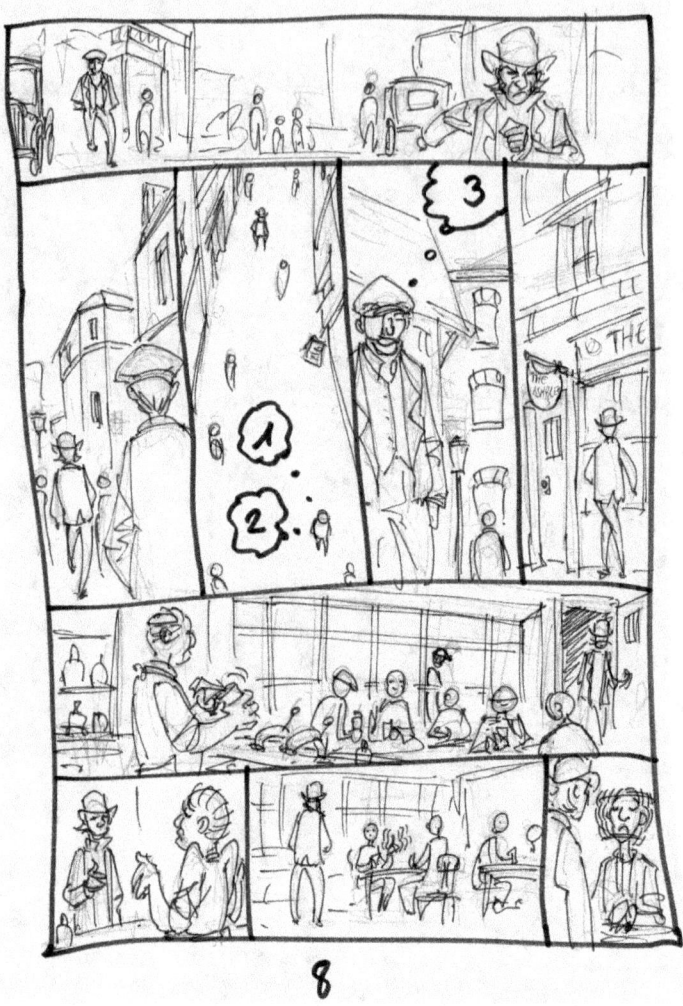

1. IL VA MARCHER ENCORE LONGTEMPS COMME ÇA?

2. RIEN DE TEL QU'UNE BONNE BALLADE POUR CALMER SES ARDEURS, NICHT WAHR?

3. AHAH! LES QUARTIERS POPULAIRES SEMBLENT ÊTRE DU GOÛT DE MONSIEUR...

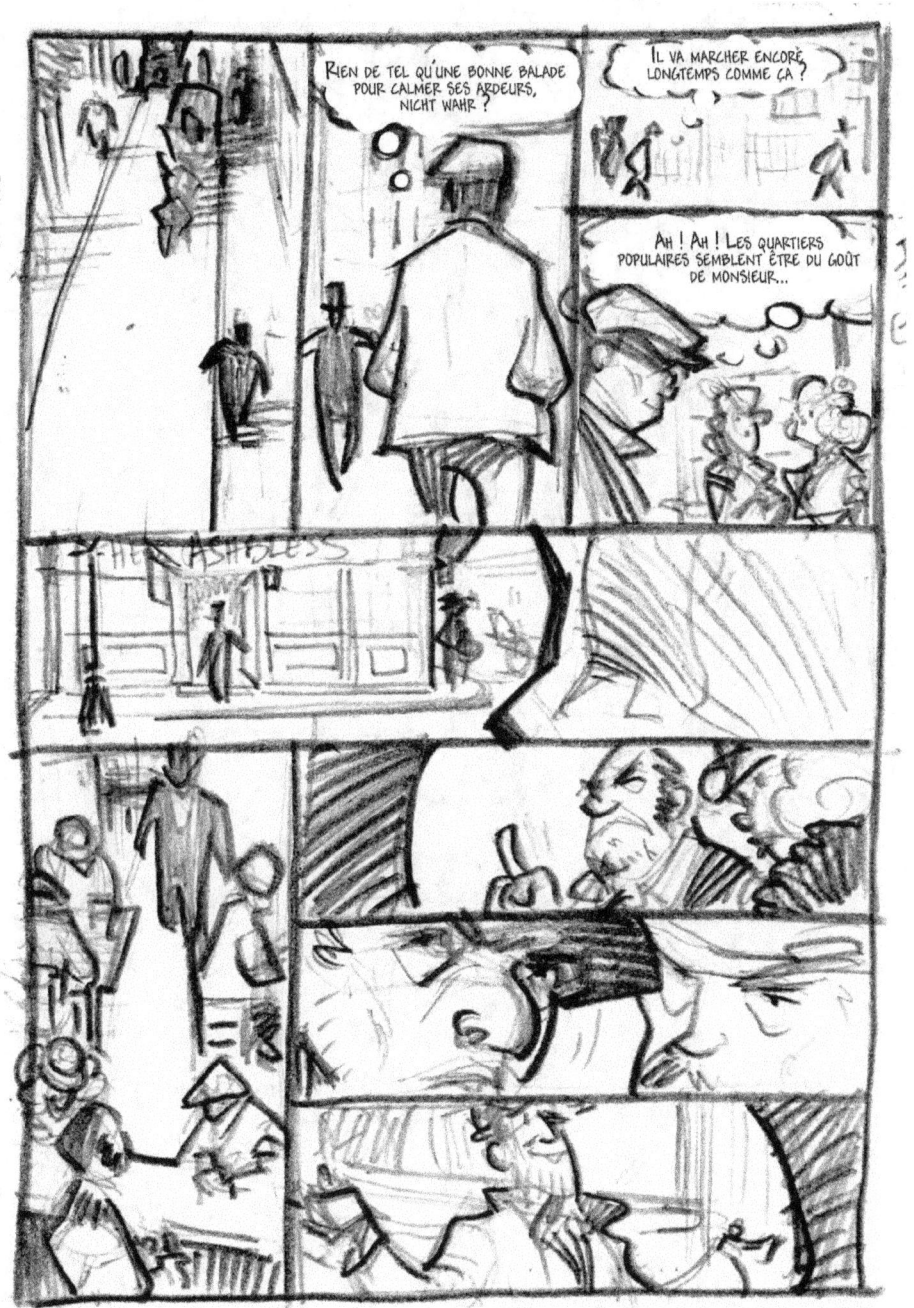

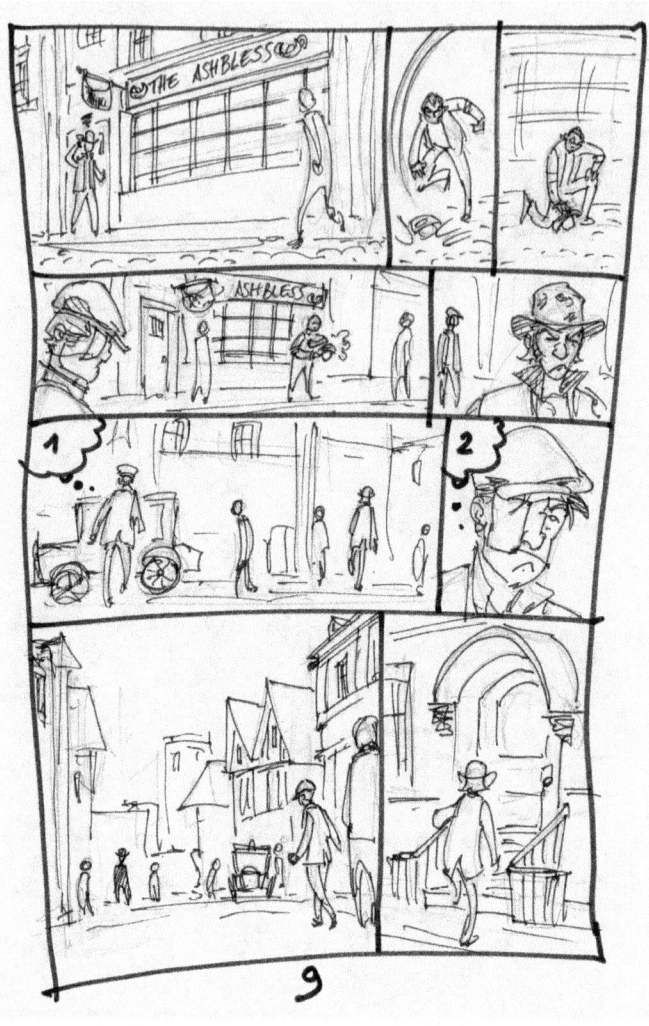

1. LE VOILÀ REPARTI... ET SON HUMEUR NE S'EST PAS ARRANGÉE...
2. J'ESPÈRE QU'IL N'EN A PAS ENCORE POUR DES HEURES.

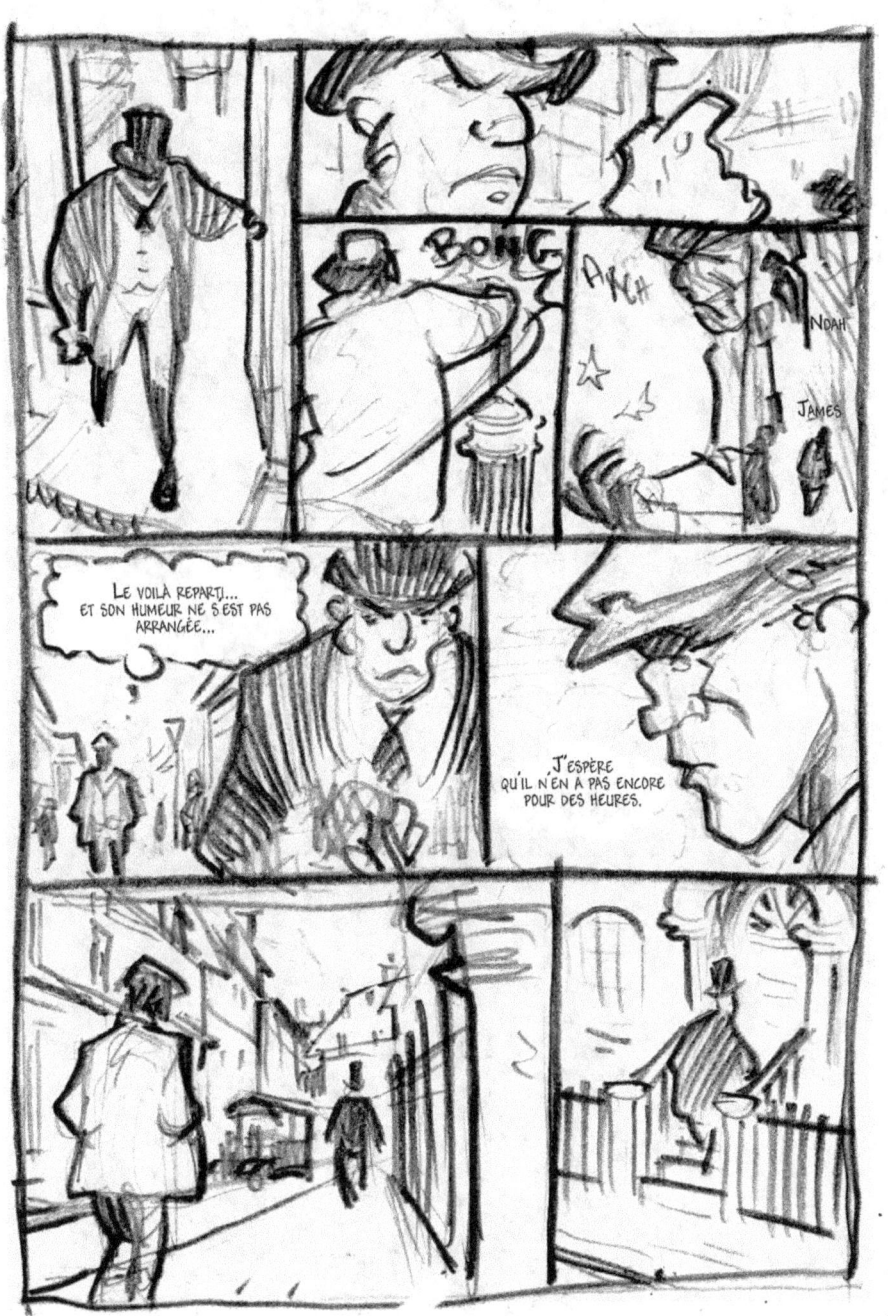

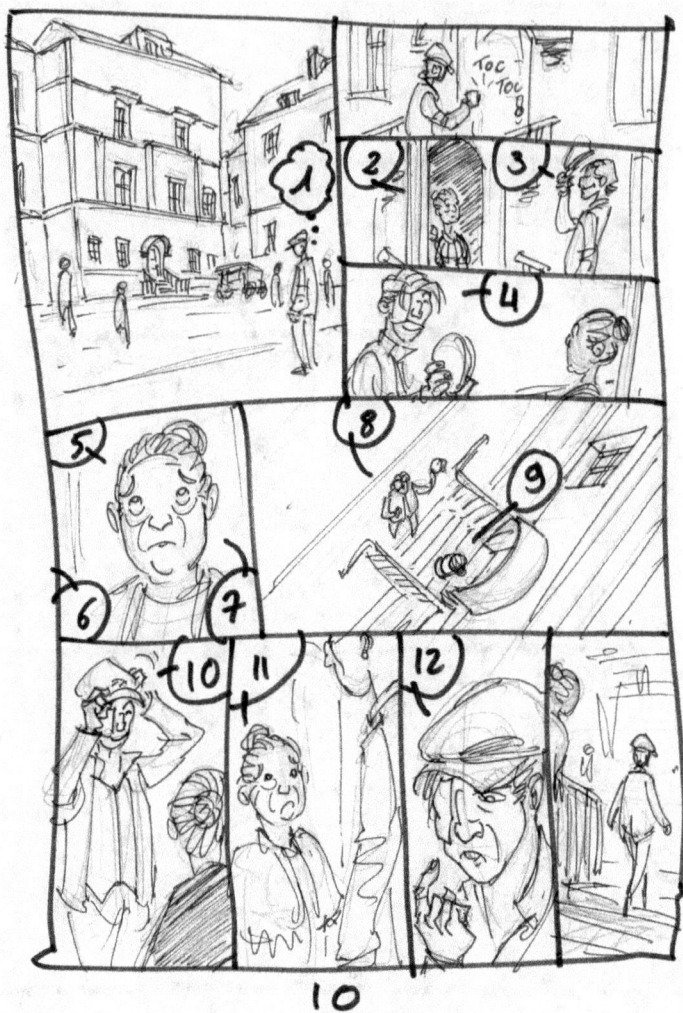

1. RENTRE AU BERCAIL?
2. OUI?
3. HEU... BONJOUR MADAME... PARDONNEZ-MOI, JE CROIS QUE JE ME SUIS TROMPÉ D'ADRESSE.
4. JE CHERCHE UN AMI, PLUTÔT GRAND, ÉLÉGANT, CHAPEAU ET COSTUME TROIS PIÈCES...
5. MON PAUVRE GARÇON, JE NE VOIS PAS. LE SEUL DE MES LOCATAIRES QUI PUISSE CORRESPONDRE, C'EST JAMES DYNEWELL, IL VIT ICI AVEC SA FEMME.
6. DYNEWELL, VOUS DITES? CE NOM ME DIT QUELQUE CHOSE.
7. DYNEWELL, DE LA GRANDE FAMILLE D'HORLOGERS DYNEWELL. JAMES EN EST LE COUSIN.
8. LE LOGEMENT EST PLUTÔT MODESTE POUR UNE TELLE FORTUNE.
9. OH, MAIS IL N'EN EST PAS À LA TÊTE! REMARQUEZ, ÇA VIENDRA PEUT-ÊTRE, L'UNIQUE HÉRITIER A DISPARU À LA GUERRE.
10. AH? C'EST MOCHE ÇA. MALHEUREUSEMENT, CE N'EST PAS LUI QUE JE CHERCHE, DÉSOLÉ POUR LE DÉRANGEMENT M'DAM!
11. VOTRE ACCENT? VOUS L'AVEZ FAITE AUSSI, N'EST-CE-PAS?
12. OUI, ET DANS LE CAMP DES VAINCUS, MAIS VOUS VOYEZ, POUR EN REVENIR, IL A FALLU QUE JE LUI LAISSE LA MOITIÉ DE MON VISAGE EN SOUVENIR À CETTE FOUTUE GUERRE!

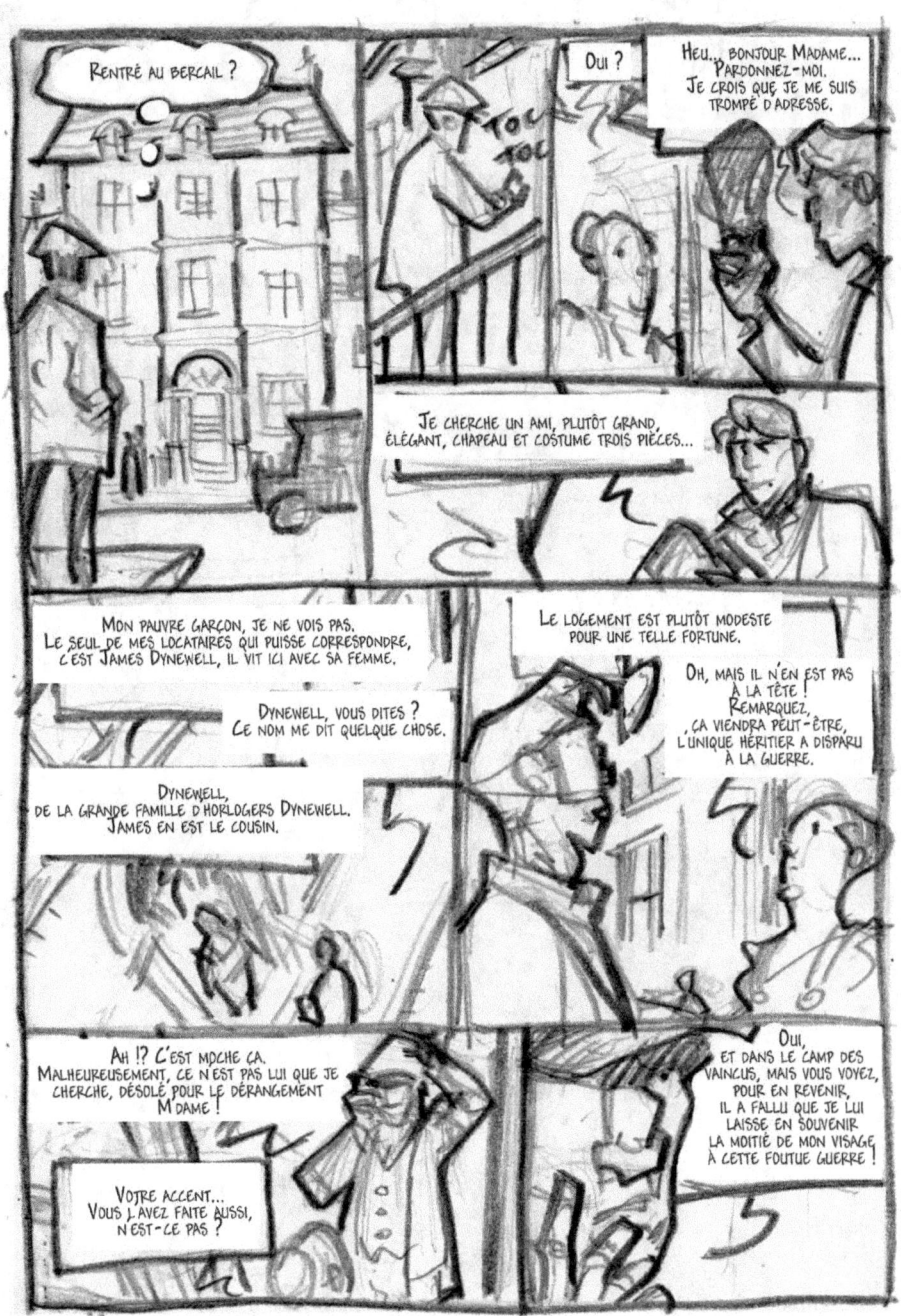

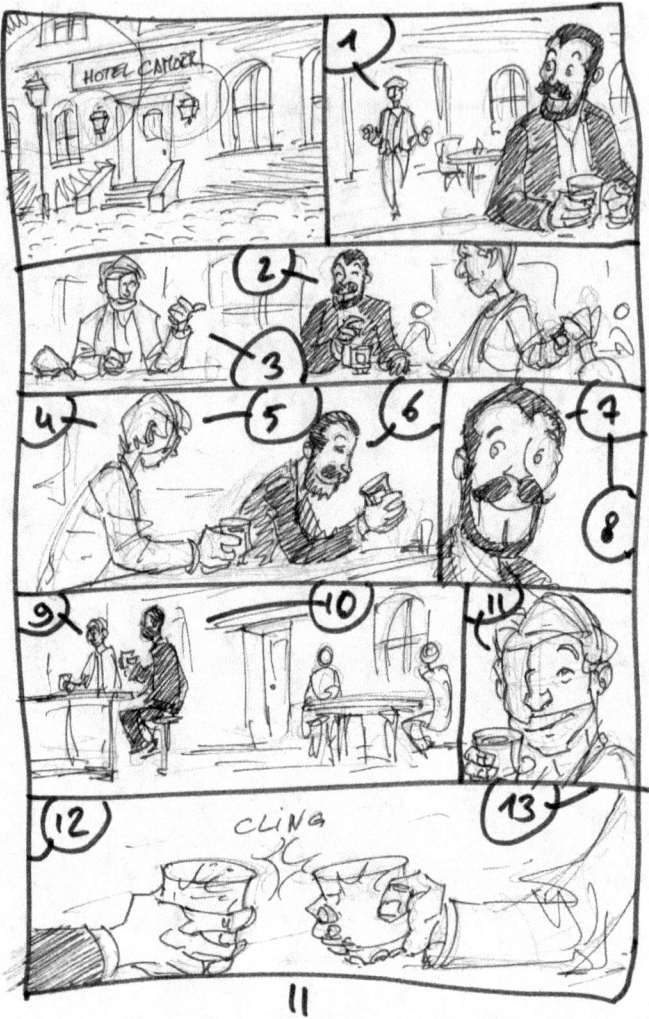

1. VOILÀ QUE TU TE RETROUVES À BOIRE SEUL, QUELLE PITIÉ.
2. WHISKY DES HIGHLANDS, CONSEILLÉ PAR MONSIEUR.
3. LA MÊME CHOSE... THE SAKE, PLEASE.
4. DANS LE PUZZLE FAMILIAL DYNEWELL, J'AI TROUVÉ LE COUSIN...
5. RESTE À SAVOIR DANS QUELLE PARTIE DU TABLEAU IL S'INSÈRE.
6. ÇA, ON LE SAURA BIEN ASSEZ TÔT, NOTRE COURRIER A EU SON PETIT EFFET...
7. UN MESSAGE EST ARRIVÉ À LA RÉCEPTION PENDANT NOTRE ABSENCE...
8. HAYDEN LEVINSON, LE SECRÉTAIRE VEUT NOUS RENCONTRER DANS LES PLUS BREFS DÉLAIS!
9. RICHE IDÉE D'AVOIR LAISSÉ L'ADRESSE DE L'HÔTEL.
10. ÇA MÉRITAIT BIEN UN PETIT VERRE EN T'ATTENDANT, NON?
11. PAS FAUX! MAIS LA PROCHAINE FOIS ON ÉCHANGERA LES RÔLES.
12. ÊTRE ÉCLOPÉ A SES AVANTAGES.
13. PROSIT! SANTÉ!

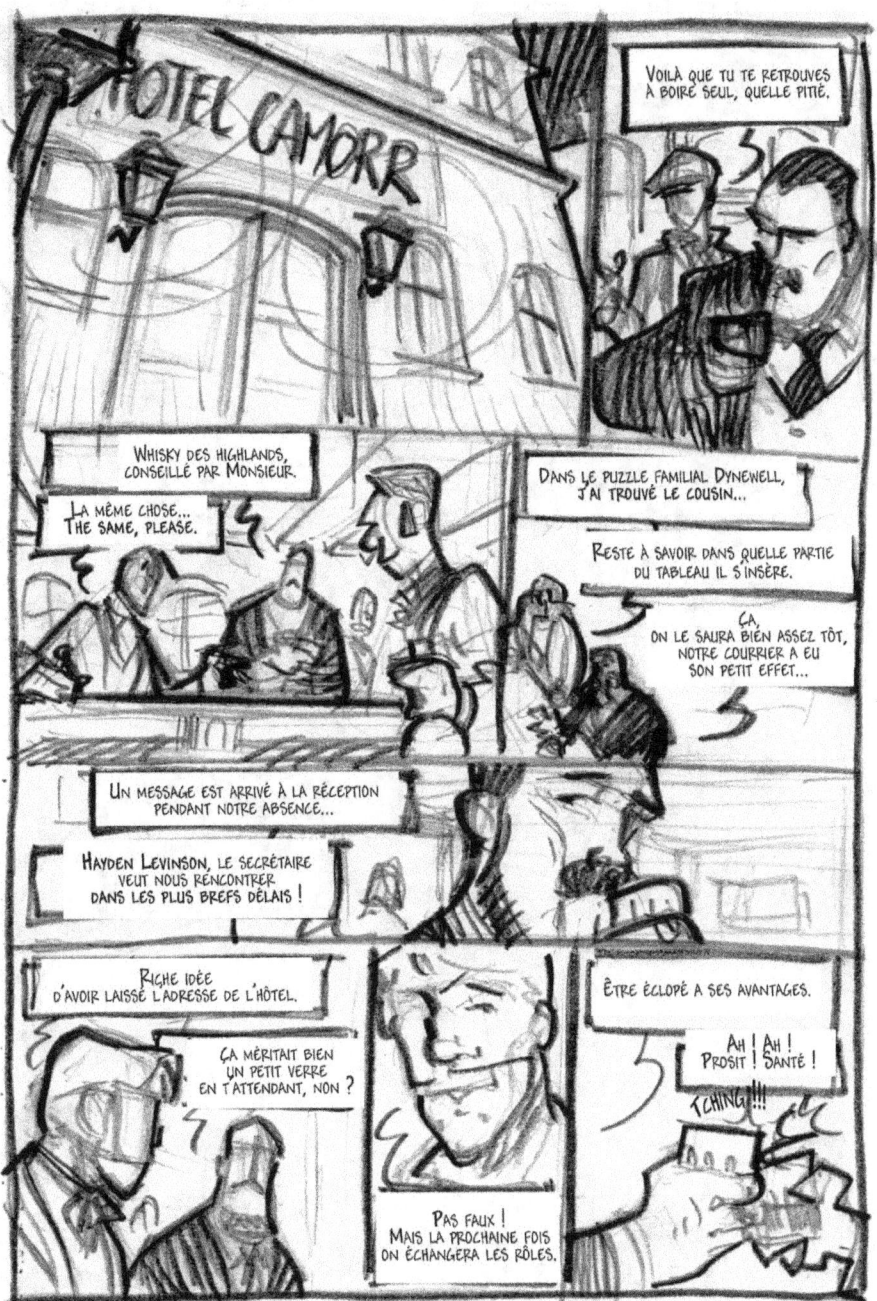

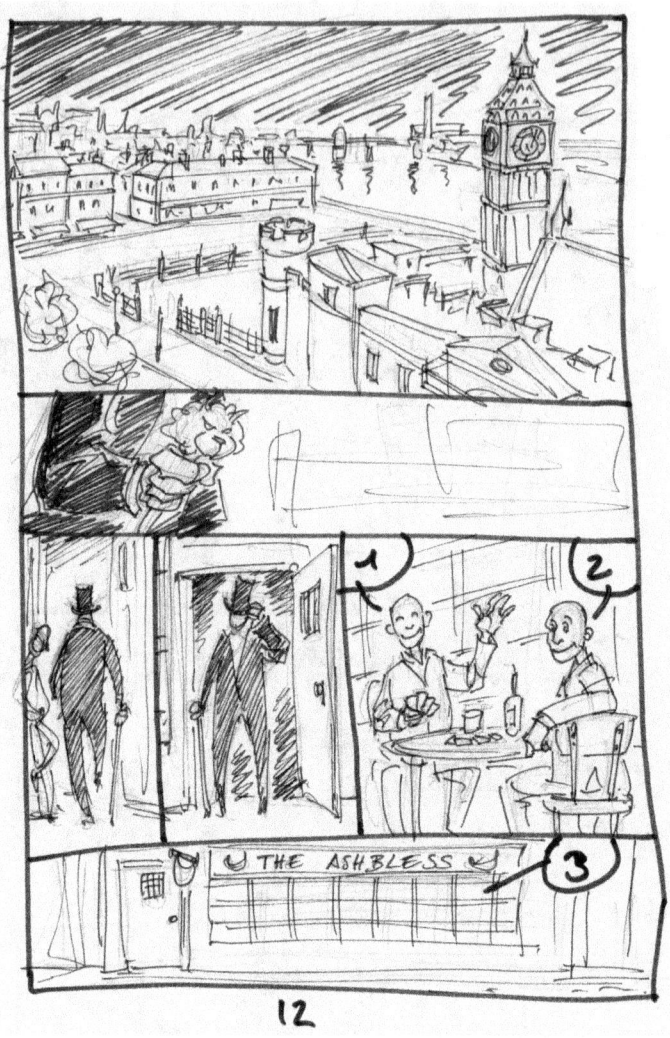

1. C'EST PAS VRAI! UN REVENANT!

2. T'ÉTAIS PASSÉ OÙ, LE DANDY?

3. CHEZ LES BOUFFEURS DE GRENOUILLES, MAIS JE N'AI PAS VRAIMENT ENVIE DE M'ÉTENDRE SUR LE SUJET...

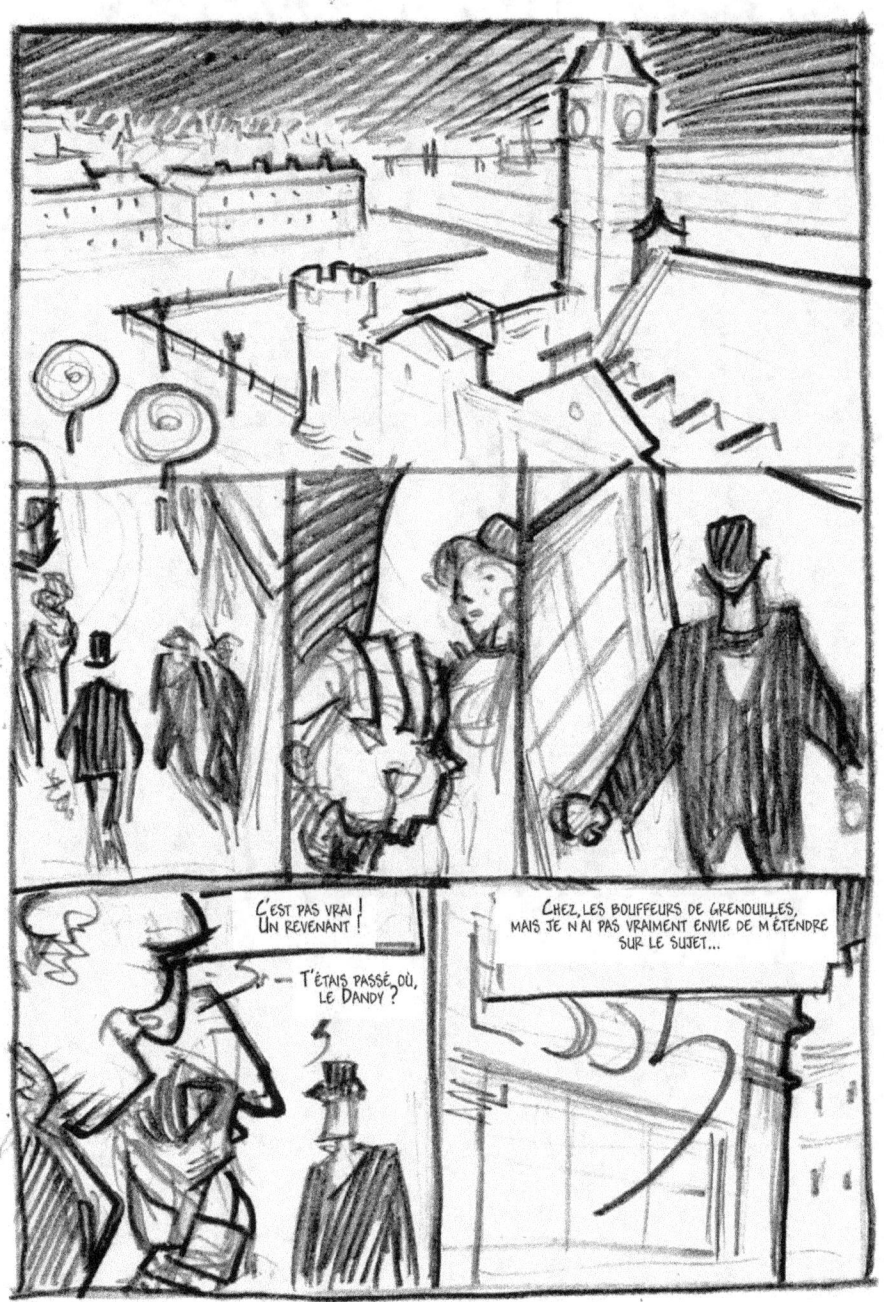

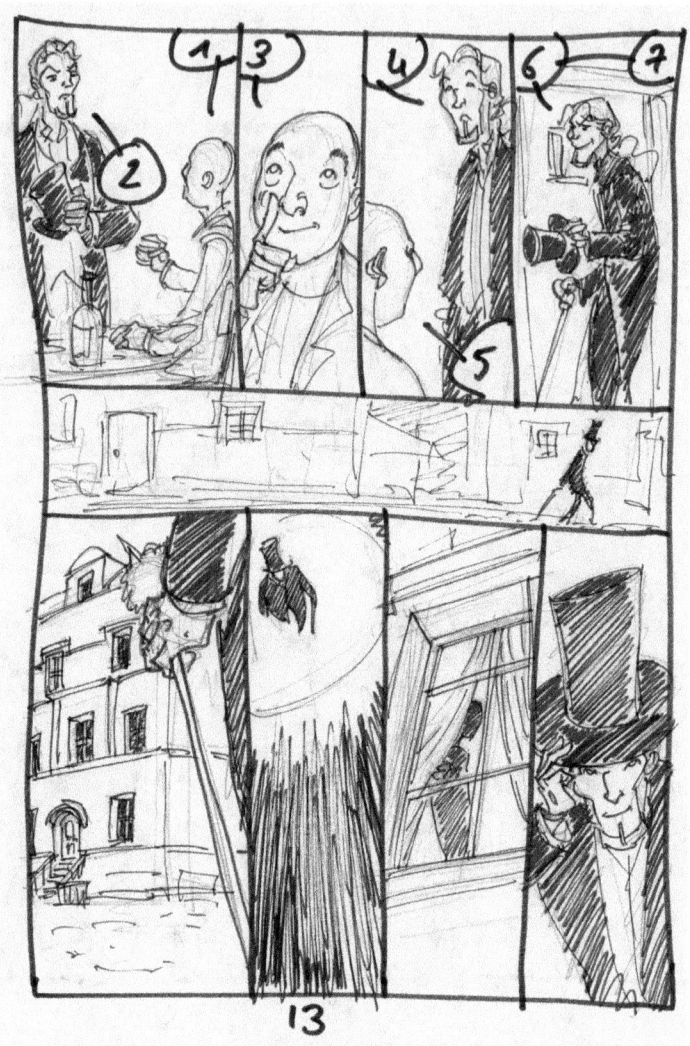

1. TANT QUE J'Y PENSE, IL Y A UN TYPE QUI EST PASSÉ POUR TOI.
2. UN TYPE ? QUEL TYPE ?
3. À VU DE NEZ, ÇA SENTAIT LE BOURGEOIS ET IL L'AVAIT MAUVAISE DE PAS TE TROUVER, DÉJÀ QU'IL ÉTAIT PAS JOUASSE EN ARRIVANT...
4. SPLENDIDE !
5. DES SOUCIS ?
6. NON, ENFIN, PAS PLUS QUE D'HABITUDE.
7. PUIS J'ADORE ÉLIMINER LES SOUCIS, TU CROIS PEUT-ÊTRE QUE C'EST PAR HASARD QUE J'EN AI FAIT MON GAGNE-PAIN ?

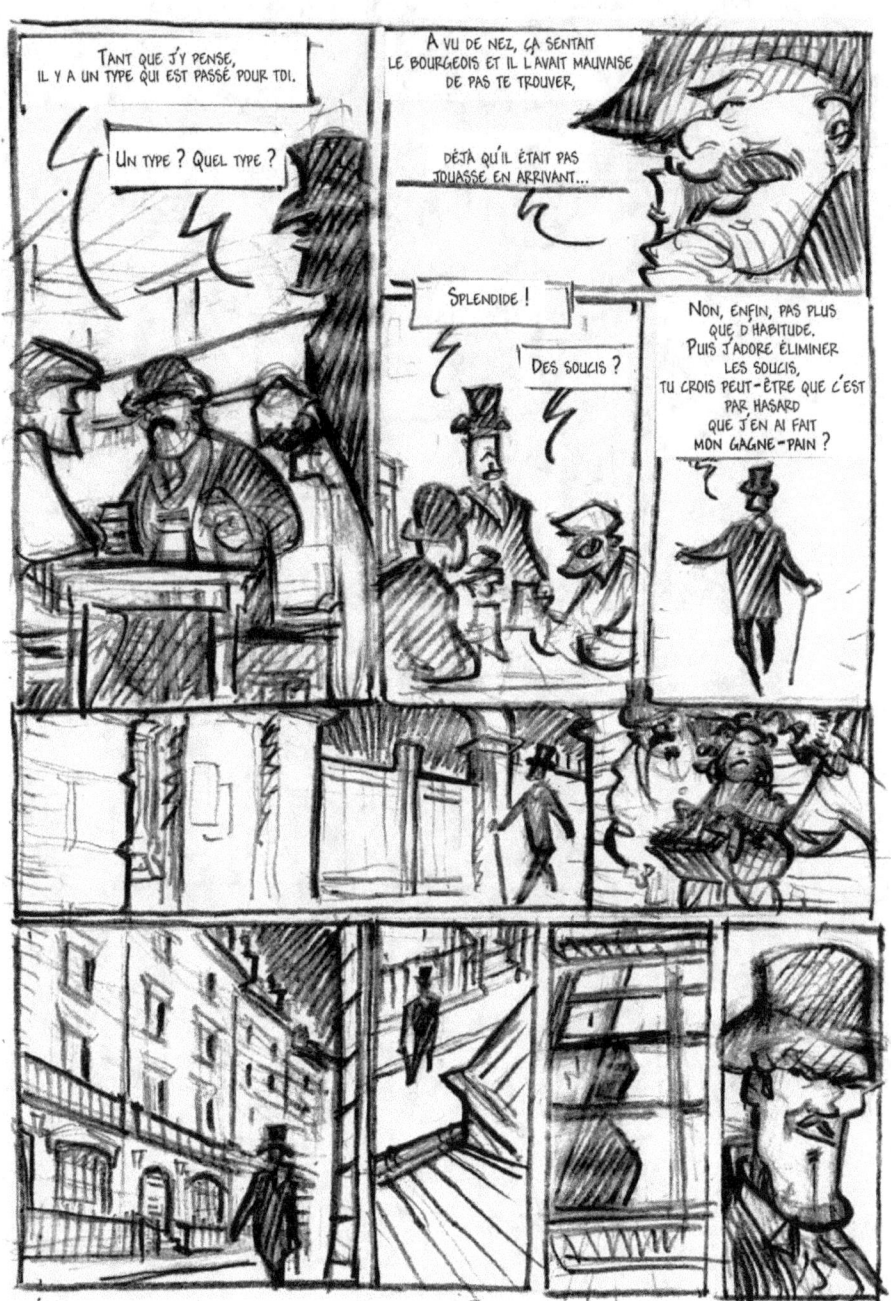

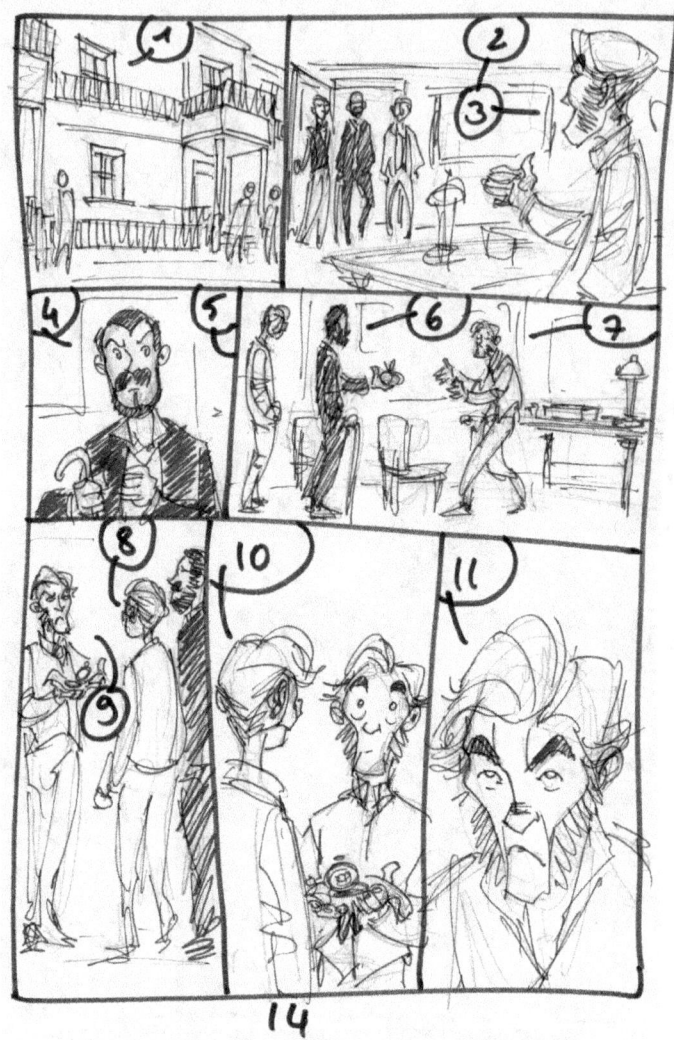

1. MONSIEUR LEVINSON ! DES GENS POUR VOUS.
2. AH ! MESSIEURS FEUCHTNER ET DAGNEAU ! RAVI DE FAIRE VOTRE CONNAISSANCE.
3. ... VOUS L'AVEZ ??
4. LA MONTRE ? HEU... OUI, BIEN SÛR.
5. PUIS-JE LA VOIR ?
6. NOUS SOMMES LÀ POUR ÇA.
7. VOUS N'IMAGINEZ PAS LE SERVICE QUE VOUS RENDEZ À LA FAMILLE DYNEWELL....
8. SI, UN PETIT PEU, QUAND MÊME.
9. JE VOUS DEMANDE PARDON ?
10. VU QU'ON A RÉCUPÉRÉ CETTE MONTRE CHEZ UN RECELEUR ET QU'UN DE VOS COMPATRIOTES, PLUTÔT MAL INTENTIONNÉ, ÉTAIT AUSSI À SA RECHERCHE, ON IMAGINE BIEN SA VALEUR.
11. JE CROIS QU'IL VA FALLOIR ME RACONTER EN DÉTAIL CE QUI S'EST PASSÉ À PARIS, MESSIEURS.

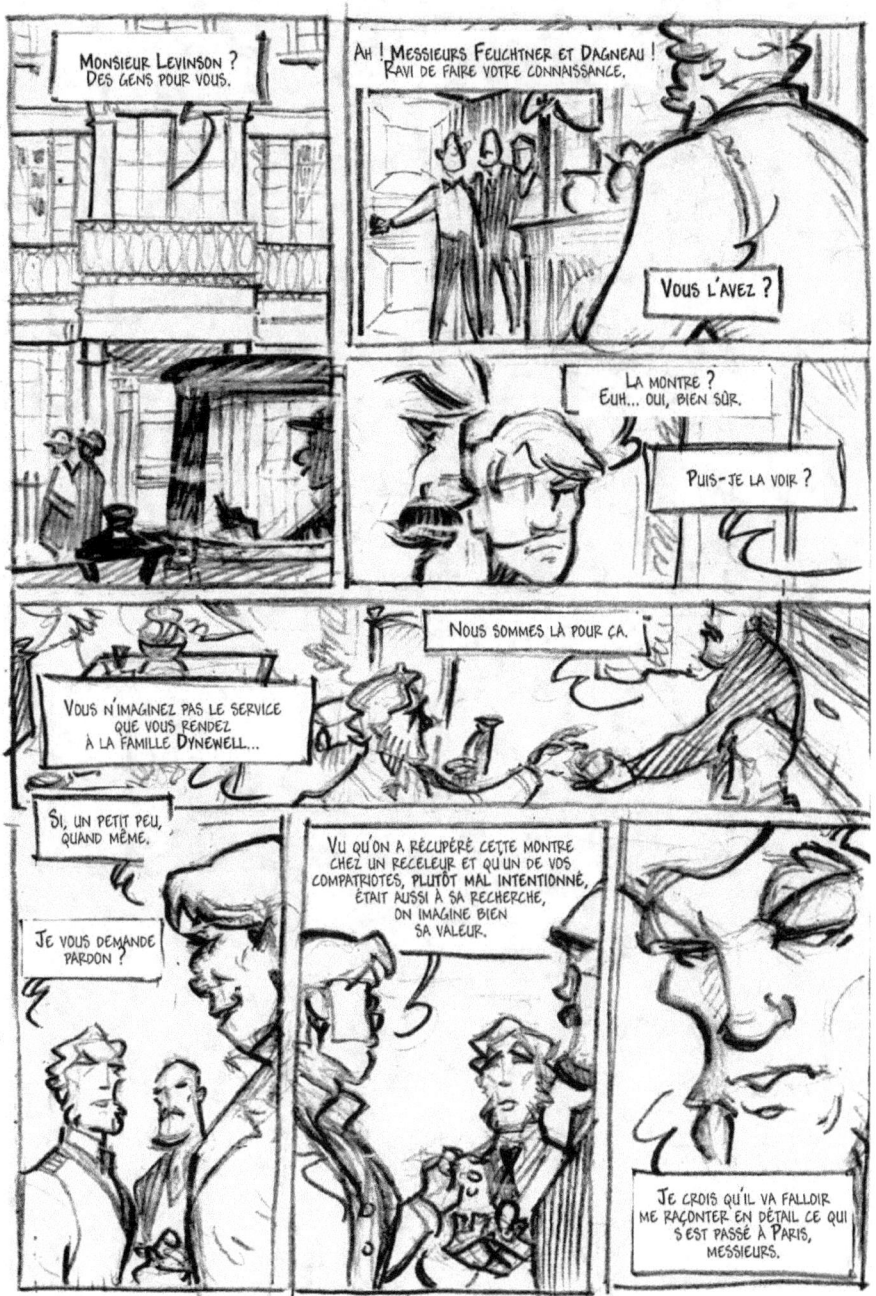

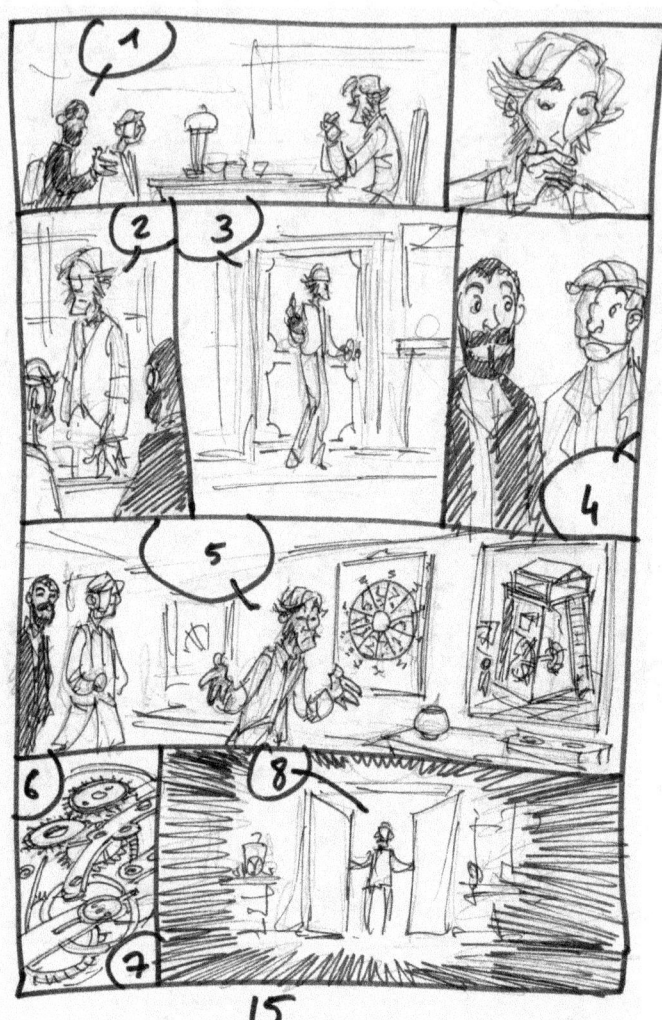

1. ... ET VOILÀ POURQUOI, UNE FOIS LA MONTRE EN NOTRE POSSESSION, NOUS AVONS DÉCIDÉ DE VENIR À LONDRES.

2. VENEZ AVEC MOI...

3. L'HORLOGERIE EST PLUS QU'UNE SIMPLE TRADITION FAMILIALE CHEZ LES DYNEWELL, C'EST UN HÉRITAGE ANCESTRAL, UN SAVOIR TRANSMIS DE GÉNÉRATION EN GÉNÉRATION...

4. LA LÉGENDE RACONTE QU'AU QUINZIÈME SIÈCLE, À LA FIN DE LA GUERRE DES DEUX ROSES, LE PREMIER DYNEWELL S'Y EST INTÉRESSÉ...

5. « AVEC L'INTENTION DE COMPRENDRE LES MÉCANISMES CÉLESTES, IL A ÉTUDIÉ LE TRAVAIL DU CHINOIS SU SONG, CONCEPTEUR, AU ONZIÈME SIÈCLE, DE LA TOUR ASTRONOMIQUE, PREMIÈRE HORLOGE MÉCANIQUE CONNUE.

6. DEPUIS LORS, TOUS LES DYNEWELL POURSUIVENT CE RÊVE IMPOSSIBLE D'APPRIVOISER LE TEMPS.

7. LES MÉCANISMES QU'ILS CONÇOIVENT POUR CE FAIRE, ILS SONT LES SEULS À EN CONNAÎTRE LES SECRETS.

8. ... AUCUN AUTRE HORLOGER NE PEUT EN COMPRENDRE LE FONCTIONNEMENT.

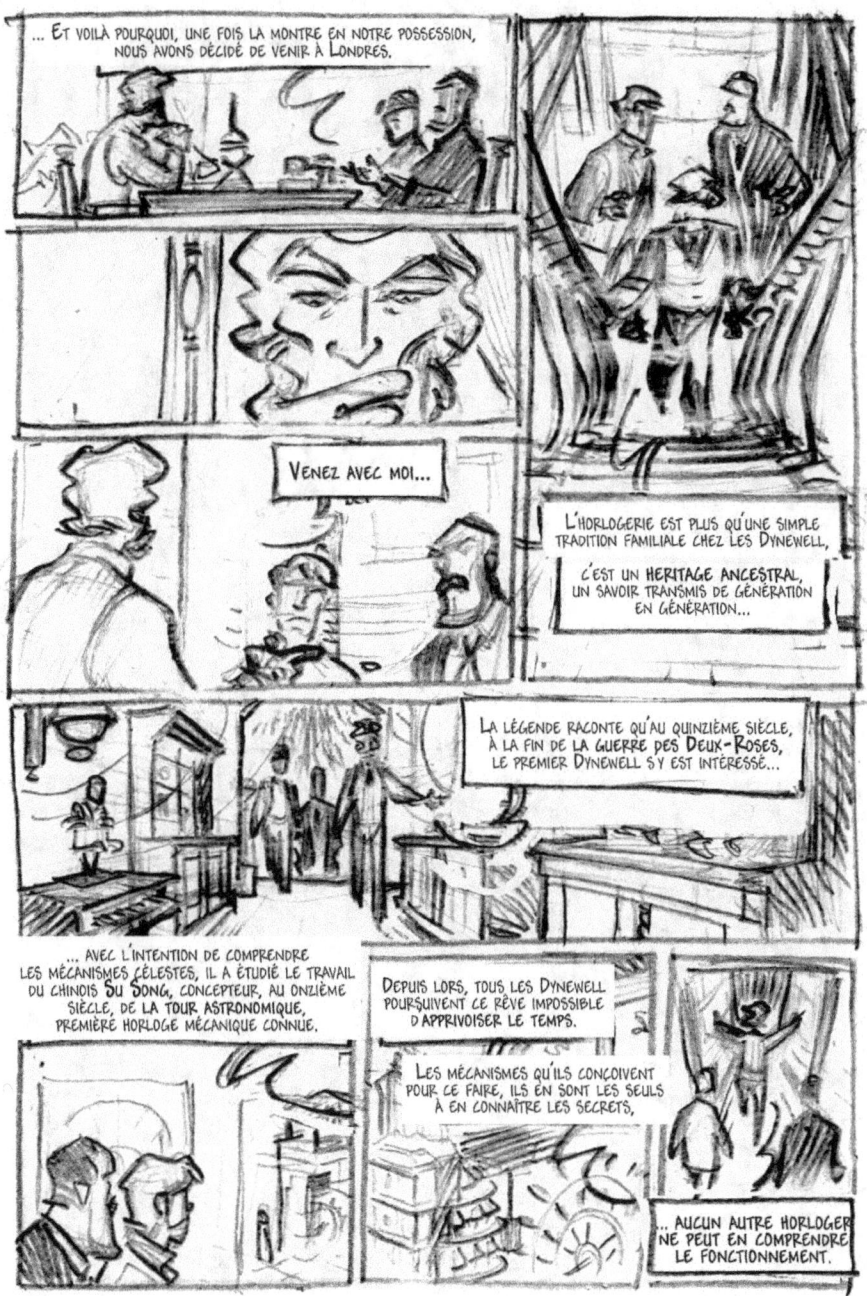

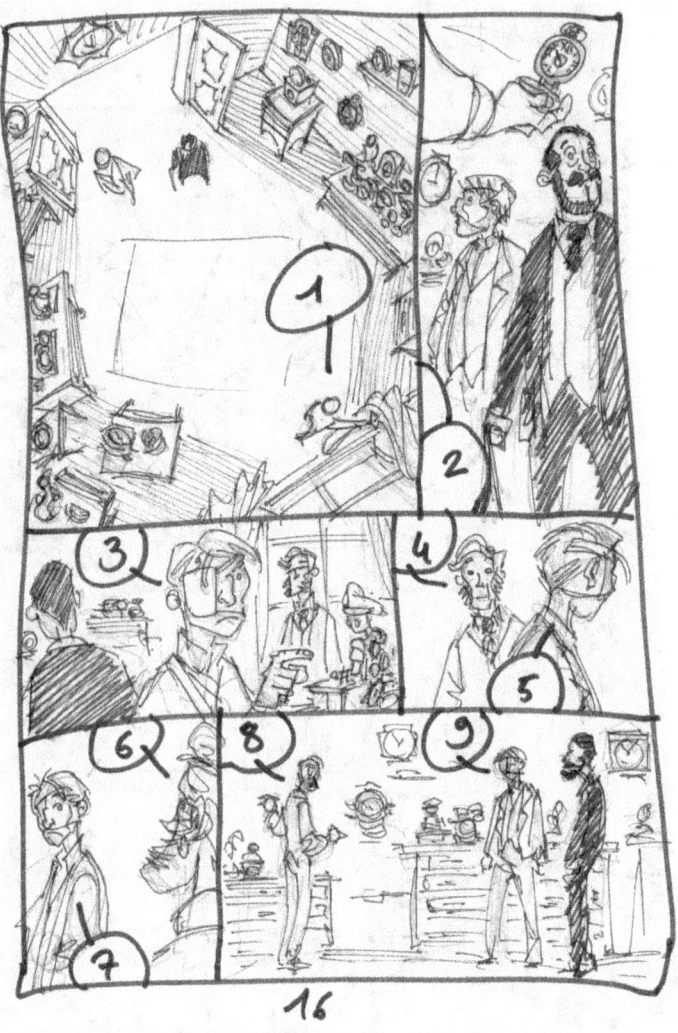

1. VOUS ÊTES ICI DANS L'ATELIER DE GRIFFIN... LE LIEU OÙ IL A ÉTÉ INITIÉ, OÙ IL S'EST ESSAYÉ AUX PREMIERS ROUAGES...
2. ET OÙ IL A CONÇU CETTE MONTRE.
3. TOUTE UNE CONNAISSANCE PERDUE DANS LES TRANCHÉES, QUEL GÂCHIS...
4. PERDUE ? POURQUOI DITES-VOUS ÇA ?
5. GRIFFIN NE FAIT PAS PARTIE DES SOLDATS BRITANNIQUES DISPARUS ?
6. FAISAIT, SEMBLE-T-IL, DISPARU NE SIGNIFIE PAS DÉCÉDÉ.
7. JE NE COMPRENDS PAS.
8. UN HOMME, AVEC SA COMPAGNE, S'EST PRÉSENTÉ COMME ÉTANT GRIFFIN REVENU D'ENTRE LES MORTS.
9. ET VOUS EN DOUTEZ ?

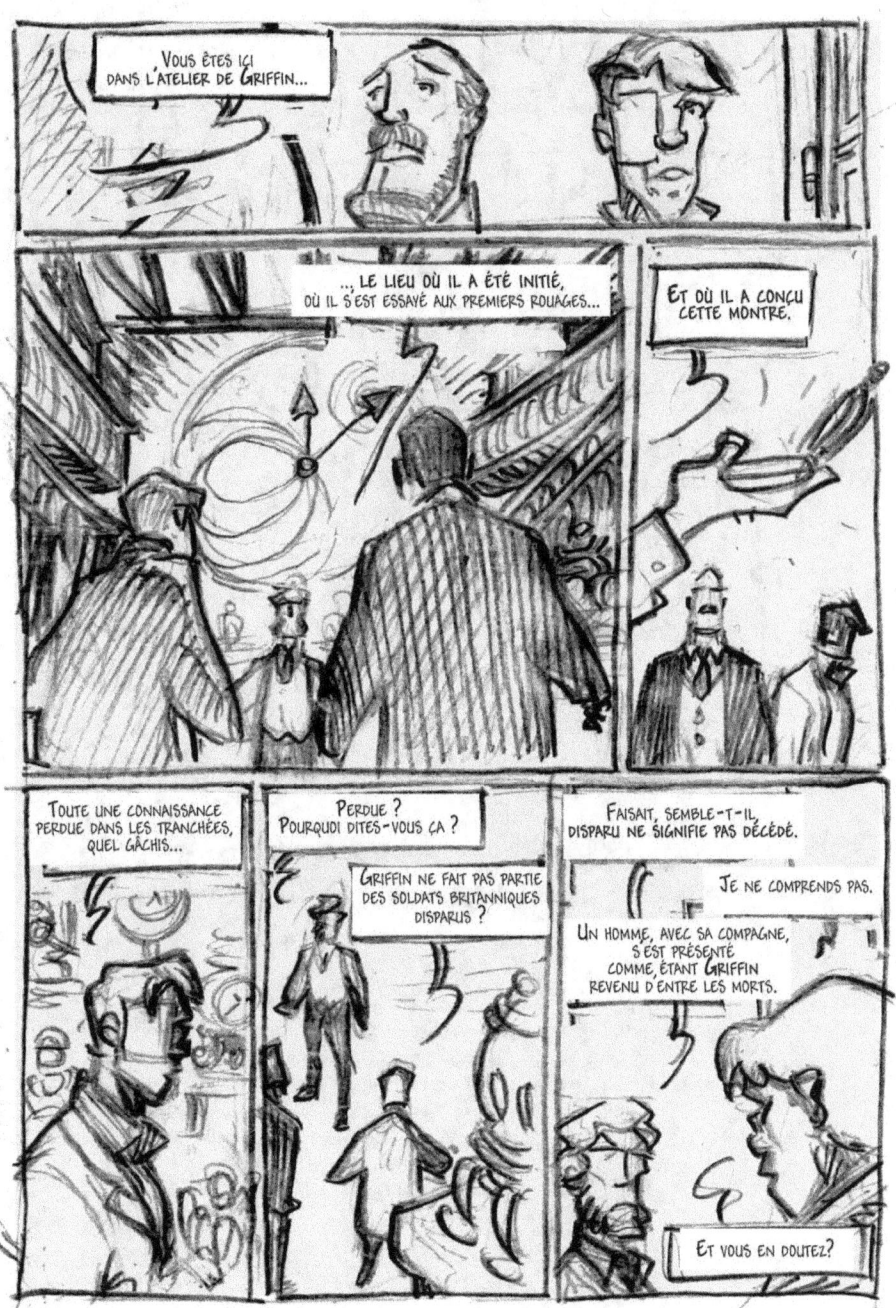

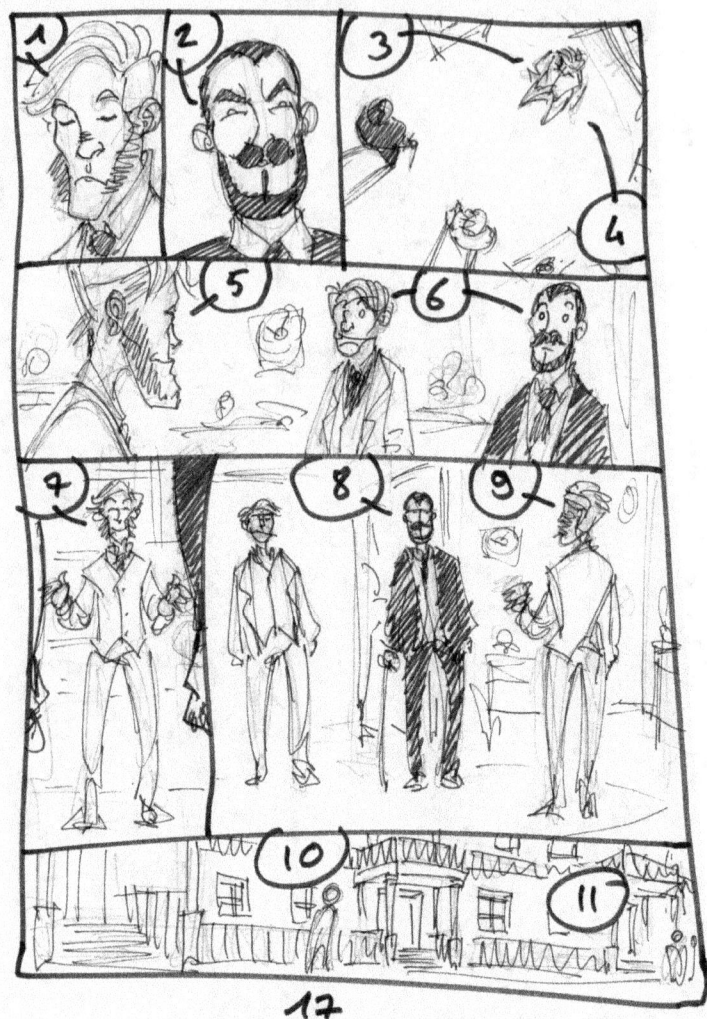

1. LA RESSEMBLANCE NE FAIT PAS TOUT... D'AUTANT QUE L'HOMME N'A PLUS DE SOUVENIRS.
2. VOUS PENSEZ QU'IL EXISTE UN LIEN ENTRE CE RETOUR ET CEUX QUI COURENT APRÈS CETTE MONTRE ?
3. VOUS SAVEZ, QUAND IL Y A UNE FORTUNE EN JEU, AVEC UN HÉRITIER FILS UNIQUE, ORPHELIN DE MÈRE DEPUIS L'ENFANCE, LES GENS SONT PRÊTS À TOUT.
4. ...RESTE À SAVOIR DERRIÈRES QUELS MASQUES SE DISSIMULENT LES IMPOSTEURS...
5. ET J'ESPÈRE POUVOIR COMPTER SUR VOUS POUR M'AIDER À LES FAIRE TOMBER.
6. NOUS ??!!
7. IL SUFFIRAIT D'OBSERVER DISCRÈTEMENT CE GRIFFIN ET SA COMPAGNE, VOIR SI RIEN NE CLOCHE... C'EST DANS VOS CORDES, NON.
8. HEU, OUI, MAIS...
9. RASSUREZ-VOUS, JE NE VOUS PROPOSE PAS DE TRAVAILLER BÉNÉVOLEMENT.
10. C'EST BIEN DANS NOS CORDES, PAS VRAI NOAH ?
11. LES CORDES ? TANT QU'ON M'ENVOIE PAS DEDANS, ÇA ME VA !

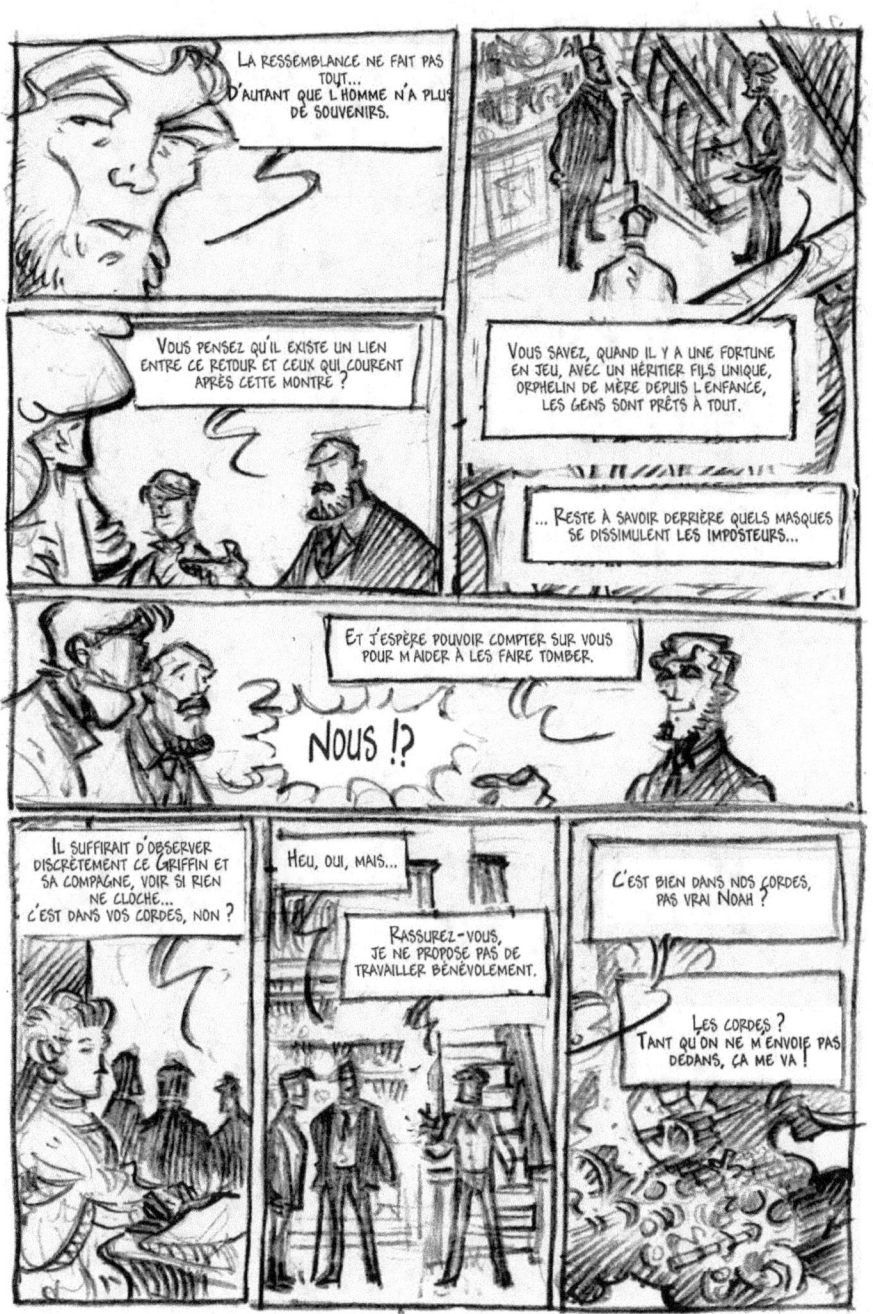

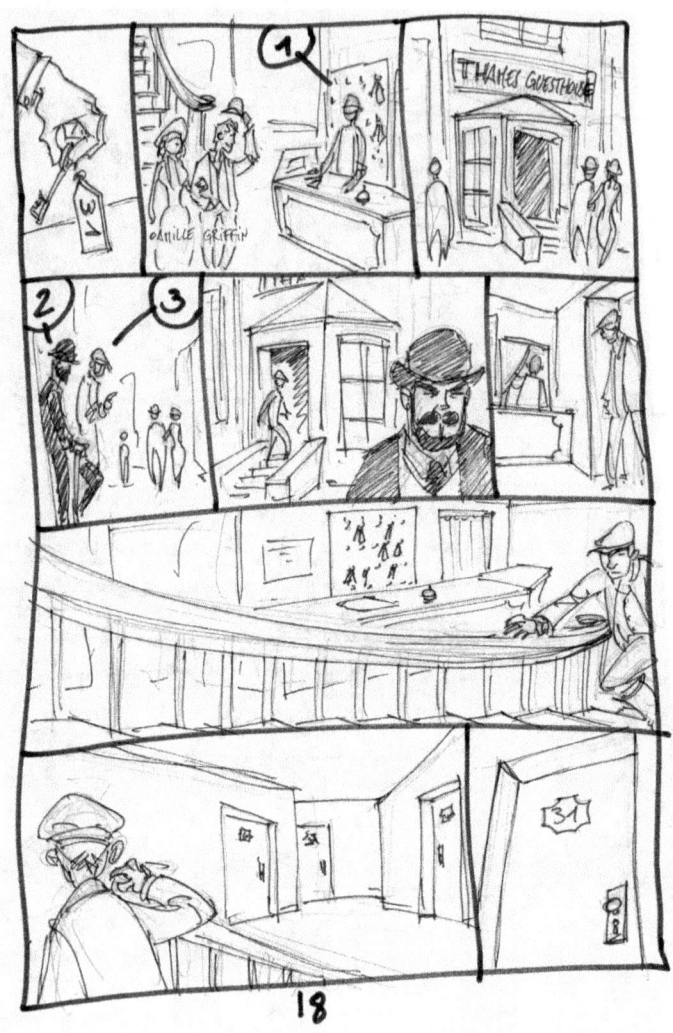

1. MERCI, BONNE JOURNÉE, MADAME, MONSIEUR
2. DU MOUVEMENT, ENFIN !
3. TOUT VIENT À POINT À QUI SAIT ATTENDRE...
   TU PRENDS LA FILATURE, CETTE FOIS.

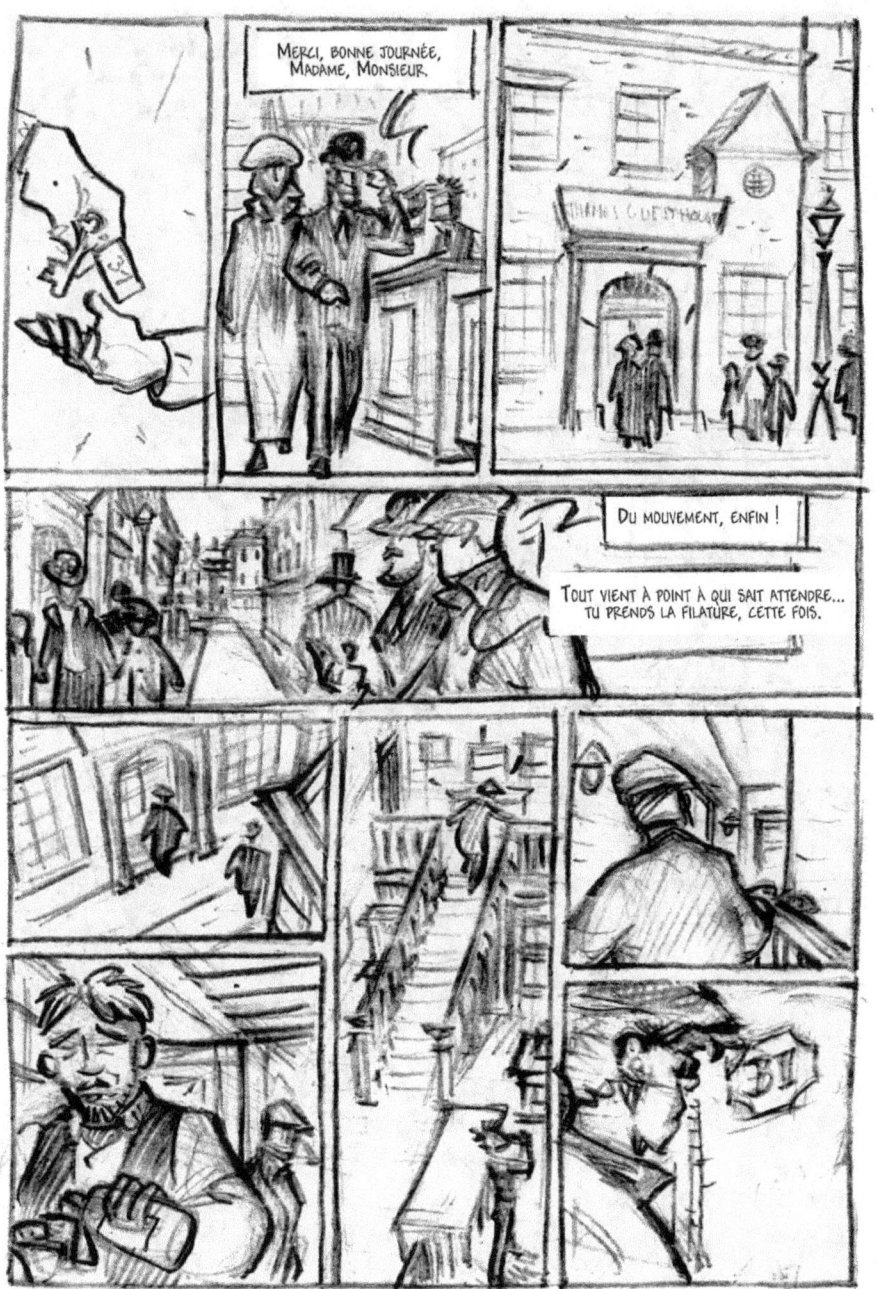

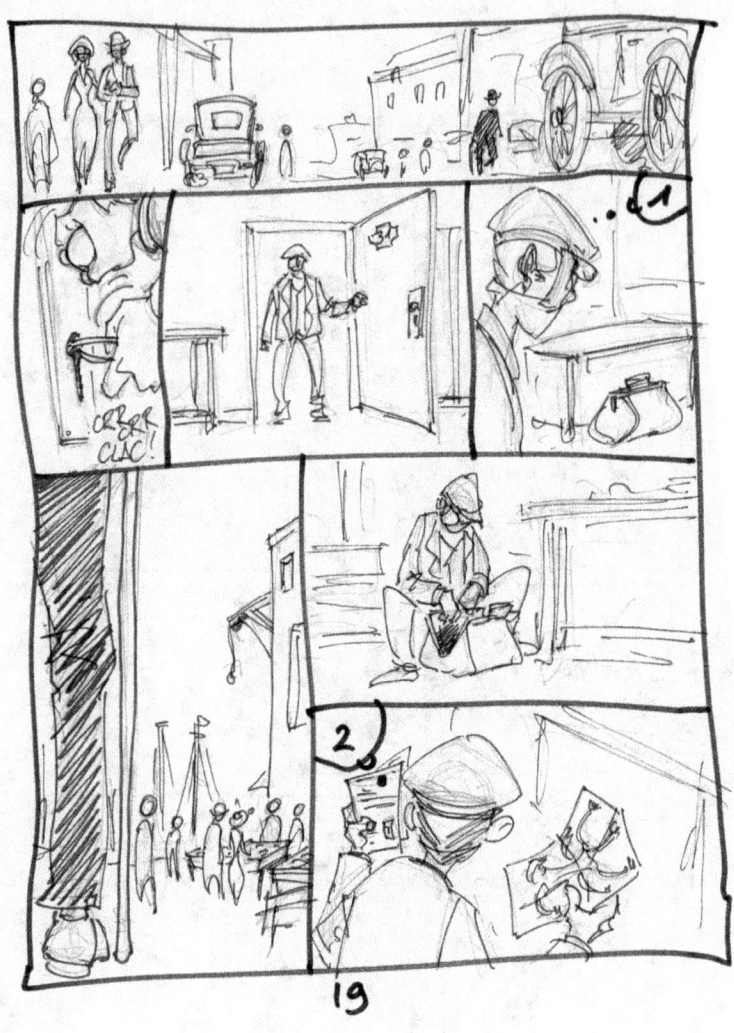

1. Autant commencer par là.

2. Arbre généalogique, histoire familiale... la panoplie parfaite pour l'étude des Dynewell...

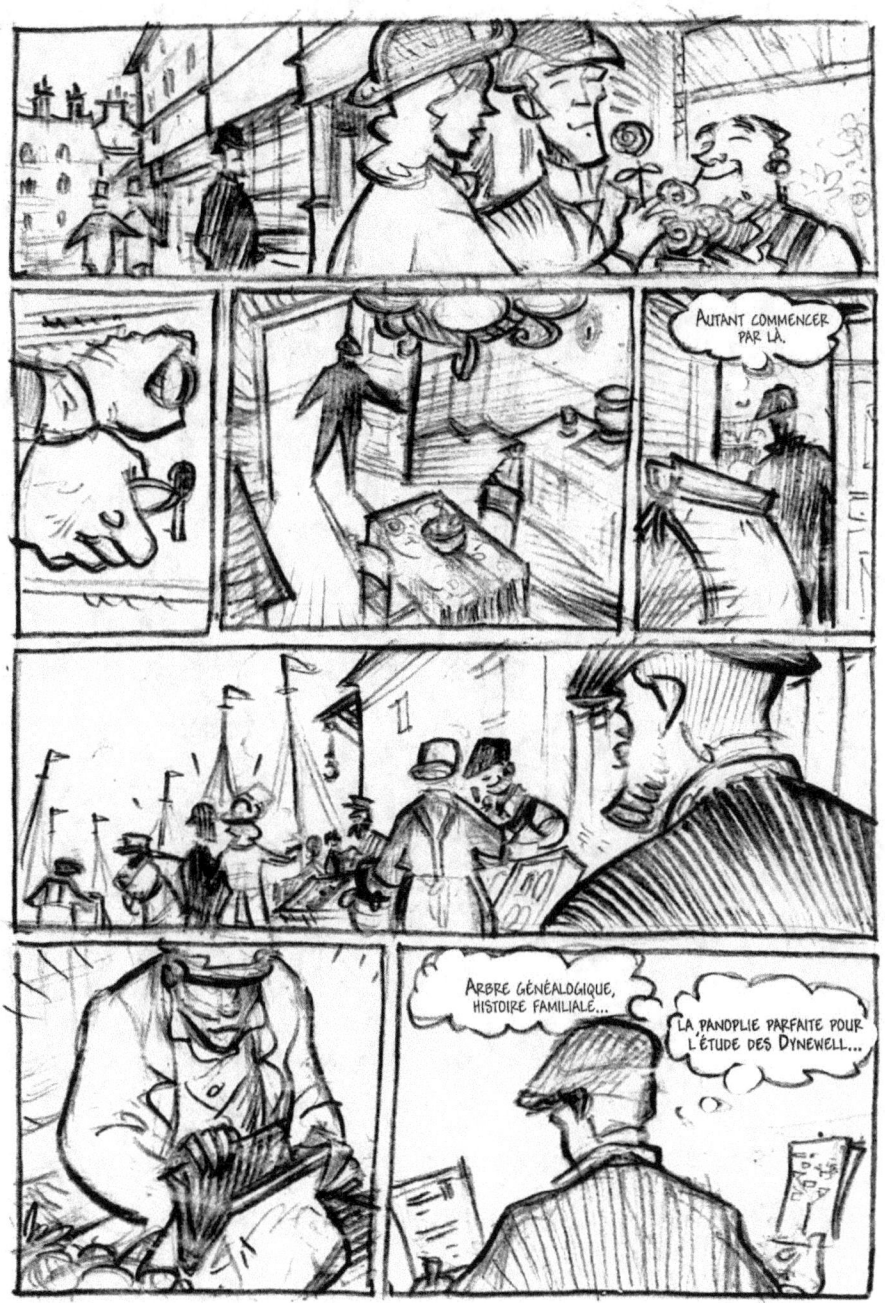

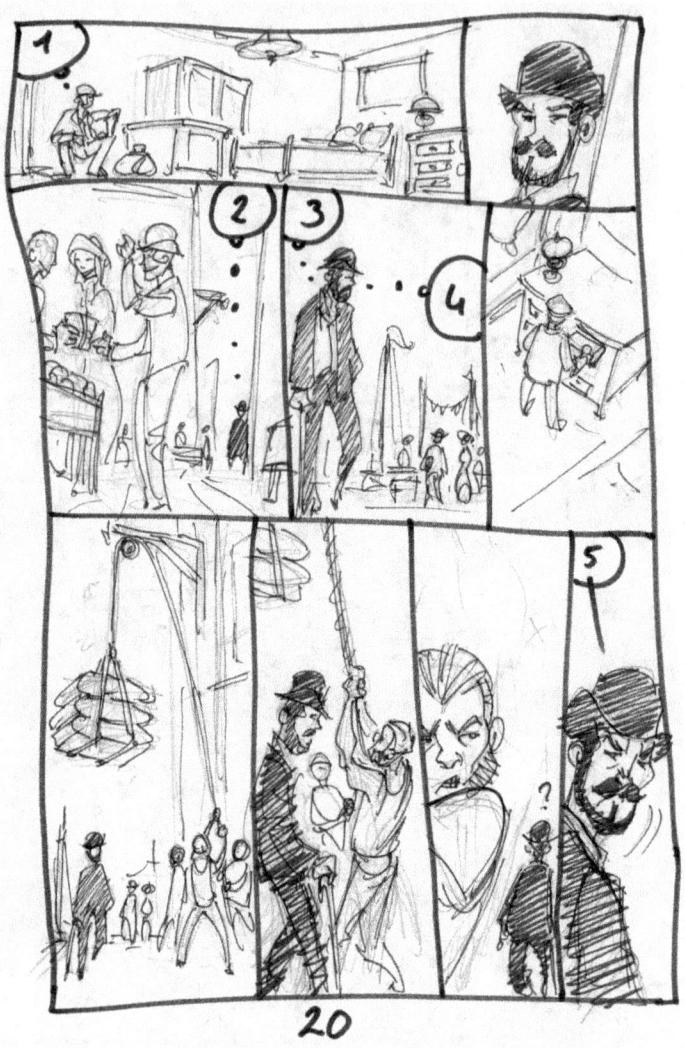

1. DE QUOI RENDRE LA MÉMOIRE À UN AMNÉSIQUE... OU FAÇONNER UN IMPOSTEUR.
2. COURSES FINIES, CHEMIN DU RETOUR ? ... C'ÉTAIT À PRÉVOIR.
3. MAIS JE RESTE ENCORE CAPABLE DE LES DEVANCER...
4. NOAH M'EN REMERCIERA.
5. MAIS !!

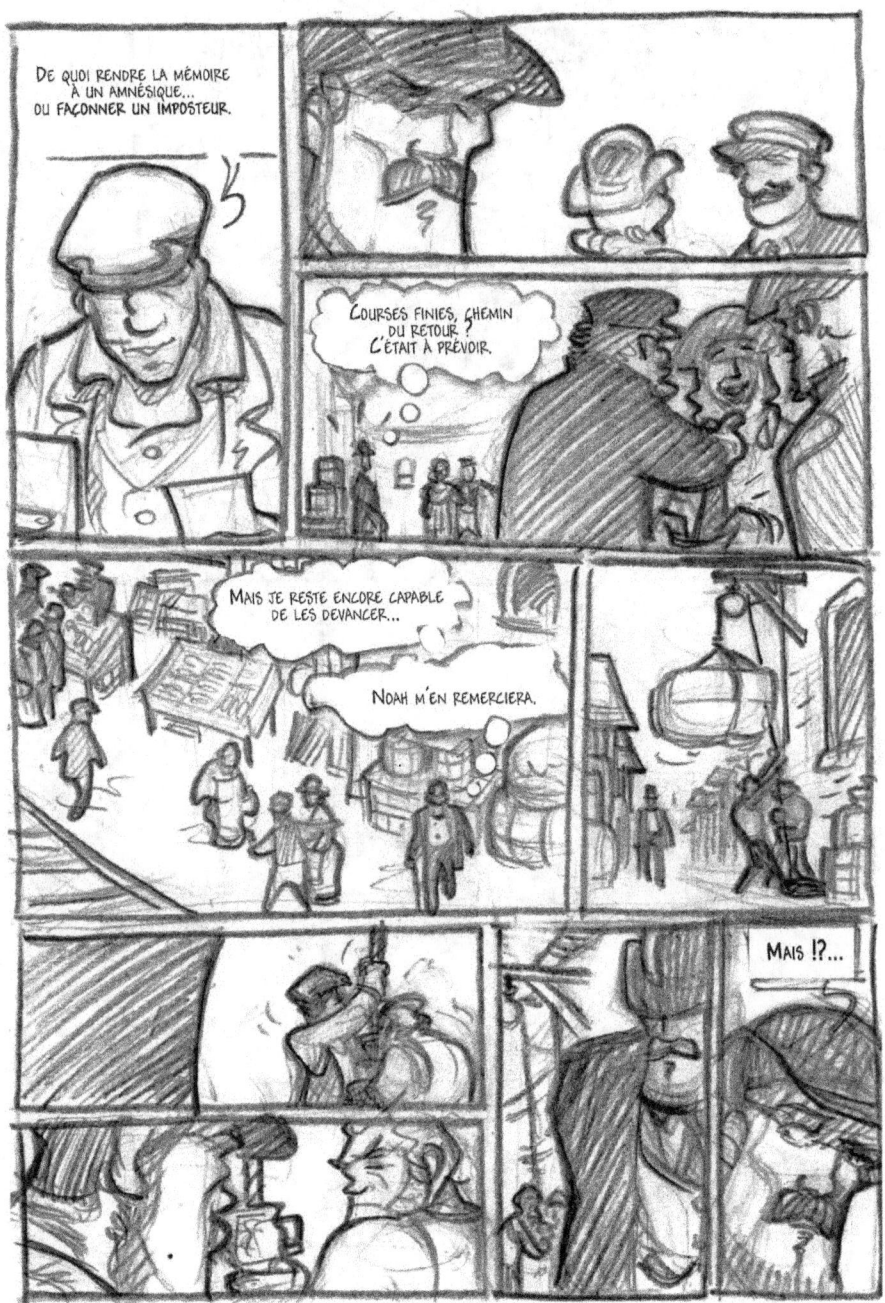

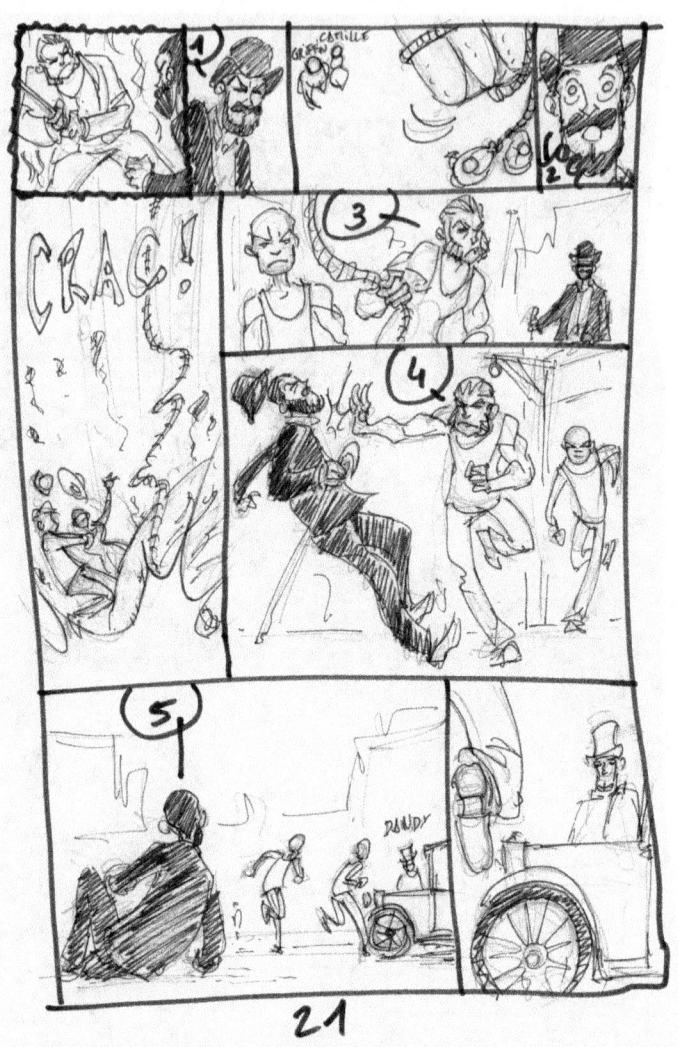

1. CE TYPE!!!...
2. QUE... OH NON!!! ATTENTION!
3. DAMMIT!! ON BOUGE!
4. DÉGAGE, LE BOITEUX!
5. À CE QUE JE VOIS, ON REPREND LÀ OÙ ON S'ÉTAIT QUITTÉ...

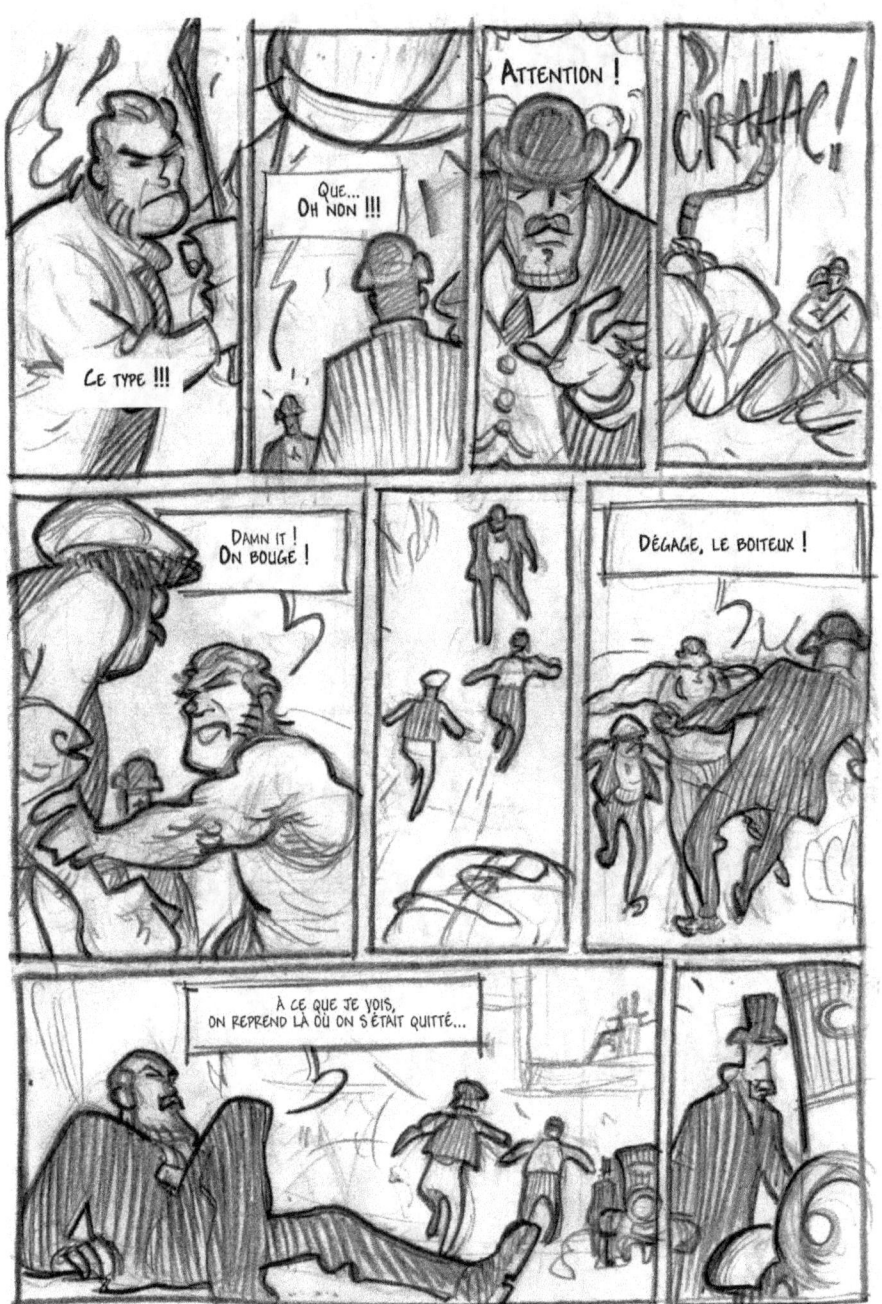

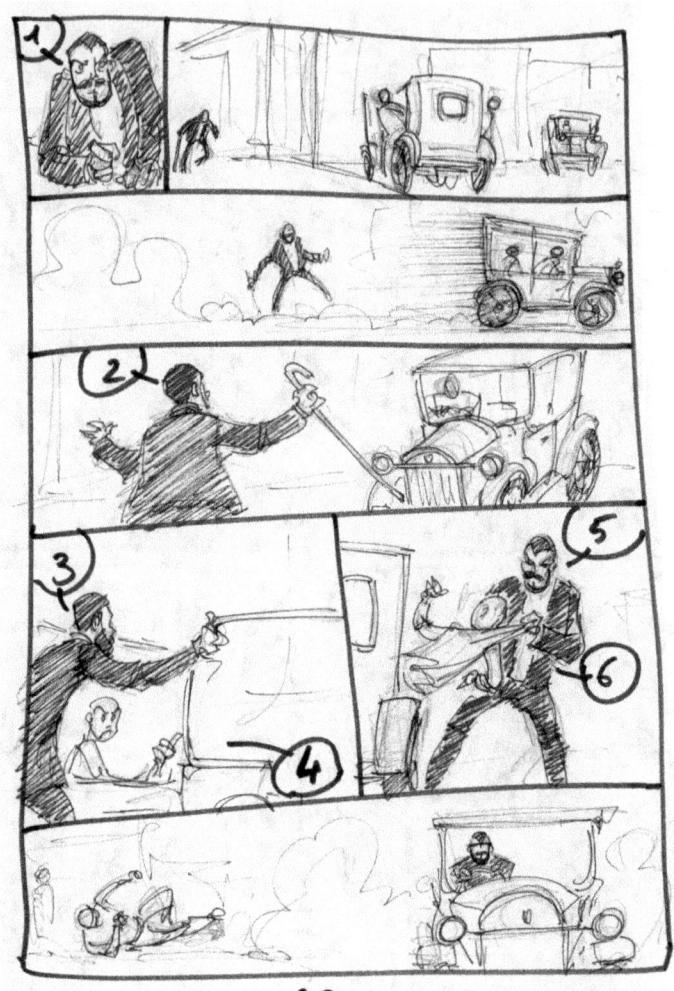

1. DÉCIDÉMENT... C'EST LE JOUR DES RETROUVAILLES.
2. STOP!
3. VOUS POUVEZ SUIVRE CETTE VOITURE?
4. MAIS!! JE NE SUIS PAS TAXI!
5. SORRY!
6. HEEEEY!!!

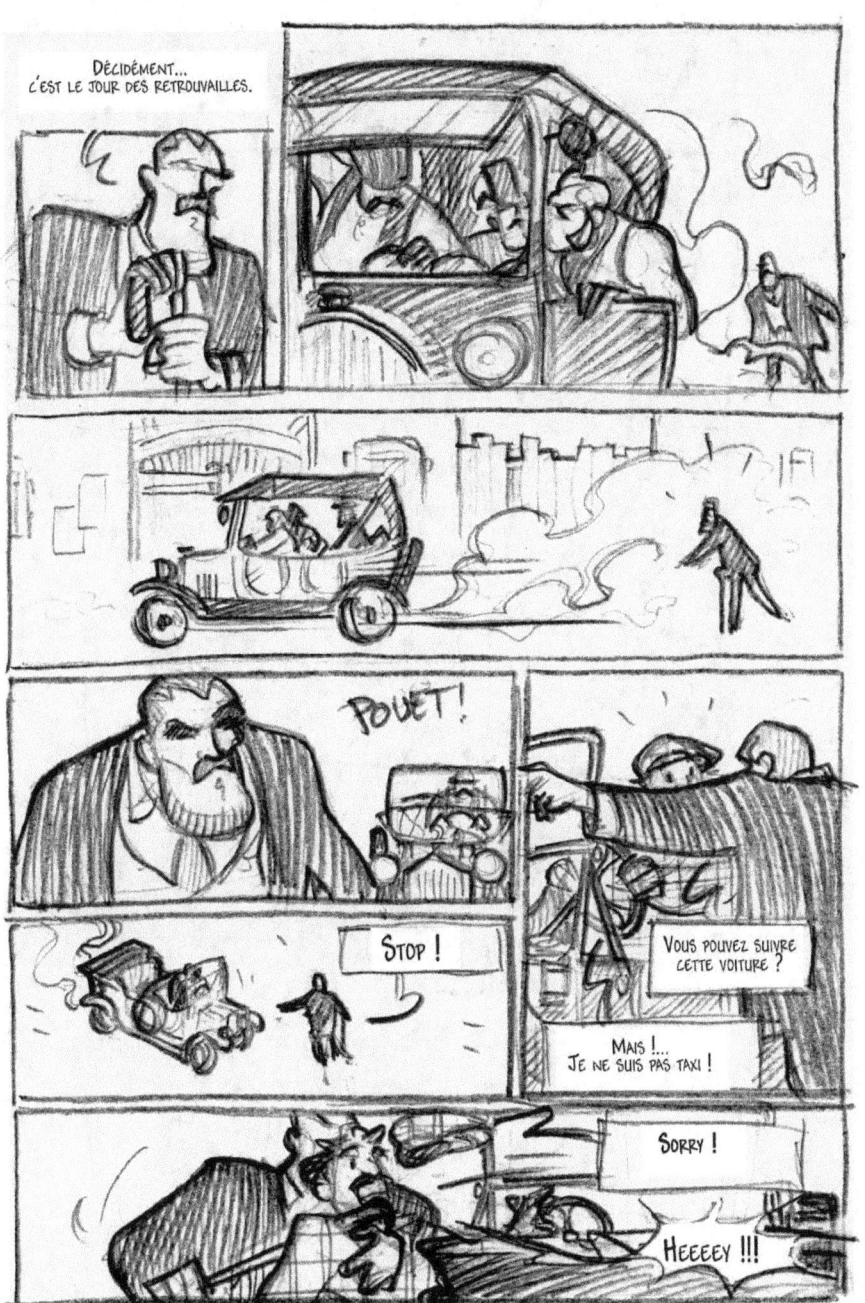

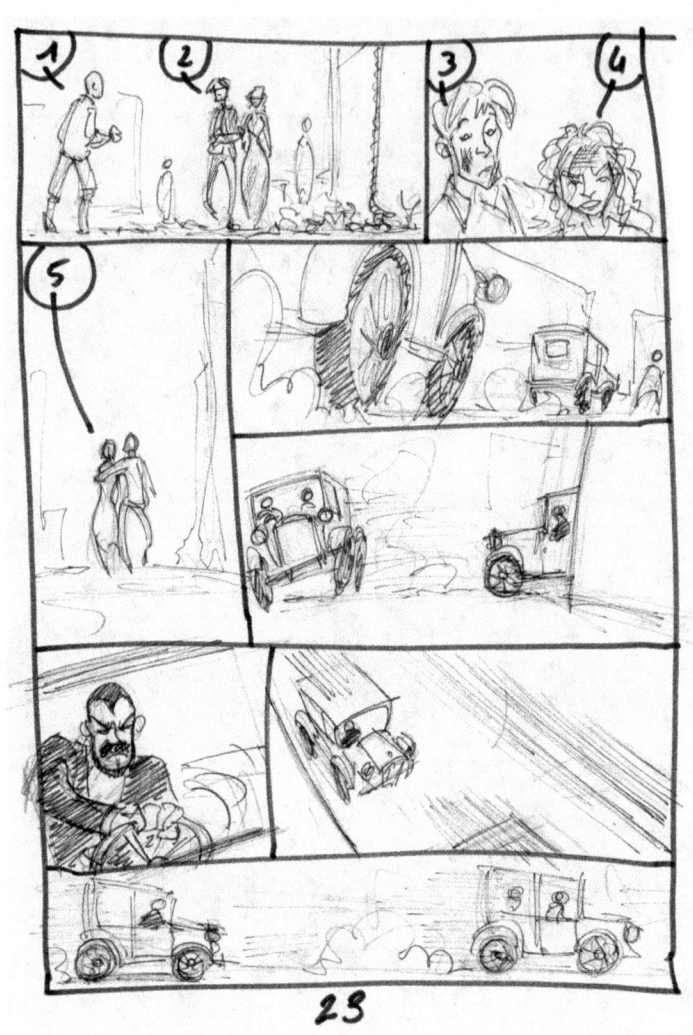

1. PAS DE MAL ?
2. NON, ÇA VA, MERCI.
3. QU'EST-CE QUI S'EST PASSÉ, EXACTEMENT ?
4. RIEN QUI NE RESSEMBLE À UN ACCIDENT...
5. IL VA FALLOIR CHÈREMENT DÉFENDRE NOTRE RETOUR AUPRÈS DES DYNEWELL, NOUS NE SOMMES VISIBLEMENT PAS LES BIENVENUS.

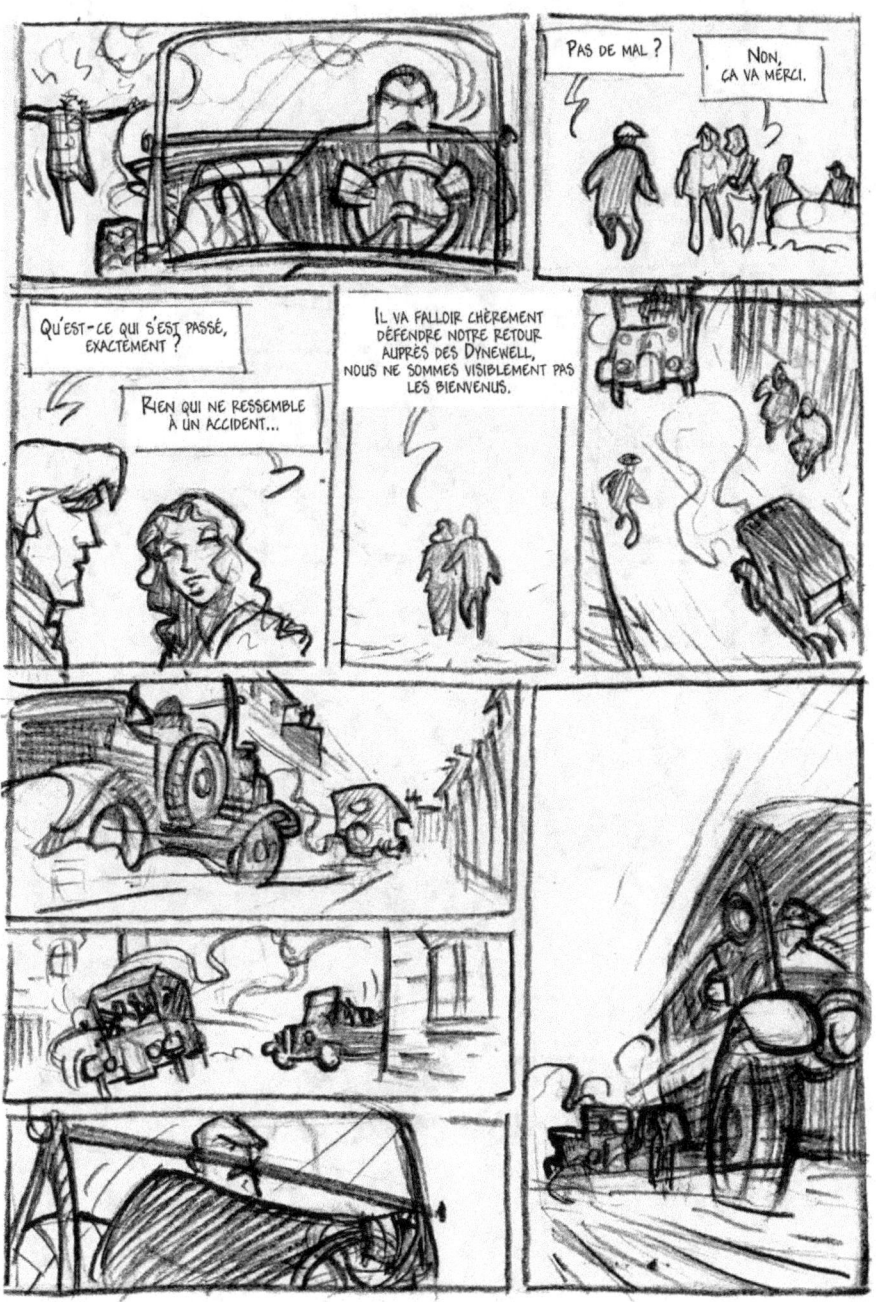

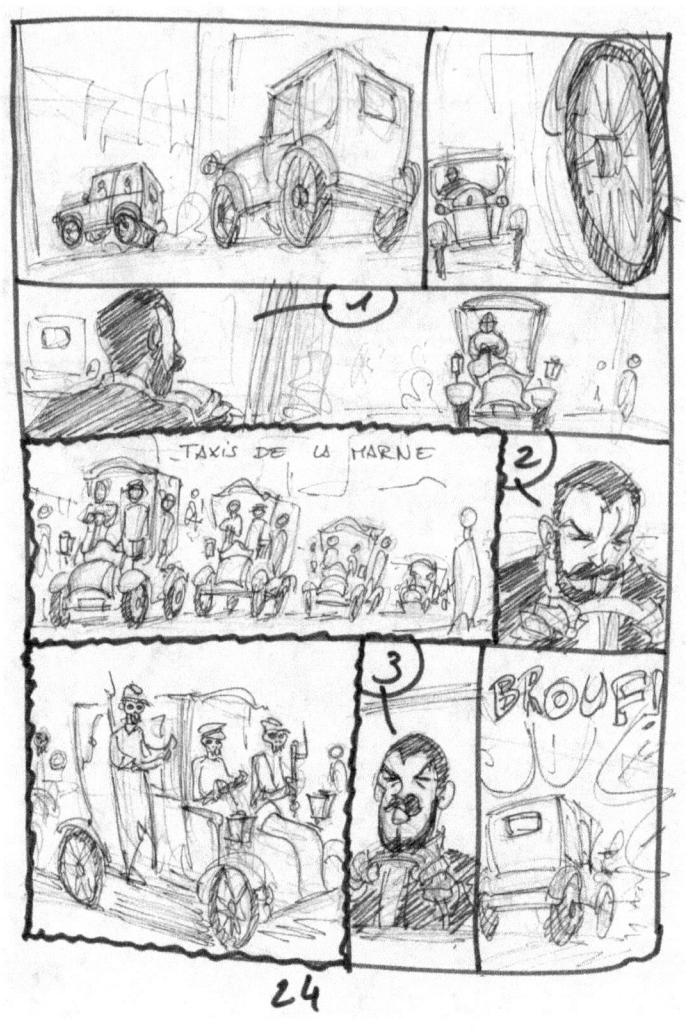

1. ▬▬ JE...
2. ▬▬ NON!
3. NOOOON!!!!

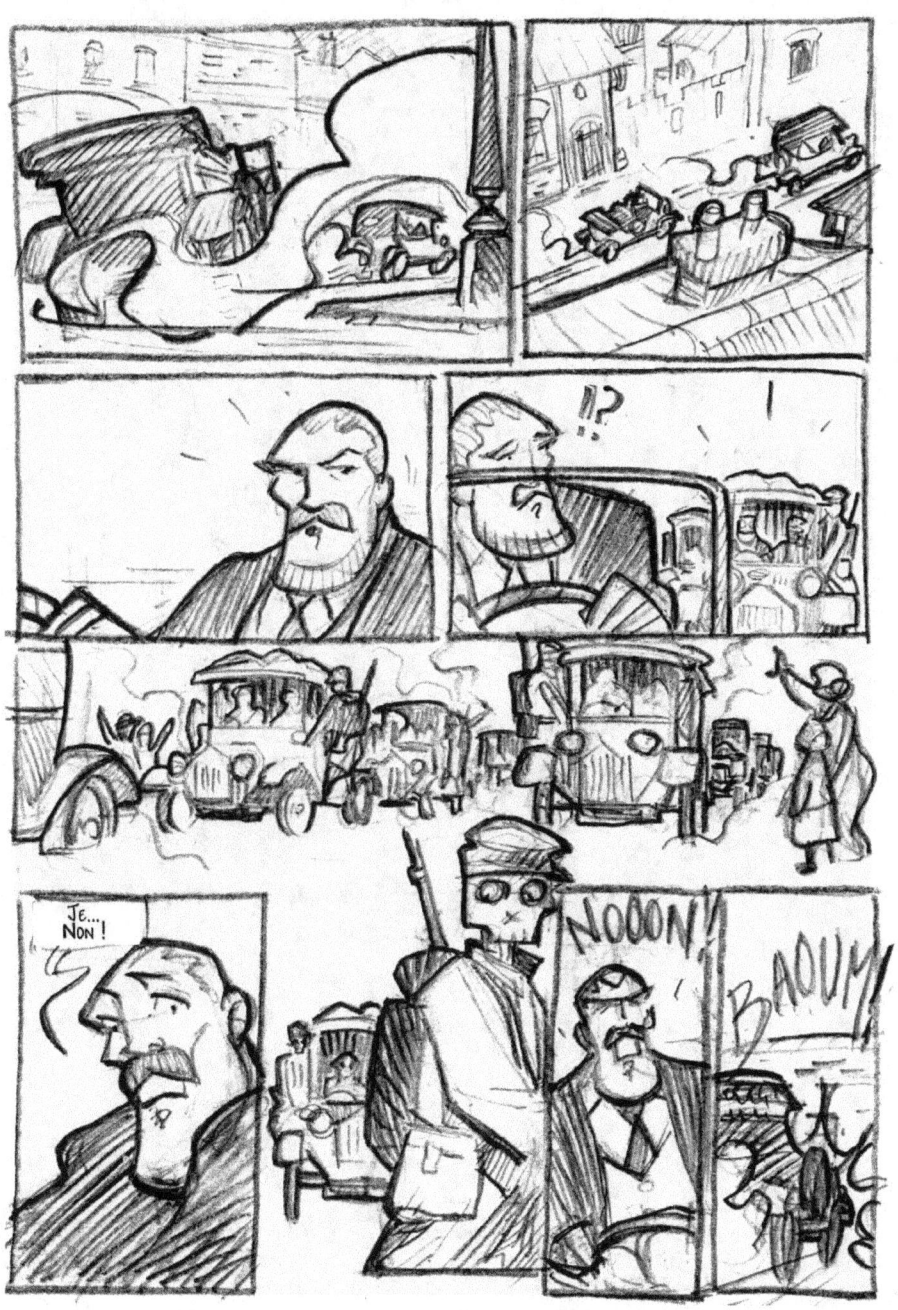

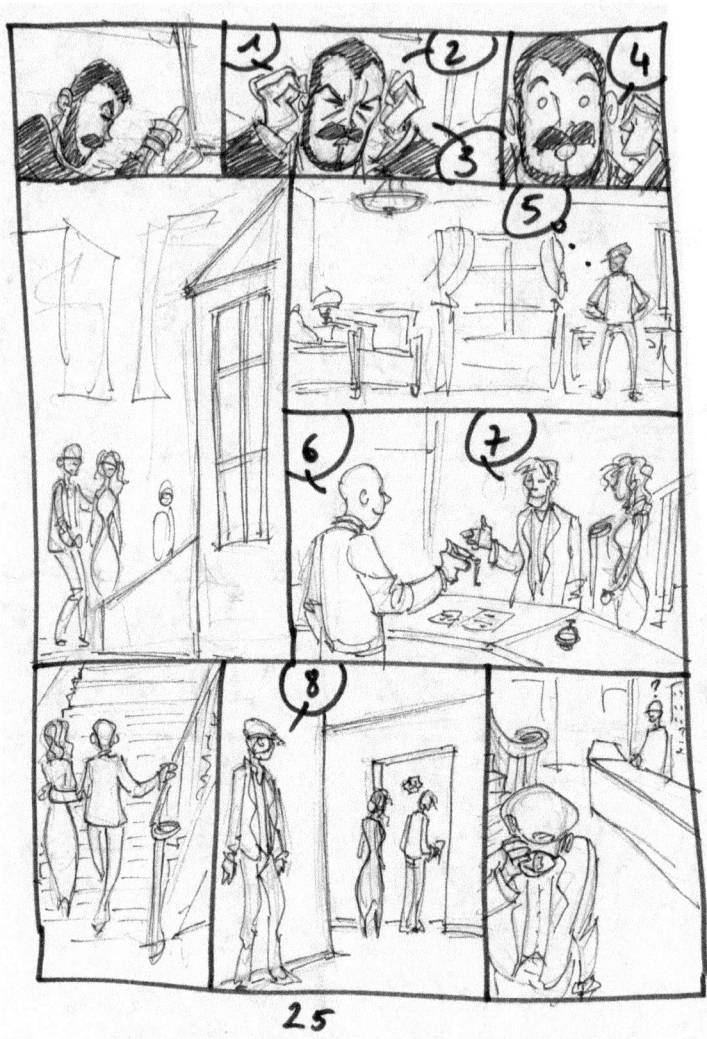

1. REPRENDS-TOI, BON SANG!!!
2. LA MARNE ET SES TAXIS, LA SOMME... TU N'Y ES PLUS!!!
3. FAUT QUE ÇA RENTRE DANS TA CABOCHE!
4. ...NOAH!...
5. NICHT MEHR INTERESSANT...IL EST TEMPS D'Y ALLER.
6. CHAMBRE 31, LA BALADE A ÉTÉ AGRÉABLE?
7. MOUVEMENTÉE, DISONS...
8. ...PLUS QUE TEMPS...

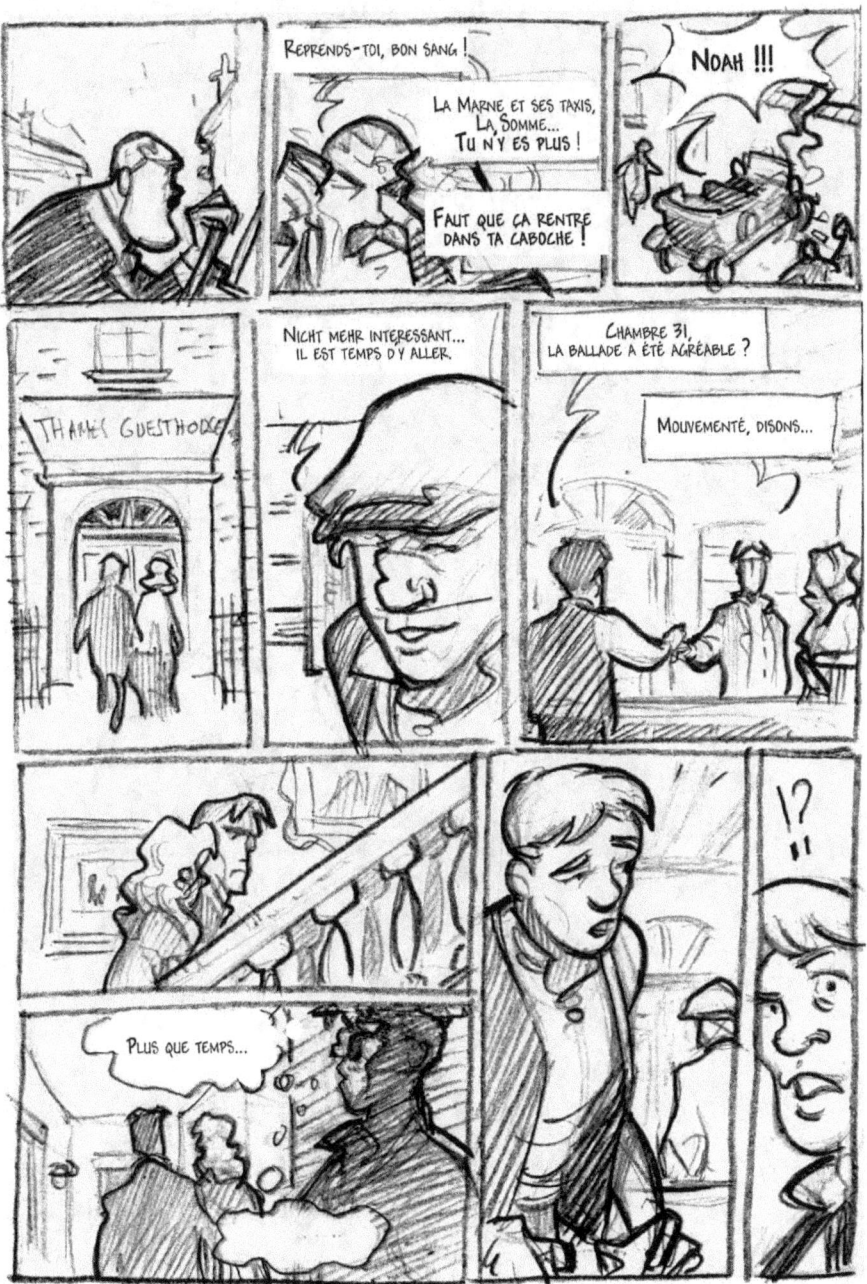

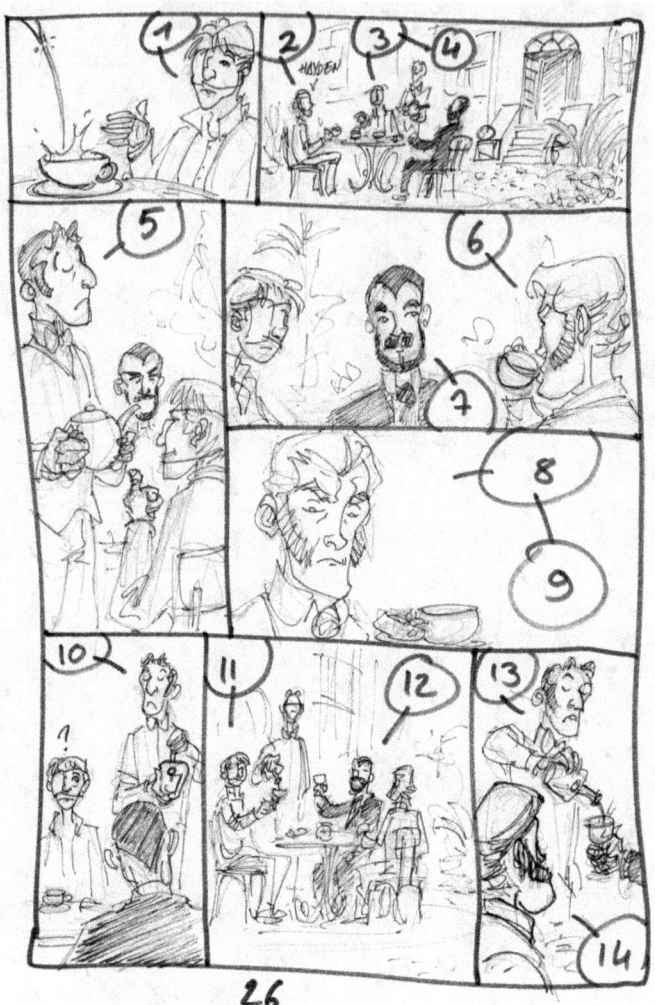

1. J'AI TROUVÉ NOMBRE DOCUMENTS CONCERNANT LA FAMILLE DYNEWELL, ASSEZ POUR EN ÉCRIRE L'HISTOIRE...
2. MAIS RIEN DE CONCLUANT, RIEN QUI PUISSE CONSTITUER LA PREUVE D'UNE IMPOSTURE,.
3. NON, RIEN DU TOUT.
4. PARDONNEZ-MOI, VOUS N'AURIEZ PLUS... HEU... FORT, COMME BOISSON?
5. JE VAIS VOIR, MONSIEUR.
6. N'OUBLIONS PAS D'AJOUTER À L'ÉQUATION LA PERSONNE QUI CHERCHE À ÉLIMINER NOTRE HÉRITIER.
7. LE MÊME QUI RECHERCHAIT LA MONTRE À PARIS, SI JE PUIS ME PERMETTRE.
8. J'AI MALHEUREUSEMENT PEUR DE SAVOIR QUI TIRE LES FICELLES DE CE DANDY ASSASSIN...
9. ...MAIS C'EST UNE AFFAIRE QUI SE RÈGLERA EN FAMILLE.
10. UN COGNAC DE TRENTE ANS D'ÂGE VOUS CONVIENDRAIT-IL, MONSIEUR?
11. TRENTE ANS?! OH JA! WUNDERBAR!
12. ÇA ME CONVIENDRAIT AUSSI, FINALEMENT...
13. MONSIEUR LEVINSON, LE DOCTEUR TENNANT A TERMINÉ, IL SOUHAITE VOUS VOIR.
14. PARFAIT! FAITES-LE VENIR, CAMERON.

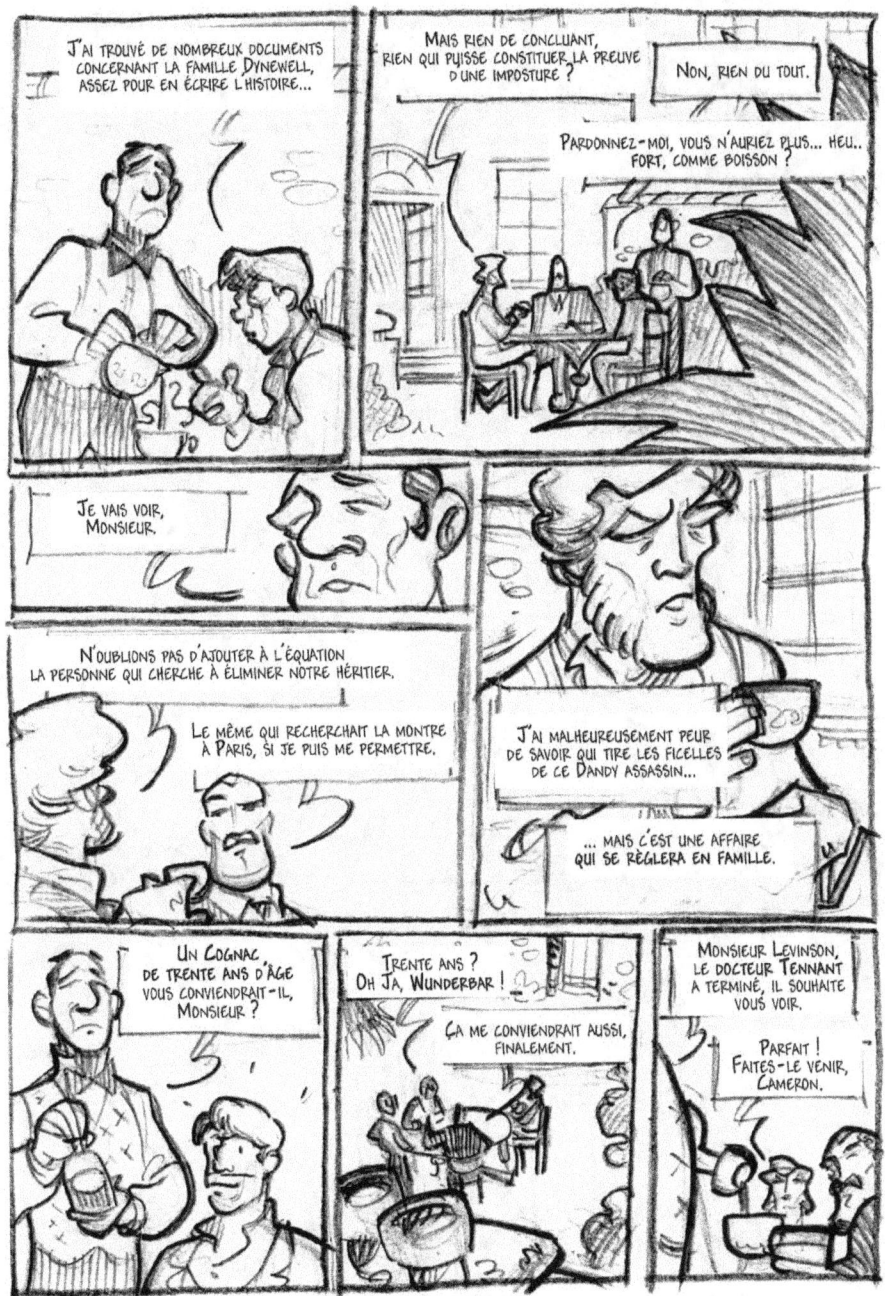

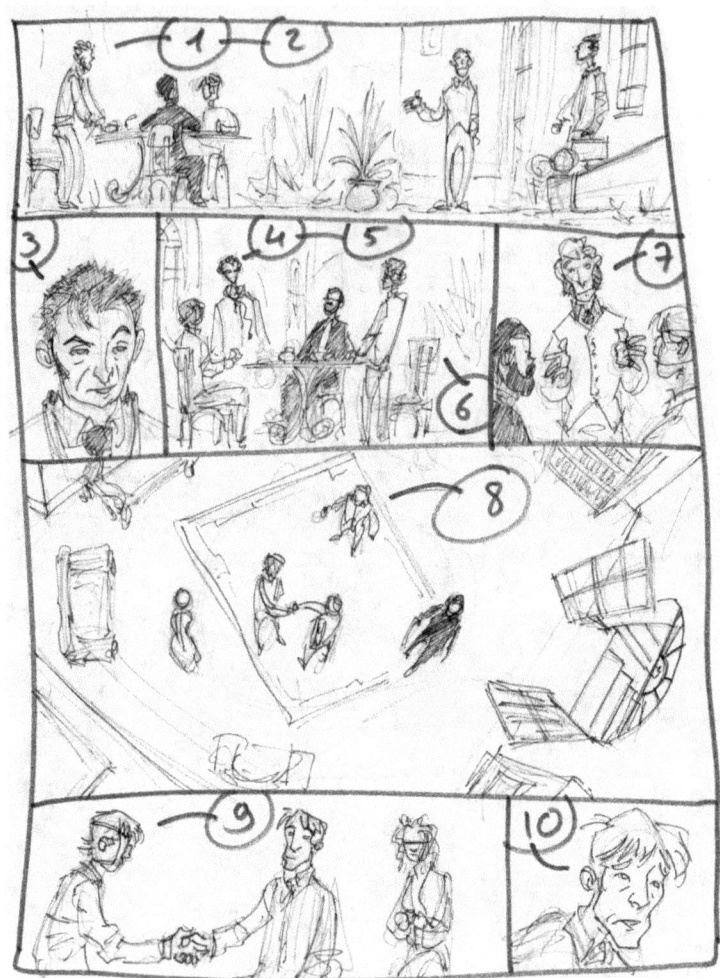

1. ALORS, DOCTEUR, TOUT S'EST BIEN PASSÉ ?...
2. VOS CONCLUSIONS ?
3. HÉ BIEN, IL ME PARAÎT ÉVIDENT QUE LE CORPS ~~XXXXXX~~ DU PATIENT, AUTANT QUE SA PSYCHÉE, PORTENT LES SÉQUELLES D'UN CHOC INITIAL, MAIS IL EST DIFFICILE D'EN DÉFINIR LA NATURE...
4. ... ET, À MOINS D'ÊTRE UN ACTEUR HORS PAIR, JE NE CROIS PAS QU'IL SIMULE SA PERTE DE MÉMOIRE.
5. MALGRÉ CELA, IL RESTE SAIN D'ESPRIT ET EN PARFAITE SANTÉ.
6. JE VOIS.
7. MESSIEURS, SI VOUS VOULEZ BIEN ME SUIVRE, IL EST TEMPS DE FAIRE LES PRÉSENTATIONS.
8. AUGUSTIN DAGNEAU, NOAH FEUCHTNER, VOICI CAMILLE LIONETTI ET SON COMPAGNON...
9. GRIFFIN DYNEWELL ?
10. POUR ÊTRE TOUT À FAIT SINCÈRE, JE NE SAURAIS RÉPONDRE MOI-MÊME AVEC EXACTITUDE À CETTE QUESTION.

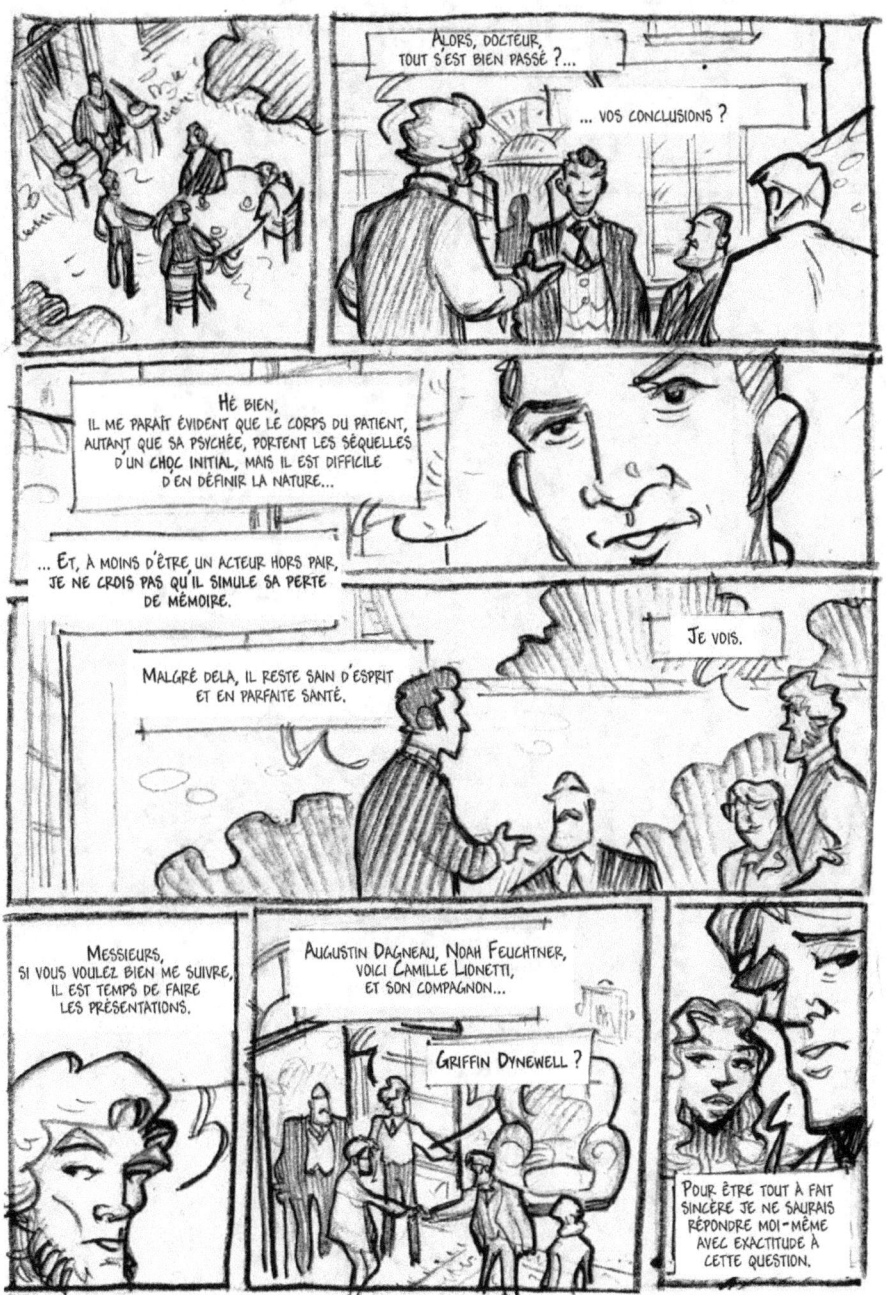

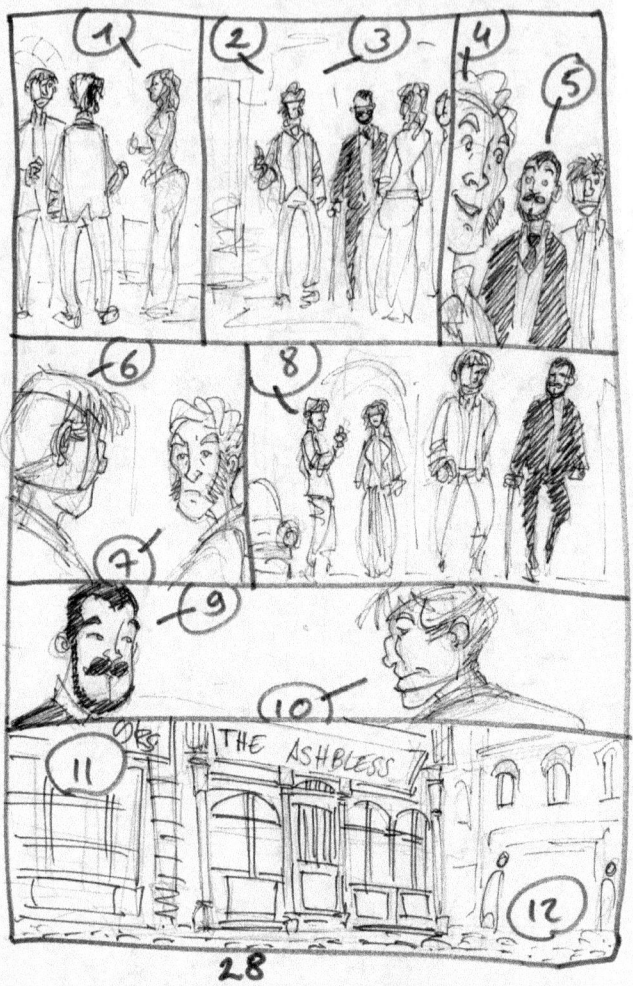

1. LE TEMPS Y RÉPONDRA, J'EN AI LA CONVICTION.
2. C'EST EXACTEMENT ÇA, MADEMOISELLE LIONETTI, LE TEMPS Y RÉPONDRA...
3. EN ATTENDANT, J'AI PRIS AUGUSTIN ET NOAH COMME ENQUÊTEURS À MON SERVICE. ILS COMPTENT S'INTÉRESSER À CE QUE VOUS M'AVEZ RACONTÉ, VOTRE MÉSAVENTURE SUR LES QUAIS,...
4. N'EST-CE PAS, MESSIEURS ?
5. HEU... OUI, ABSOLUMENT.
6. D'AILLEURS, JE PENSE SAVOIR OÙ CHERCHER ET J'AIMERAIS POUVOIR Y JETER UN OEIL DÈS MAINTENANT.
7. BIEN, FAITES-DONC... J'AI, DE MON CÔTÉ, QUELQU'UN À VOIR.
8. POUVONS-NOUS VOUS ACCOMPAGNER ? APRÈS TOUT, CETTE AFFAIRE NOUS CONCERNE EN PREMIER LIEU.
9. MA FOI, SI VOUS SAVEZ RESTER DISCRETS, JE N'Y VOIS PAS DE PROBLÈMES... NOAH ?
10. PAS MIEUX.
11. D'APRÈS LES TÉMOIGNAGES QUE NOUS AVONS RÉCOLTÉ, CET ENDROIT SERAIT FRÉQUENTÉ PAR LE GRATIN DE LA TRUANDERIE LONDONIENNE,
12. ...RESTE À Y REPÉRER LES TYPES DONT LES DESCRIPTIONS CORRESPONDENT À VOS AGRESSEURS.

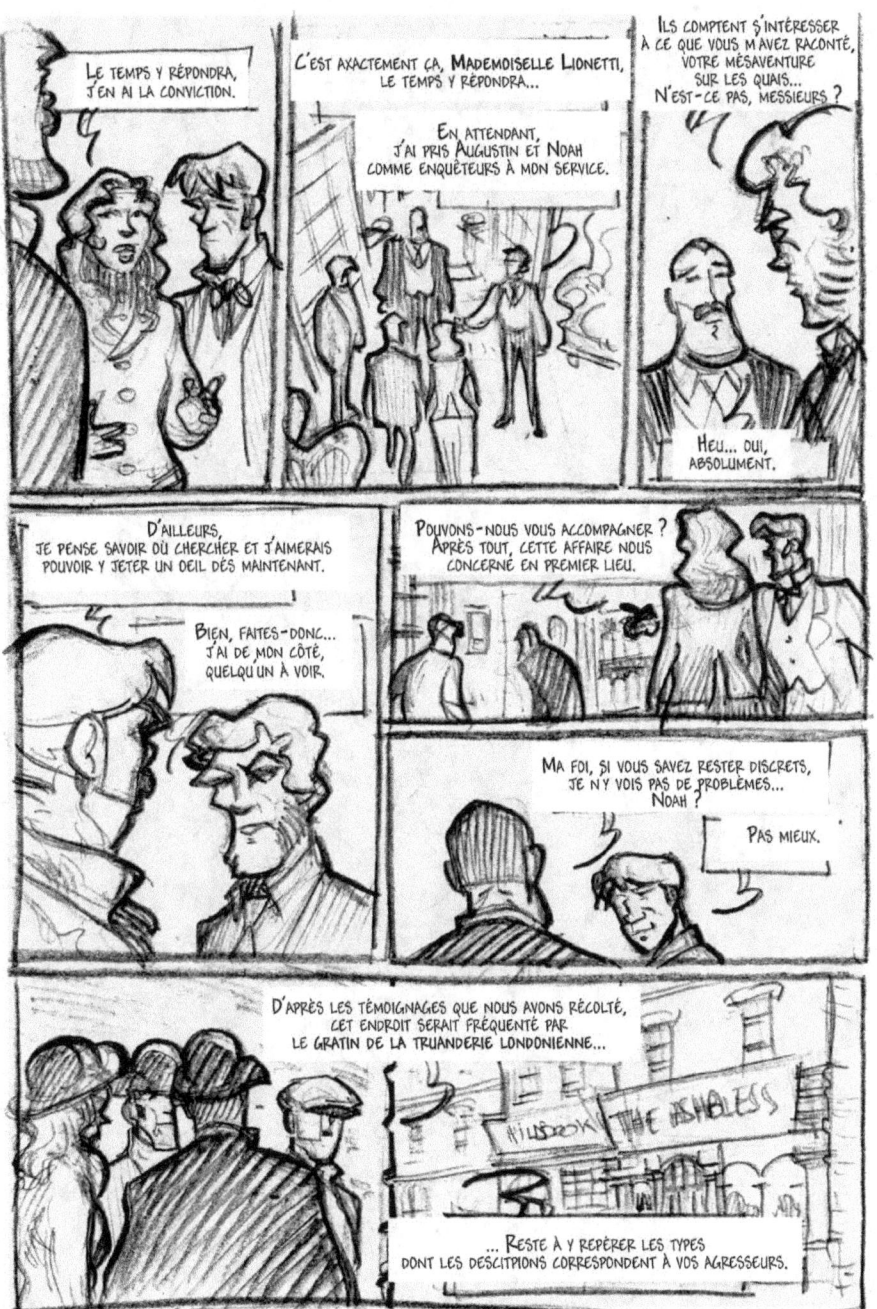

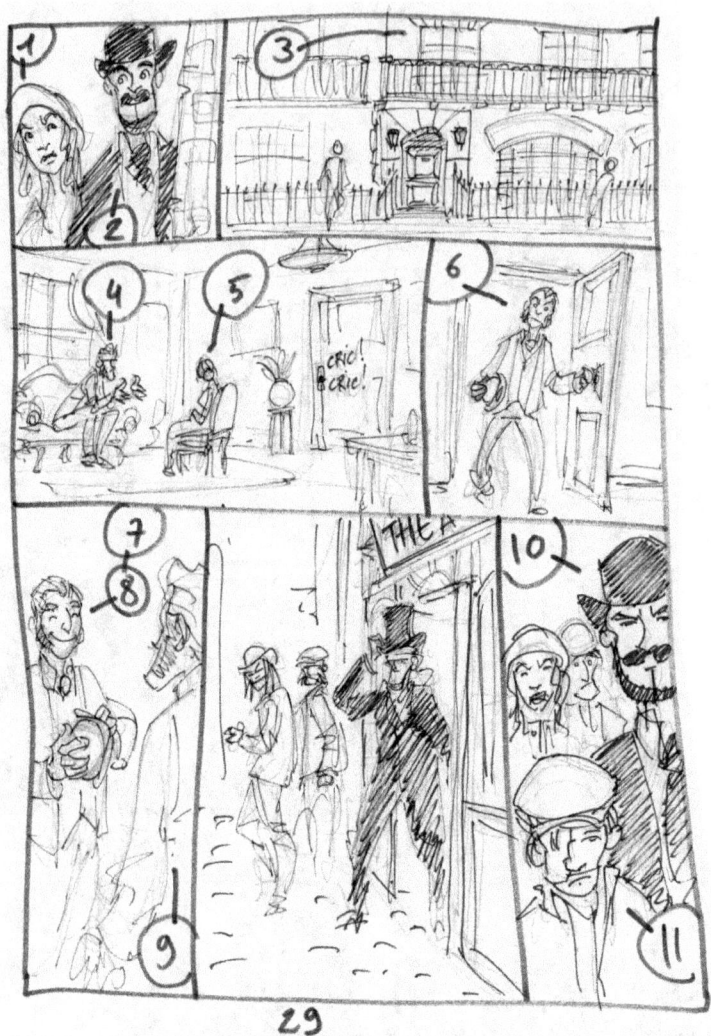

1. DITES-MOI, VOUS ÊTES PLUTÔT RAPIDES ET EFFICACES POUR DES ÉTRANGERS À LONDRES.
2. ON FAIT DE NOTRE MIEUX, MADAME.
3. OUI, C'EST VRAI QU'HAYDEN EST PERTURBÉ CES DERNIERS TEMPS, MAIS JE NE SAIS PAS POURQUOI... CE N'EST PAS SON GENRE DE SE CONFIER
4. IL EST IMPORTANT QUE NOUS EN DISCUTIONS TOUS ENSEMBLE, KEIRA.
5. QUAND ON PARLE DU LOUP...
6. HAYDEN ??!!
7. POUR UNE FOIS QUE TU SORS DE TON BUREAU, TU RENDS VISITE À MA FEMME...
8. IL Y A QUELQUE CHOSE QUE JE DEVRAIS SAVOIR ?
9. C'EST MOI QUI AIT BESOIN DE SAVOIR QUELQUE CHOSE, JAMES...
10. JE CROIS QU'ON A UN GAGNANT...
11. PLUSIEURS, MÊME...

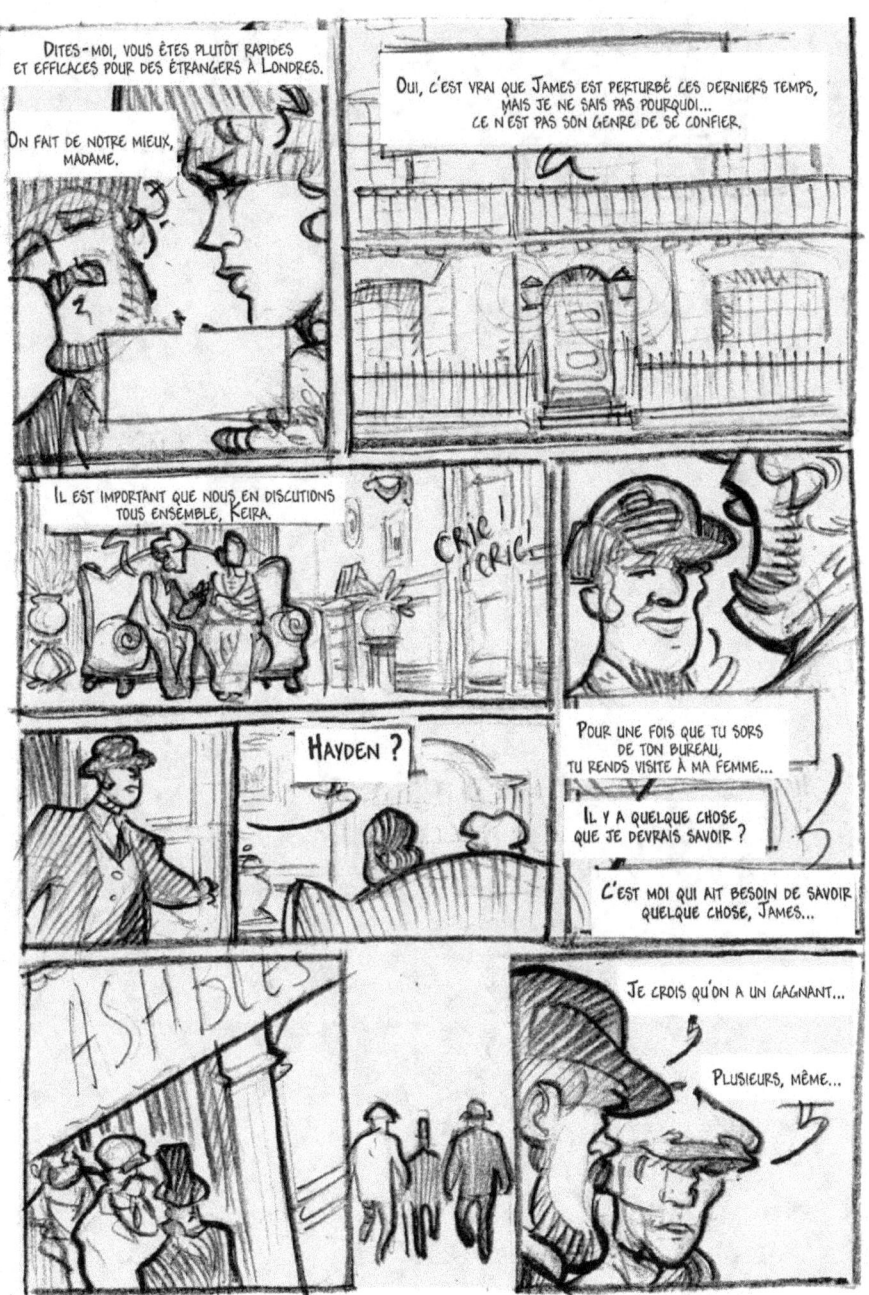

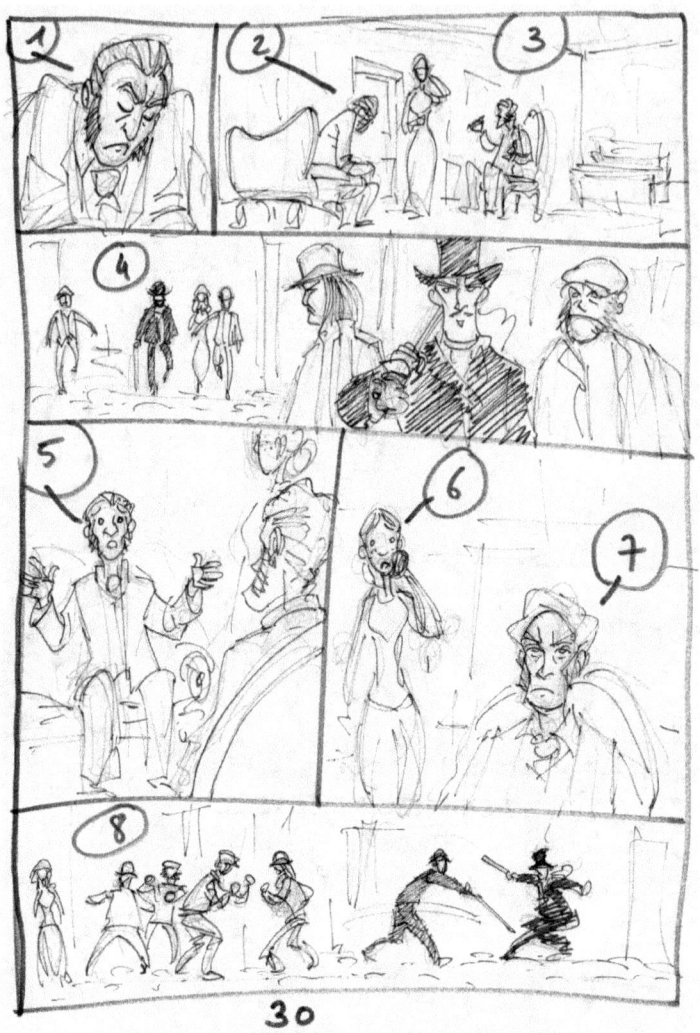

1. DÈS QUE TU M'AS PARLÉ DES PREMIÈRES LETTRES DE CETTE CAMILLE LIONETTI, J'AI PERDU PIED...
2. ...LE RETOUR DE L'ENFANT PRODIGUE ET ME VOILÀ REDEVENU L'OBSCUR COUSIN DYNEWELL.
3. JE PEUX COMPRENDRE TON DÉSARROI, (BIEN?) JAMES... MAIS ENGAGER UN ASSASSIN!
4. COMMENT VOULAIS-TU QUE JE SACHE QUEL GENRE D'HOMME ÉTAIT CE DANDY, ON ME L'A RECOMMANDÉ...
5. IL ÉTAIT JUSTE CENSÉ RETROUVER LA TRACE DE GRIFFIN, QUELQUE CHOSE QUI PUISSE PROUVER SA DISPARITION!
6. OH JAMES! POURQUOI NE M'AS-TU RIEN DIS ?
7. KEIRA A RAISON, IL AURAIT FALLU EN PARLER DÈS LE DÉBUT...
8. MAINTENANT, IL EST TROP TARD POUR FAIRE MARCHE ARRIÈRE.

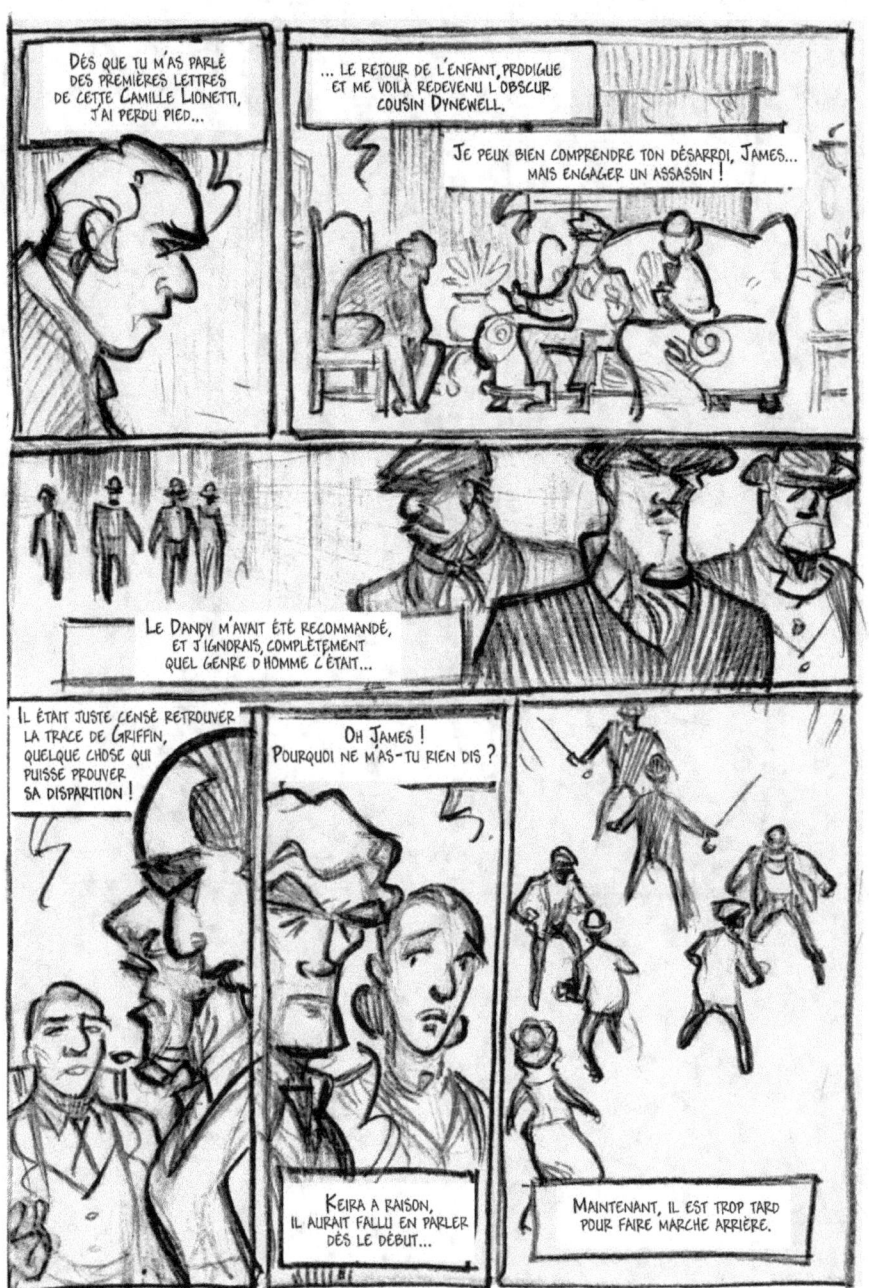

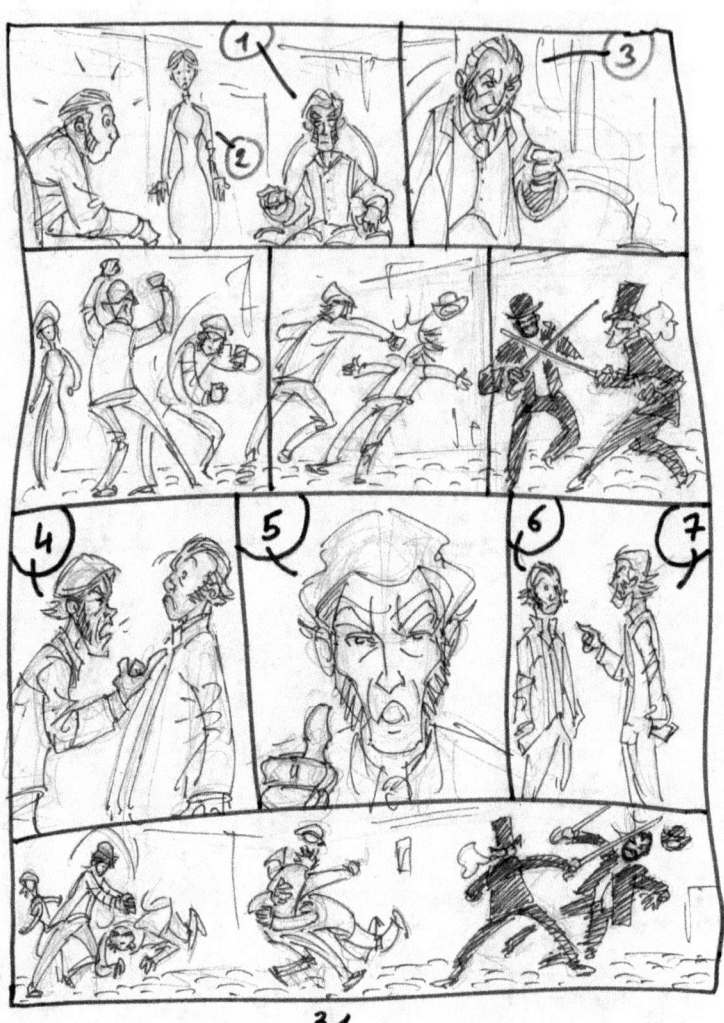

1. SURTOUT DEPUIS QUE TU AS DE NOUVEAU FAIT APPEL AUX SERVICES DU DANDY... ET EN CONNAISSANCE DE CAUSE, CETTE FOIS!

2. TU AS FAIT QUOI?!!

3. MAIS BON SANG!! SUIS-JE LE SEUL À NE PAS VOULOIR QUE LA FAMILLE TOMBE ENTRE LES MAINS D'UN IMPOSTEUR?

4. POUR QU'ELLE ATTERRISSE ENTRE CELLES D'UN IRRESPONSABLE!?!! UN DYNEWELL QUI FRICOTE AVEC LA PÈGRE? AS-TU SONGÉ UNE SEULE FOIS AU SCANDALE QUE CELA PEUT REPRÉSENTER?

5. C'EST MON BOULOT DE VEILLER AUX INTÉRÊTS DES DYNEWELL ET, FAIS-MOI CONFIANCE, JE SAIS QUOI FAIRE POUR SAVOIR SI CE GRIFFIN EST CELUI QU'IL PRÉTEND ÊTRE.

6. PARCE QUE TU CROIS À SON HISTOIRE?

7. PEU IMPORTE, JE NE LE CROIS PAS CAPABLE DE RÉUSSIR CE QUE JE VAIS LUI PROPOSER.

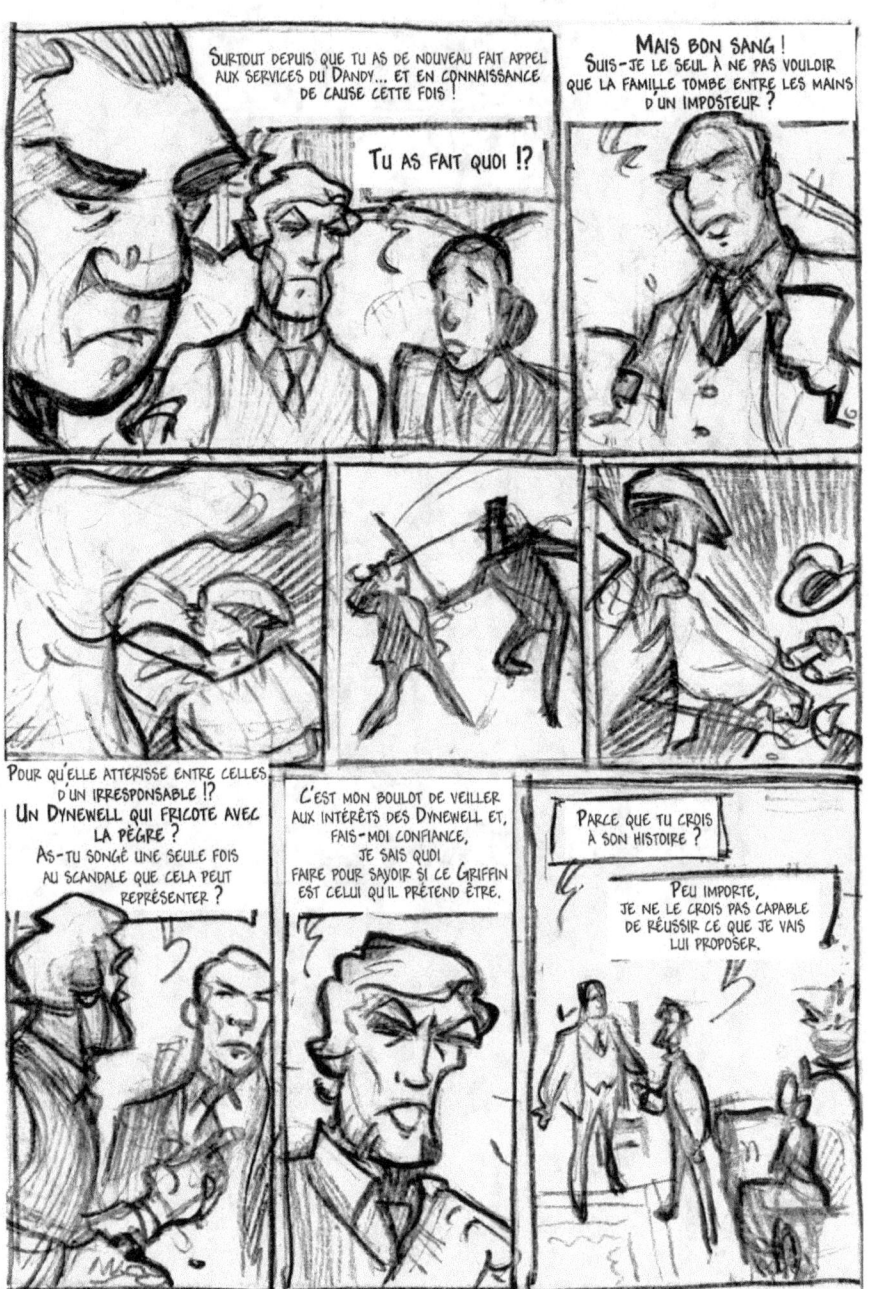

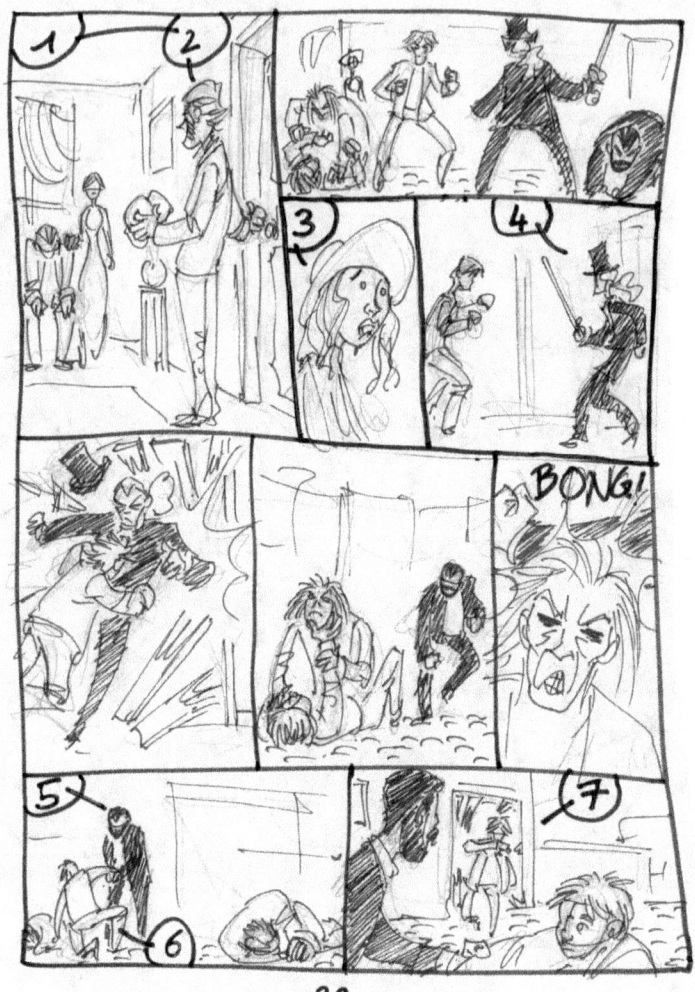

1. SOLDE TES COMPTES AVEC LE DANDY, JONES, CETTE RELATION NE DOIT JAMAIS AVOIR EXISTÉ.

2. ET FAIS-LE VITE SI TU TIENS ENCORE À AVOIR UN AVENIR AU SEIN DE LA FAMILLE DYNEWELL.

3. GRIFFIN, NON! RESTE EN VIE!

4. GRIFFIN, VRAIMENT? TOUT LE MONDE N'A PAS L'AIR D'ACCORD SUR ÇA...

5. MANQUE D'EXERCICE?

6. CUISINE ANGLAISE.

7. IL A FILÉ, MAIS IL SAIT AU MOINS À QUI IL A AFFAIRE, DÉSORMAIS.

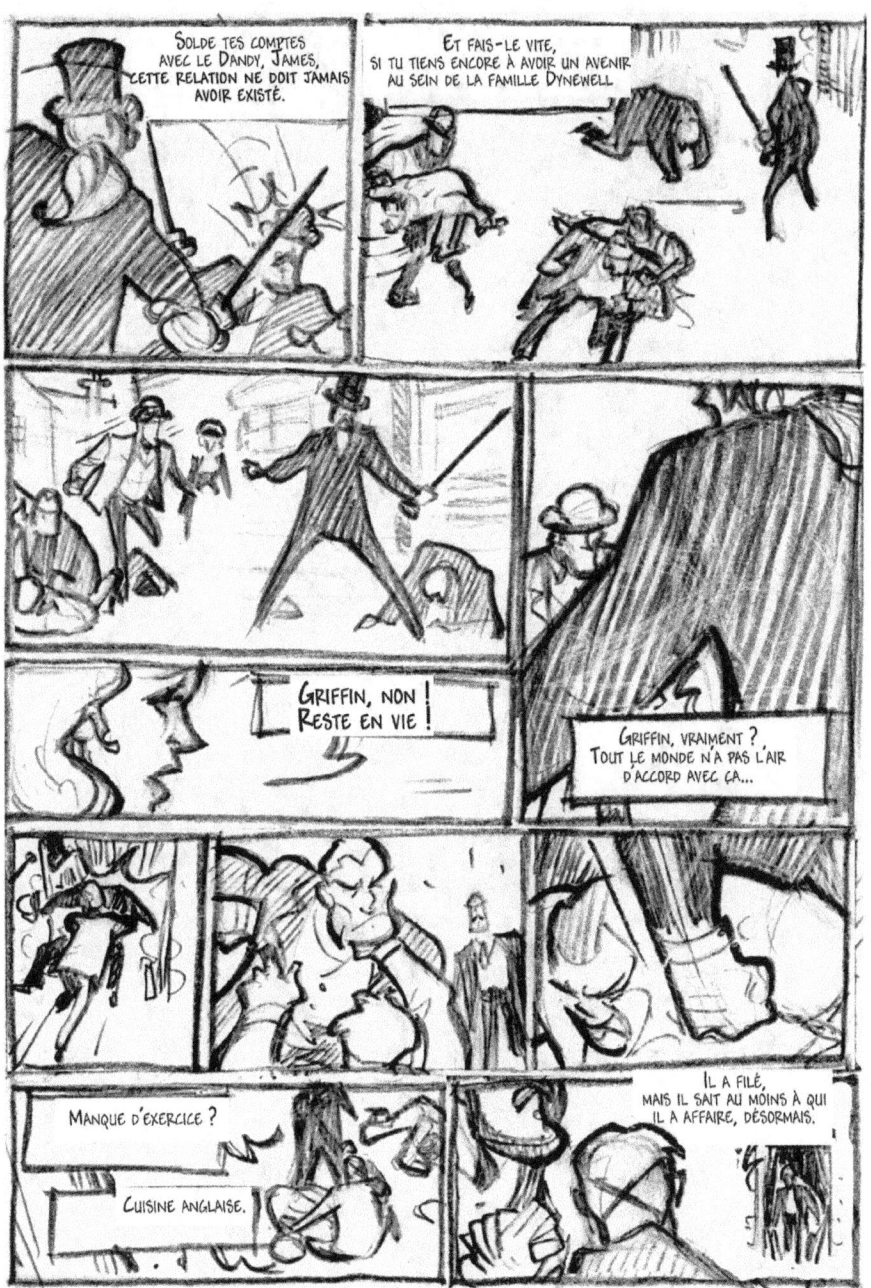

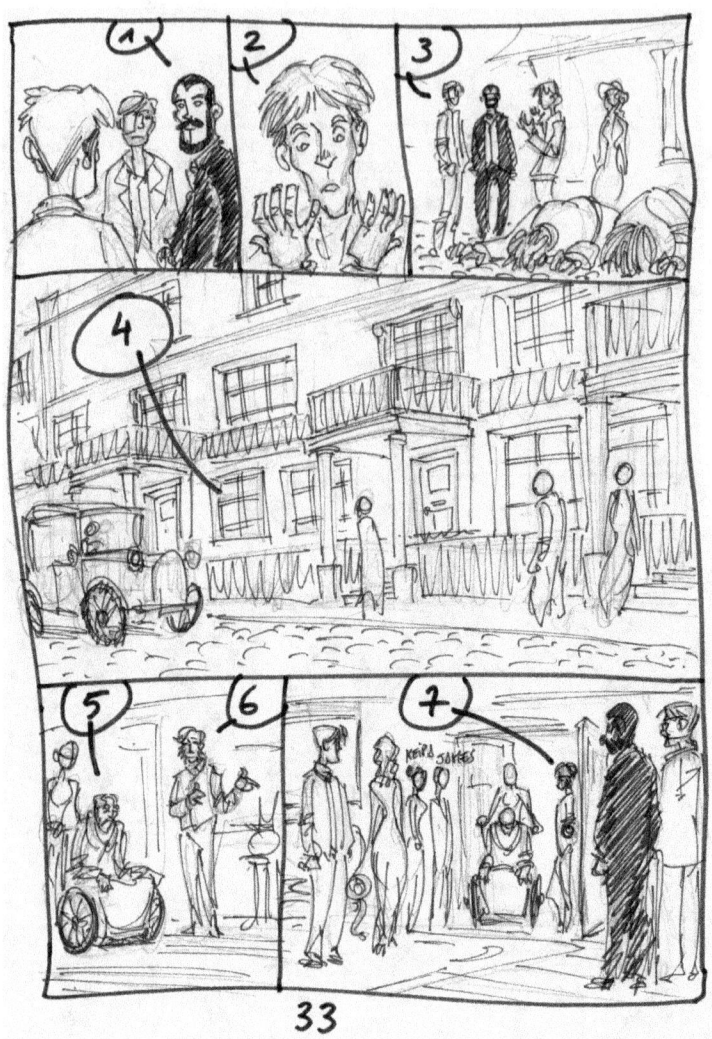

1. A UN ENRAGÉ AU COMBAT.
2. ET POURQUOI, DE TOUS MES SOUVENIRS, CEUX-LÀ ME SONT RESTÉS ?
3. C'EST CE QUE LA GUERRE A LAISSÉ EN NOUS, DES RÉFLEXES. NOUS EN SOMMES TOUS LÀ.
4. MERCI D'AVOIR FAIT LE DÉPLACEMENT, SIR EDWIN, VOTRE PRÉSENCE ÉTAIT NÉCESSAIRE.
5. NE ME FAITES PAS REGRETTER D'AVOIR QUITTÉ MA CAMPAGNE...
6. BIEN, ALLONS-Y.
7. SIR, VOICI L'HOMME QUI PRÉTEND ÊTRE VOTRE FILS.

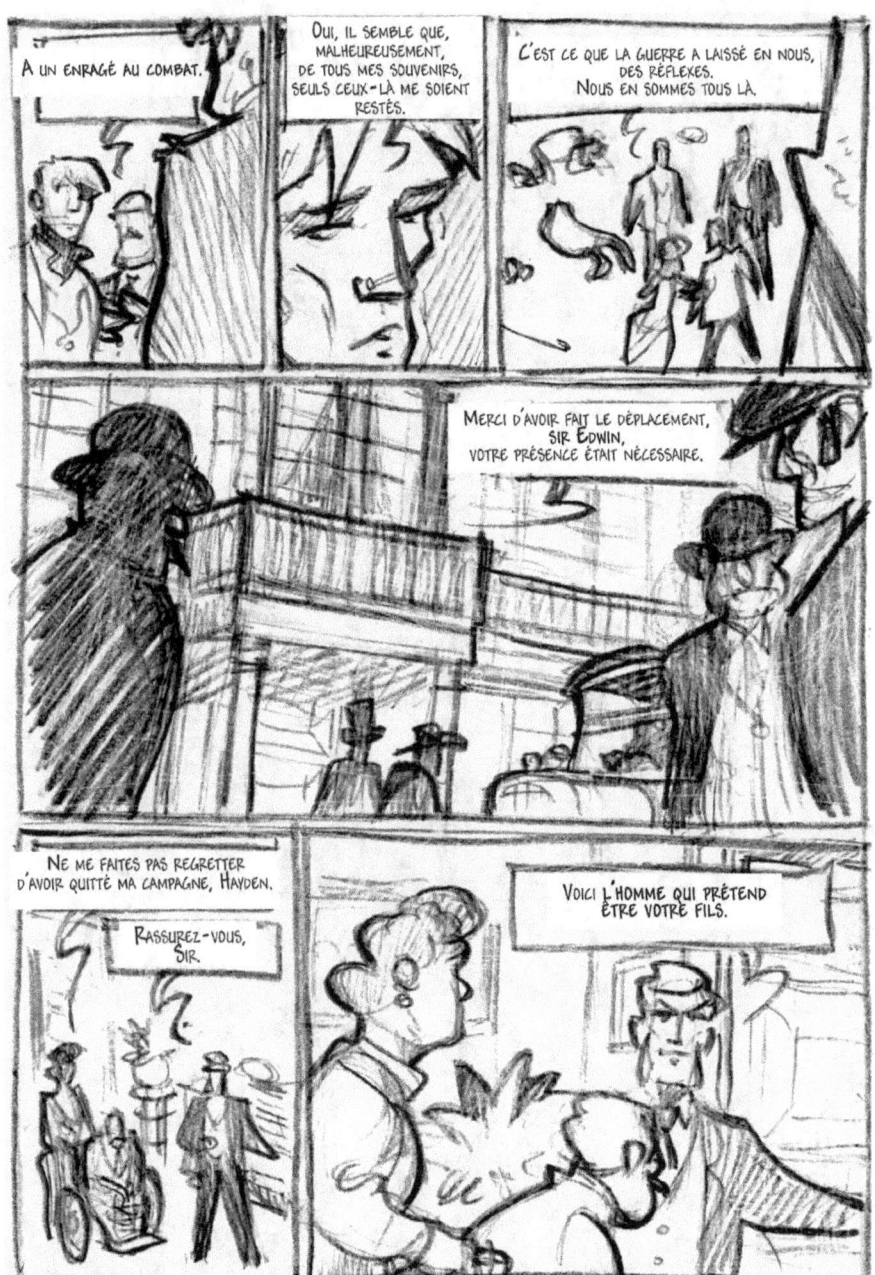

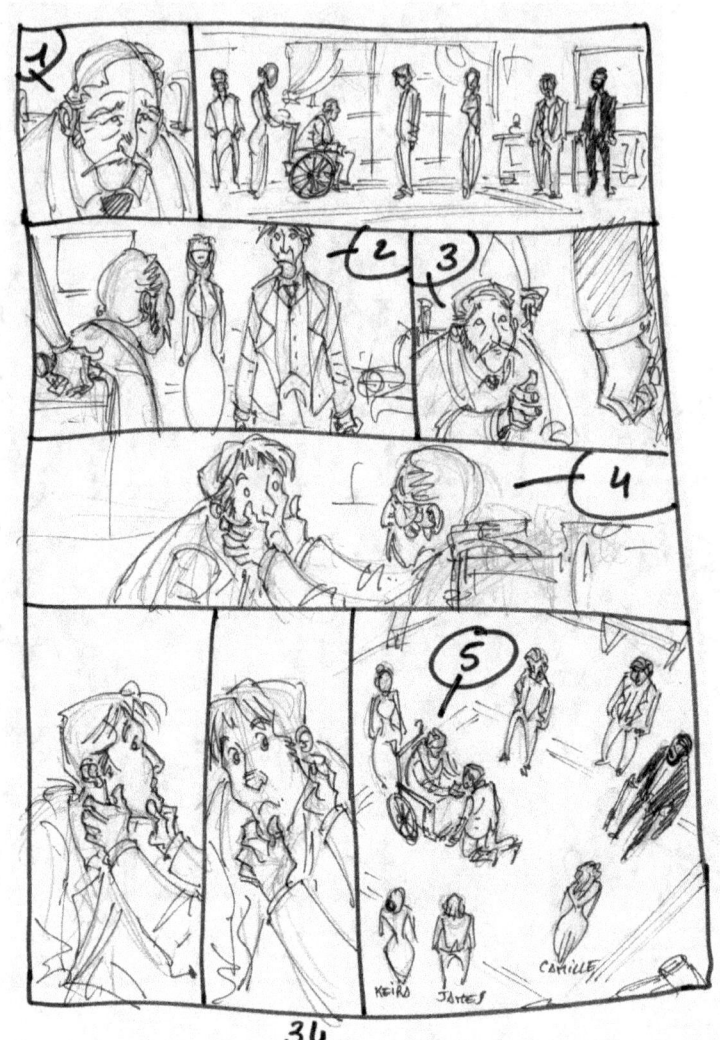

1. MON FILS !
2. JE... JE NE SUIS PAS SÛR DE M'EN SOUVENIR... JE SUIS DÉSOLÉ.
3. APPROCHE, QUE JE TE VOIS.
4. QU'AS TU VÉCU DANS LES TRANCHÉES POUR AVOIR CHANGÉ À CE POINT ?
5. LE TEMPS ET L'HORREUR DU FRONT ONT FAIT LEUR OEUVRE, MAIS PHYSIQUEMENT, TU SEMBLE ÊTRE MON GRIFFIN.

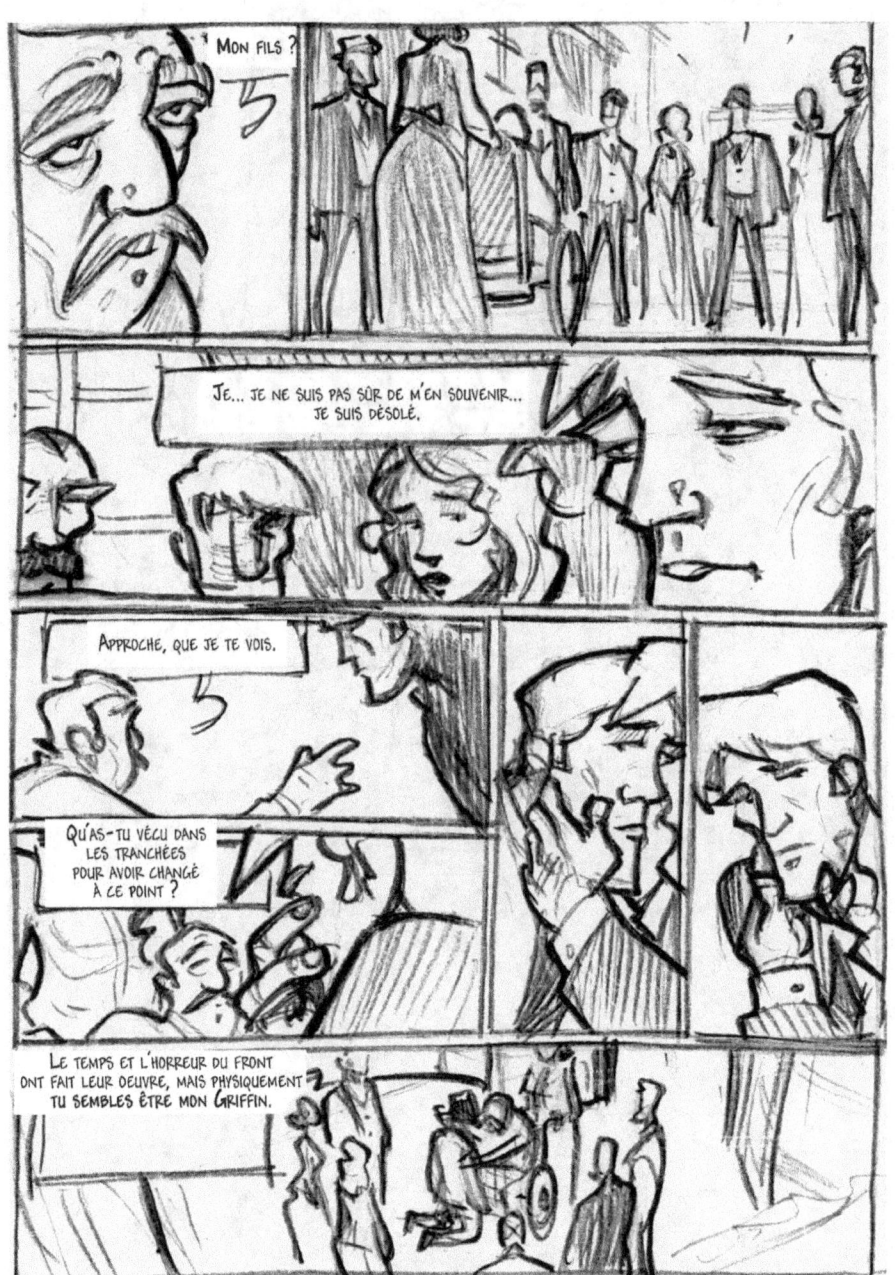

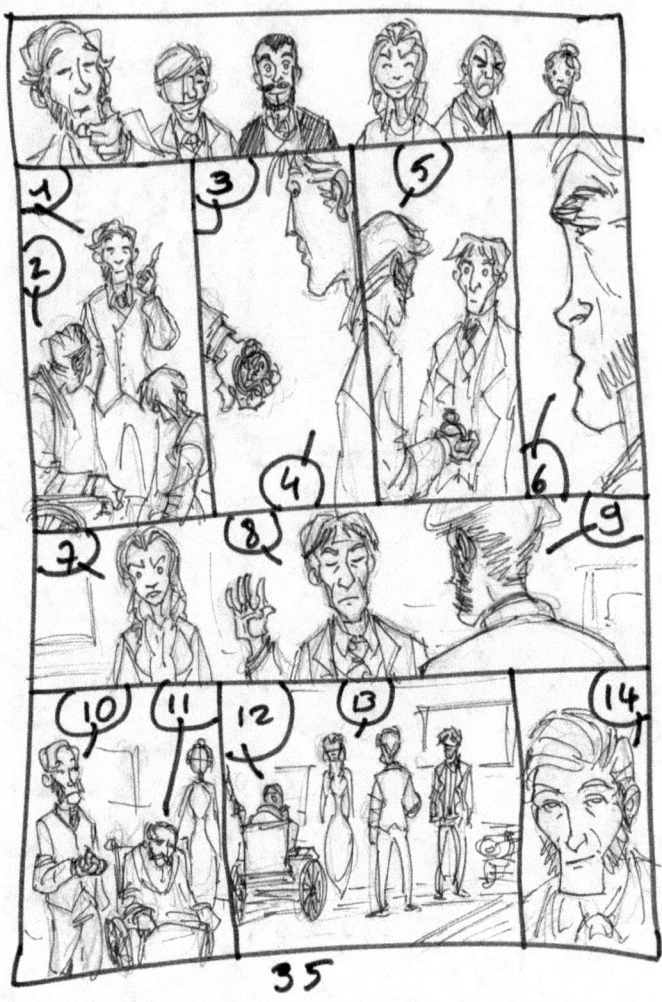

1. SI VOUS PERMETTEZ, SIR, J'AIMERAIS PROPOSER QUELQUE CHOSE À GRIFFIN.
2. FAITES HAYDEN.
3. RECONNAISSEZ-VOUS CET OBJET ?
4. N... NON, JE NE CROIS PAS.
5. C'EST POURTANT VOUS, ENFIN GRIFFIN, QUI L'A FABRIQUÉ.
6. J'AIMERAIS SAVOIR, S'IL RESTE, AU PLUS PROFOND DE VOUS, QUELQUE CHOSE DE LUI, SI VOUS ÊTES CAPABLE DE LA RÉPARER.
7. QUOI ??!! MAIS C'EST RIDICULE ! VOUS SAVEZ BIEN QUE...
8. LAISSE CAMILLE, JE PEUX ESSAYER.
9. CETTE DÉCISION VOUS HONORE.
10. SIR EDWIN, VOTRE ACCORD ?
11. VOUS L'AVEZ.
12. SACHEZ, MADEMOISELLE, QUE LA MÉCANIQUE HORLOGÈRE, C'EST L'ÂME, LE SANG DE NOTRE FAMILLE.
SI CET HOMME EST BIEN UN DYNEWELL, IL NE PEUT AVOIR OUBLIÉ CELA...
13. JE COMPRENDS, MONSIEUR.
14. VOTRE ATELIER VOUS ATTEND.

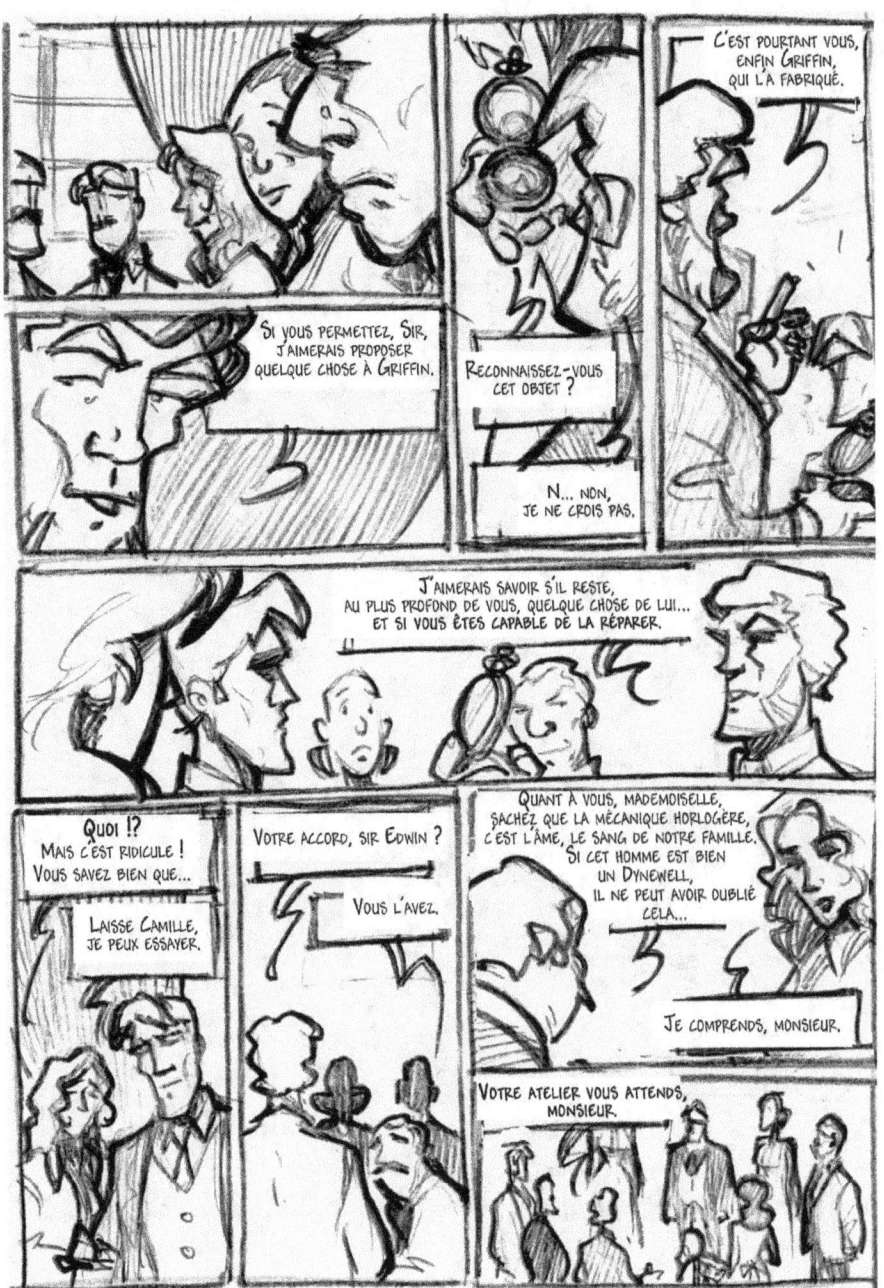

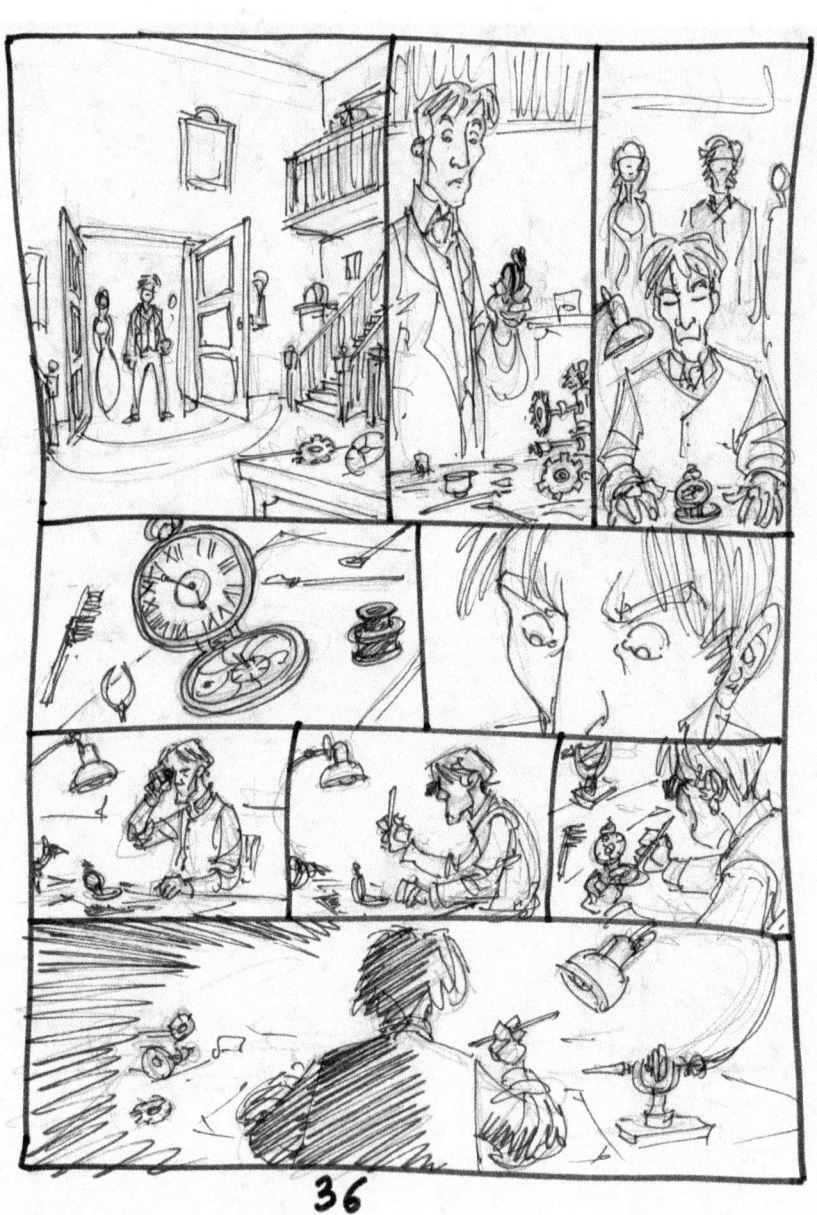

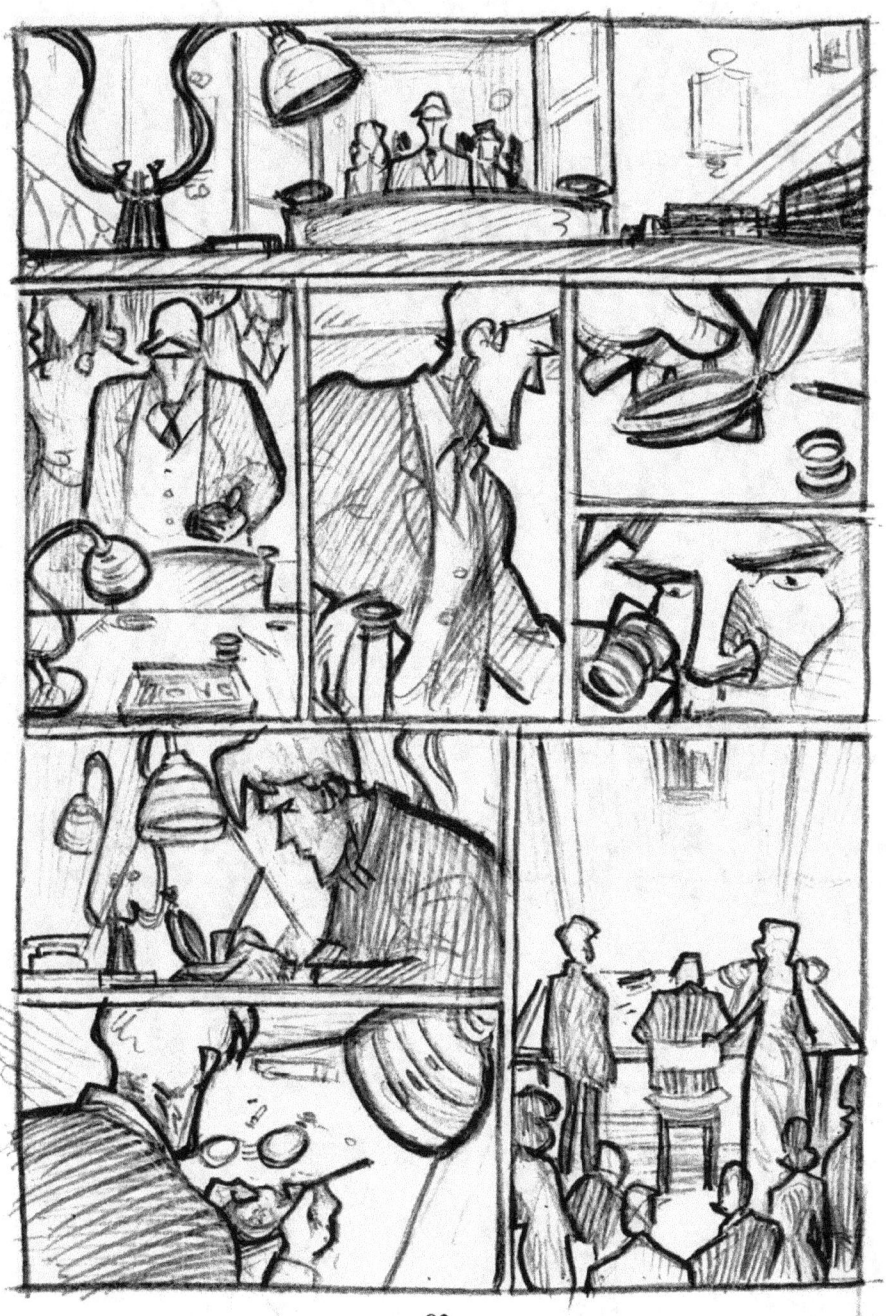

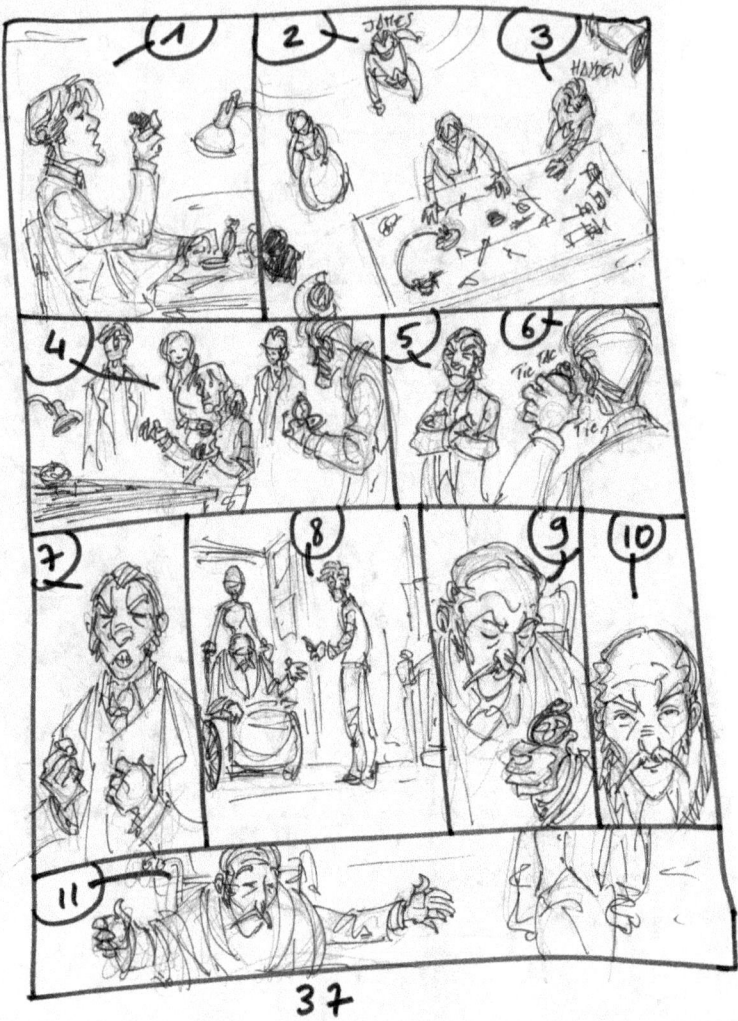

1. JE... JE CROIS QUE J'AI RÉUSSI...
2. QUOI ?!!!
3. MAIS COMMENT ?
4. ... À L'INSTINCT, JE ME SUIS LAISSÉ GUIDER ET J'AI COMPRIS SON MÉCANISME... C'ÉTAIT ÉTRANGE.
5. IMPOSSIBLE !
6. ET POURTANT, LES FAITS SONT LÀ, LA MONTRE FONCTIONNE BEL ET BIEN !
7. NON ! ÇA NE PROUVE RIEN ! RIEN !
8. ET QUI D'AUTRE QUE GRIFFIN AURAIT PU REMETTRE CETTE MONTRE EN ÉTAT ?
9. CE GRIFFIN EST EN TOUT CAS PLUS DIGNE D'ÊTRE UN DYNEWELL QUE VOUS, JAMES...
10. IL EST REVENU DE BIEN PLUS LOIN QUE VOUS N'IREZ JAMAIS ET A AFFRONTÉ BIEN PLUS DE PEURS ET D'ANGOISSES QUE VOUS N'EN N'AVEZ JAMAIS CONNU !
11. BIENVENUE CHEZ TOI, FILS.

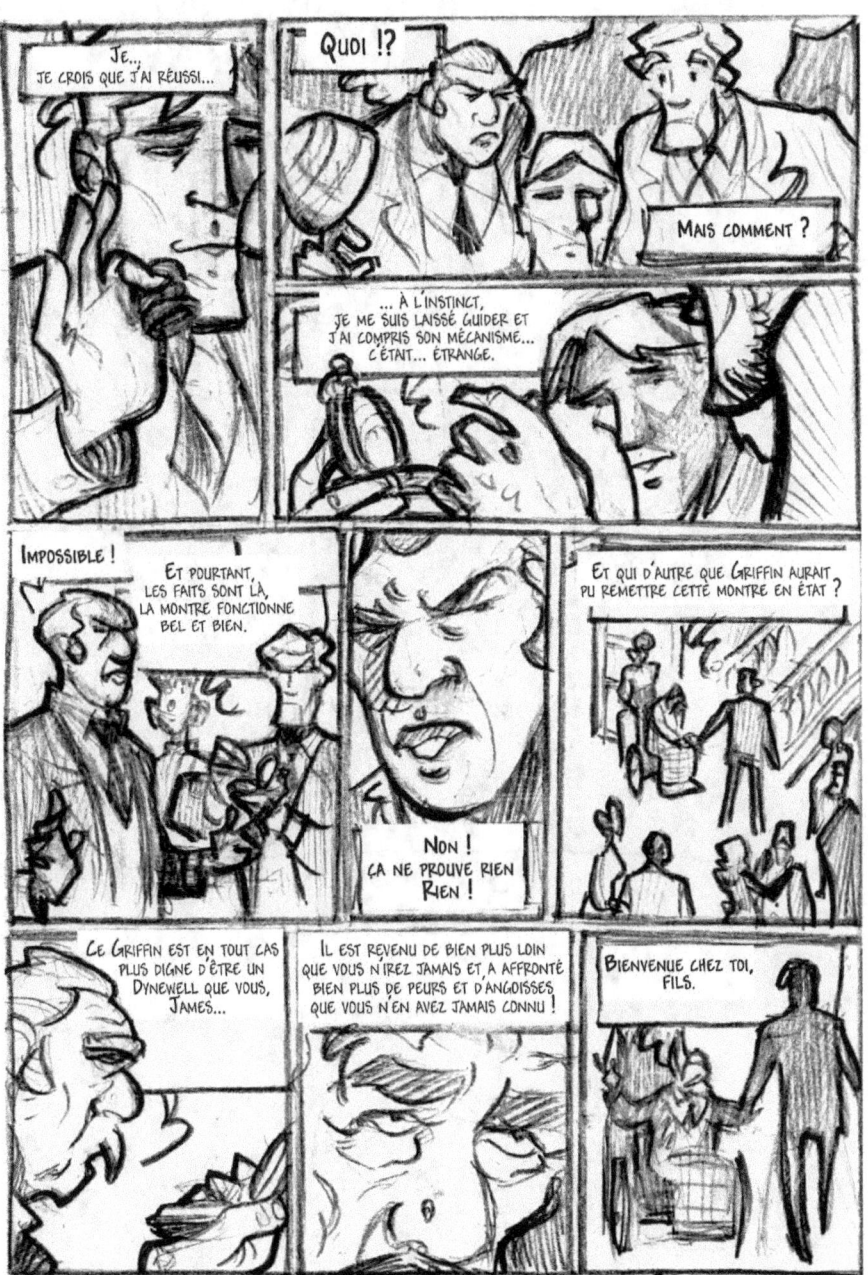

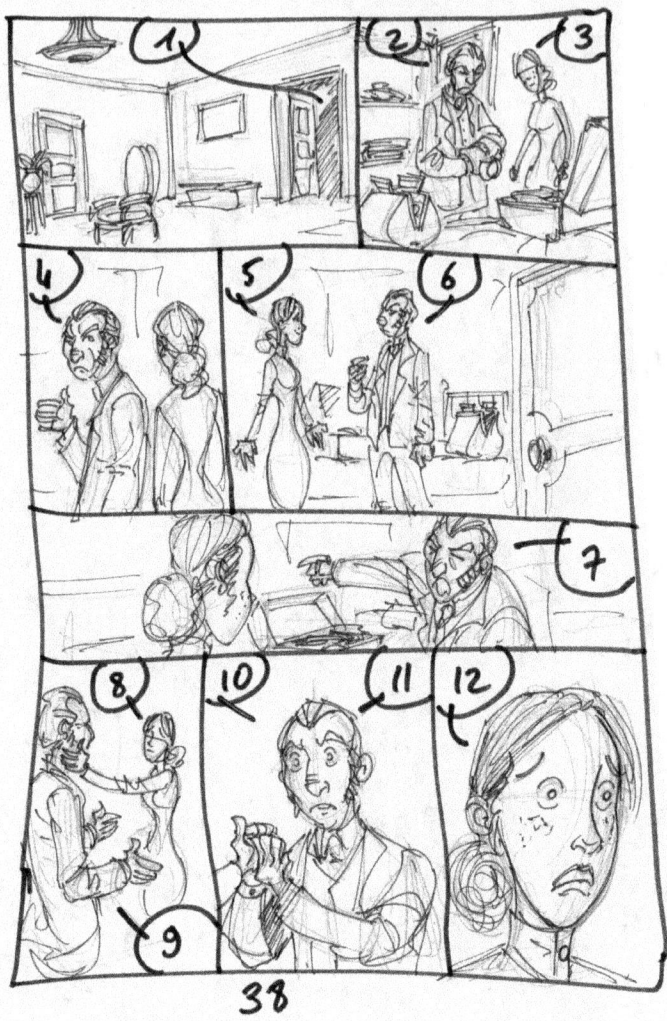

1. JAMES... QU'EST-CE QUI SE PASSE ?
2. NOTRE PLACE N'EST PLUS ICI, KEIRA.
3. MAIS QU'EST-CE QUE TU RACONTES ?!
4. TU AS VU LA RÉACTION DU PATRIARCHE, TU AS ENTENDU SES MOTS, C'EST FINI POUR NOUS !
5. OH JAMES, IL N'Y AVAIT QUE ÇA QUI COMPTAIT POUR TOI ?
6. NON, BIEN SÛR QUE NON ! MAIS CE TYPE A BEAU AVOIR ILLUSIONNÉ TOUT LE MONDE AVEC SON TOUR DE PASSE-PASSE, ÇA N'A PAS MARCHÉ SUR TOI...
7. LUI ET SON INFIRMIÈRE SONT DES IMPOSTEURS ! DES MANIPULATEURS !
8. EN ES-TU SI SÛR ?
9. BON SANG KEIRA ! J'AI GRANDI AVEC GRIFFIN, JE L'AURAIS RECONNU !
10. MAIS IL EST TROP TARD POUR AVOIR DES REGRETS, NOUS AVONS PERDU CETTE PARTIE.
11. ET LE MIEUX, POUR L'INSTANT, EST DE METTRE LA PLUS GRANDE DISTANCE ENTRE EUX ET NOUS...
12. TU... TU CROIS QU'ON EST EN DANGER ?!

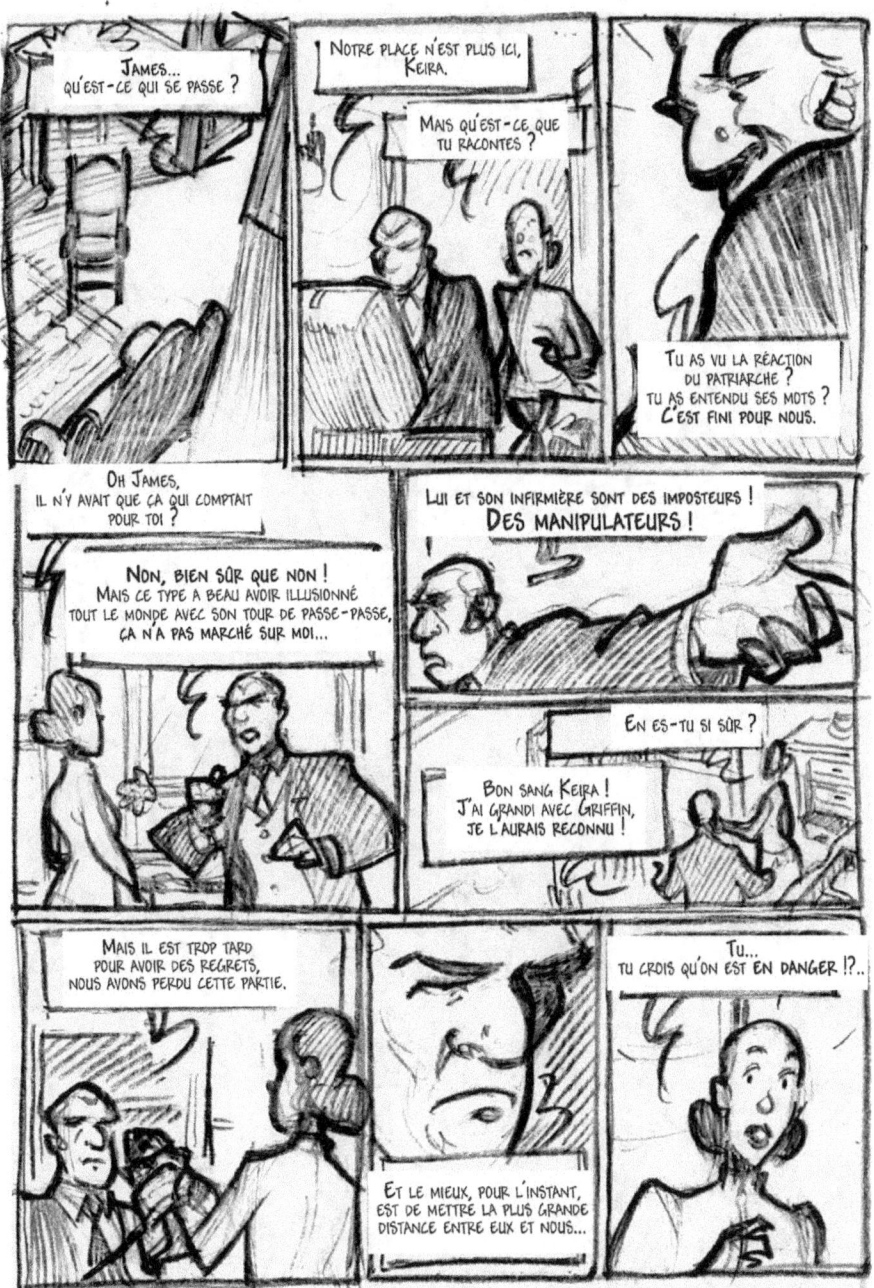

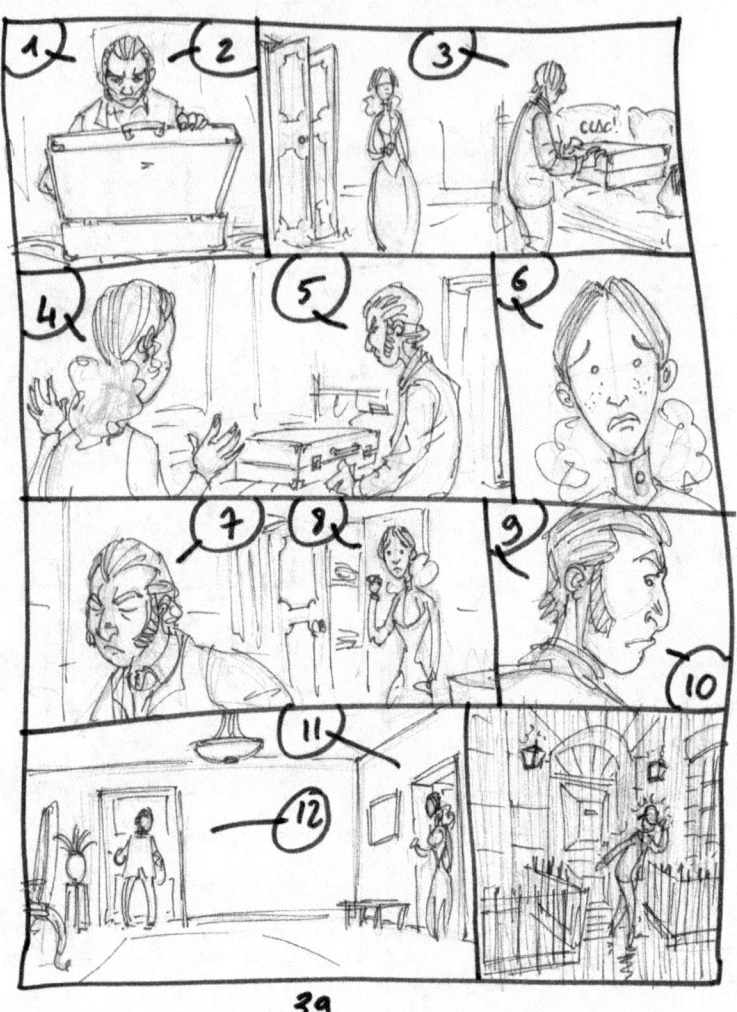

**39**

1. À VRAI DIRE, JE N'EN SAIS RIEN, MAIS J'AI DÉJÀ RESERVÉ LES BILLETS DE TRAIN POUR NOTRE RÉSIDENCE DE ROCHESTER.
2. JE PRÉFÈRE ME FAIRE OUBLIER ET VOIR COMMENT LES CHOSES ÉVOLUENT...
3. JE FINIRAI BIEN PAR TROUVER LA FAILLE QUI ME PERMETTRA DES LES DÉMASQUER.
4. D'ACCORD...
5. ATTENDS-MOI À LA GARE VICTORIA, JE TE REJOINDRAI.
6. TU NE VIENS PAS AVEC MOI ?
7. J'AI UNE DERNIÈRE AFFAIRE À CONCLURE.
8. CETTE HISTOIRE DE DANDY ?
9. IL FAUT QUE JE RÈGLE ÇA, UNE BONNE FOIS POUR TOUTE !
10. SI JE SUIS EN RETARD, MONTE QUAND MÊME DANS LE TRAIN, JE PRENDRAI LE SUIVANT.
11. JE T'AIME.
12. MOI AUSSI.

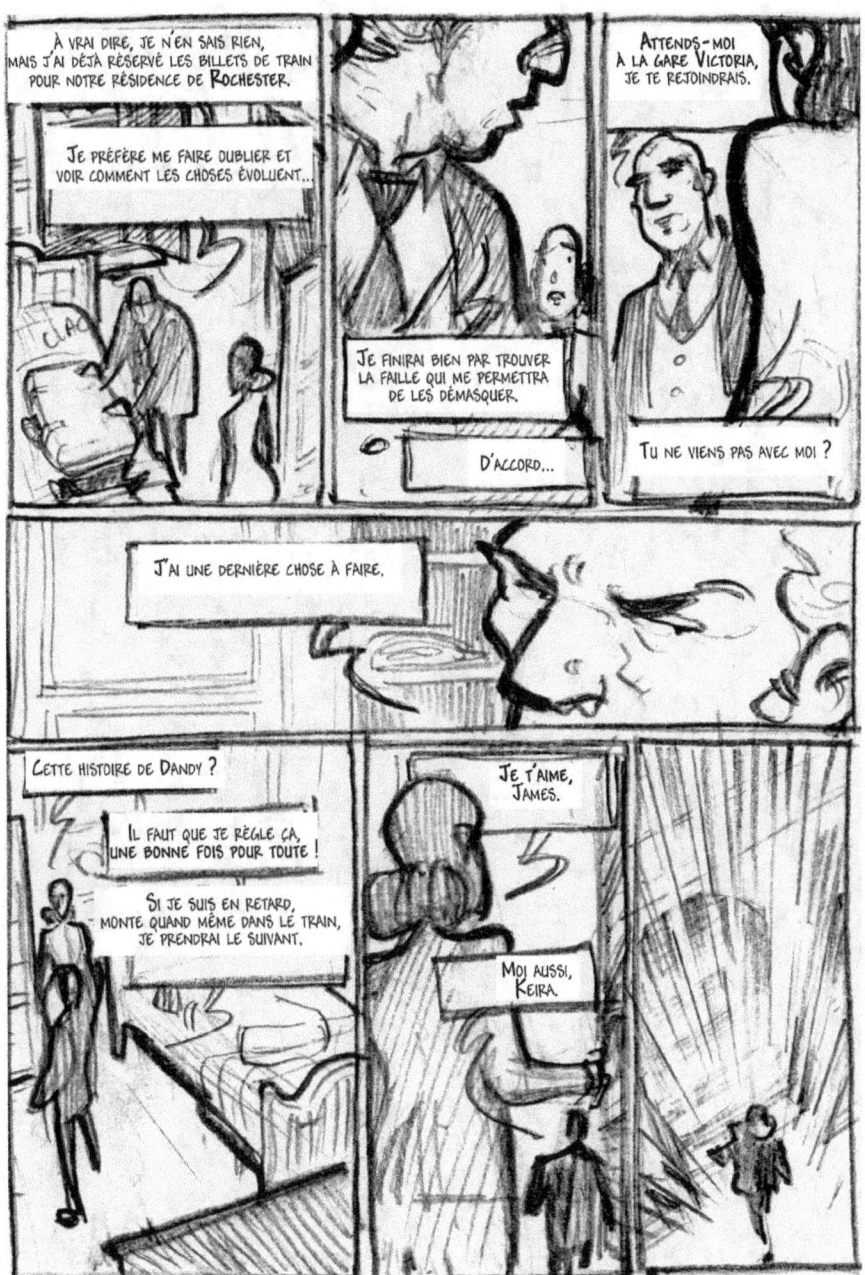

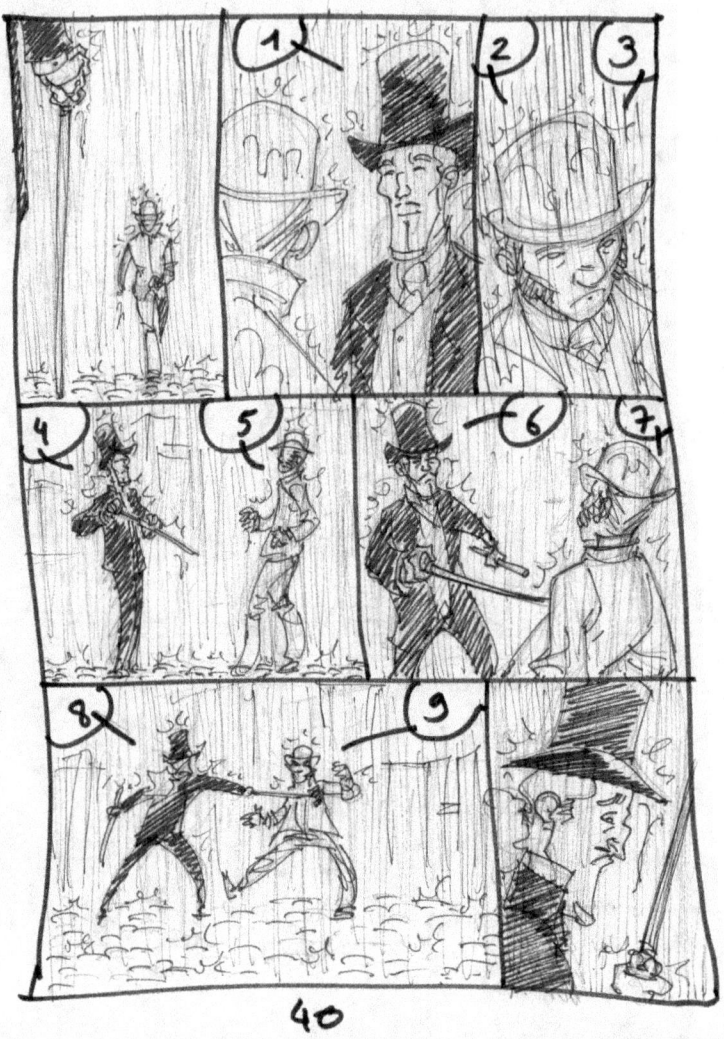

1. VOUS VOULIEZ ME VOIR ?
2. POUR VOUS DIRE QU'ON ARRÊTE LÀ... JE NE FERAI APPEL À VOS SERVICES. VOS DERNIERS CONTRATS ÉTANT RÉGLÉS, NOUS SOMMES QUITTE.
3. VOUS M'OUBLIEZ ET J'EN FAIS DE MÊME, ENTENDU ?
4. ENTENDU, OUI, MAIS JE CRAINS QUE CE NE SOIT PAS POSSIBLE...
5. QUOI ??!!
6. JE ME SUIS DÉJÀ TROUVÉ UN NOUVEL EMPLOYEUR... ET IL SE TROUVE QUE VOUS ÊTES SA PRIORITÉ...
7. NON !
8. JE SUIS DÉSOLÉ.
9. AAAAA

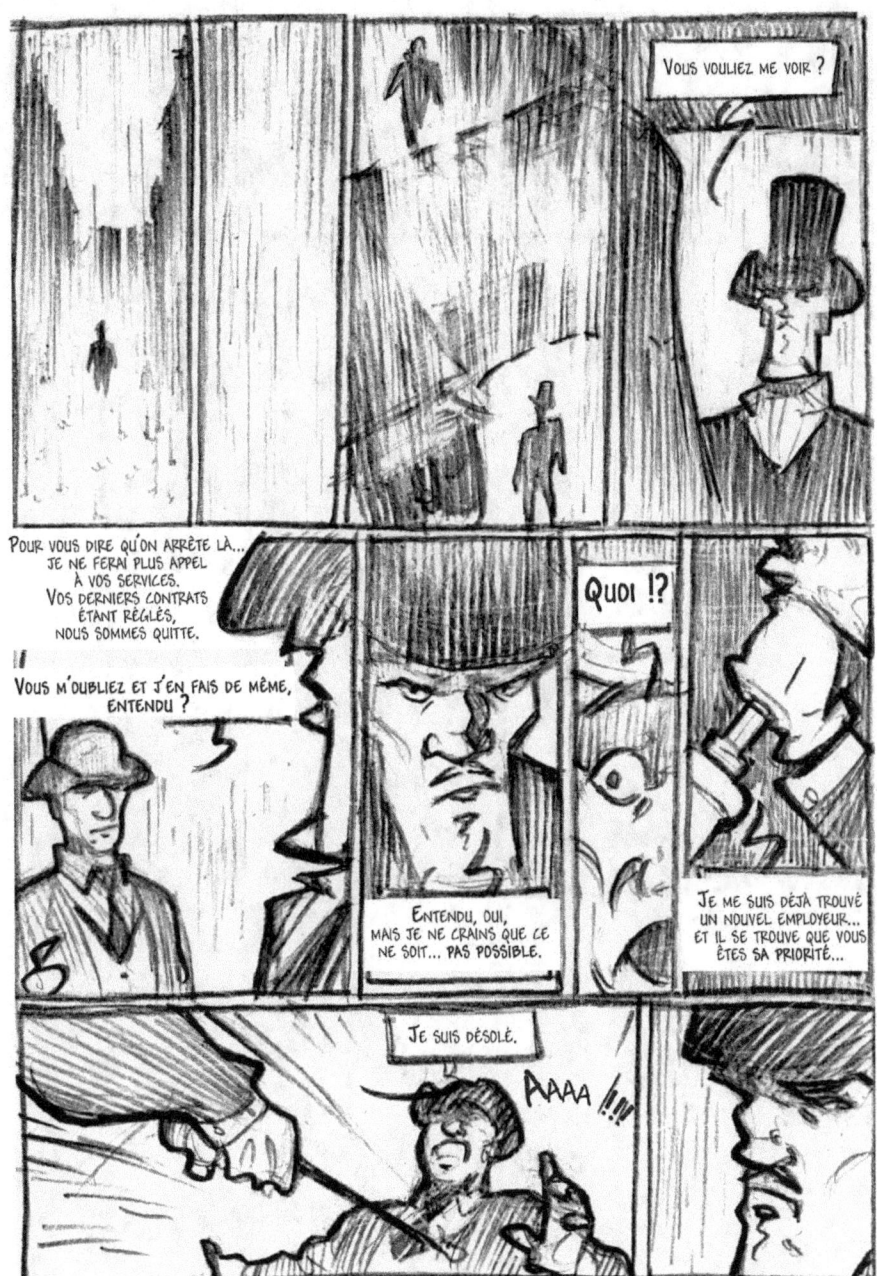

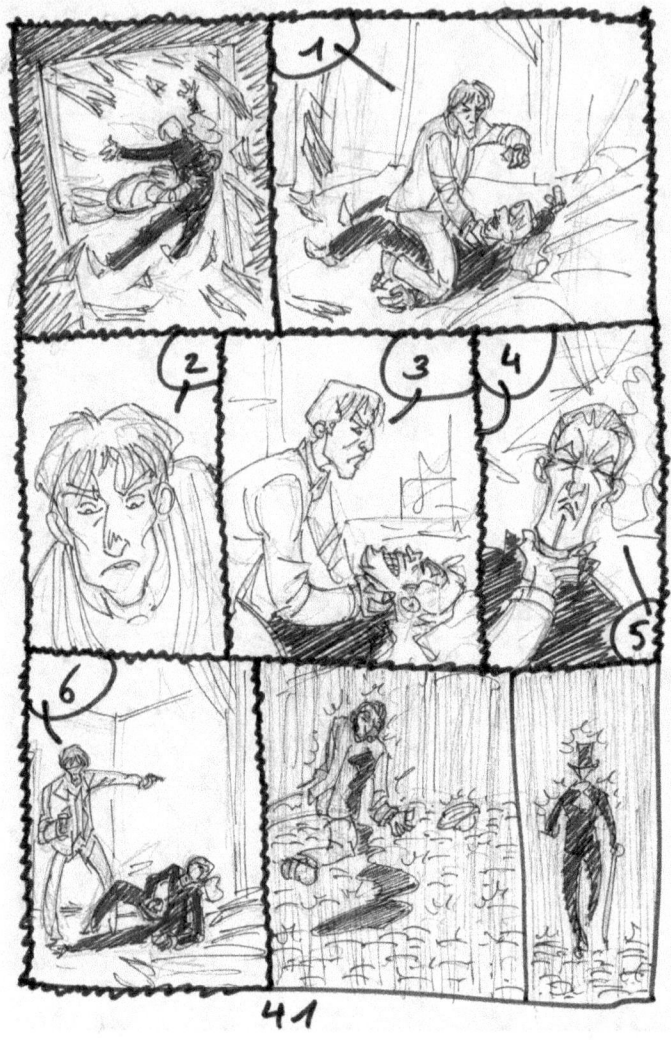

1. MAINTENANT, TU VAS M'ÉCOUTER!

2. D'ICI PEU, JE SERAIS À LA TÊTE DE LA FORTUNE DYNEWELL, TOUS TES EFFORTS N'AURONT SERVI À RIEN!

3. ALORS RÉFLÉCHIS OÙ SONT TES AVANTAGES ET RECONSIDÈRE TES ALLÉGANCES EN FONCTION.

4. FAIS LE BON CHOIX ET COMMENCE PAR ME DÉBARRASSER DE CELUI QUI T'AS PAYÉ JUSQU'ICI...

   SINON, ON PEUT TRANQUILLEMENT ATTENDRE ENSEMBLE L'ARRIVÉE DE SCOTLAND YARD...

5. J...J'AVAIS JUSTEMENT... B... BESOIN D'UN NOUVEAU BOULOT.

6. BIEN! FOUS LE CAMP!

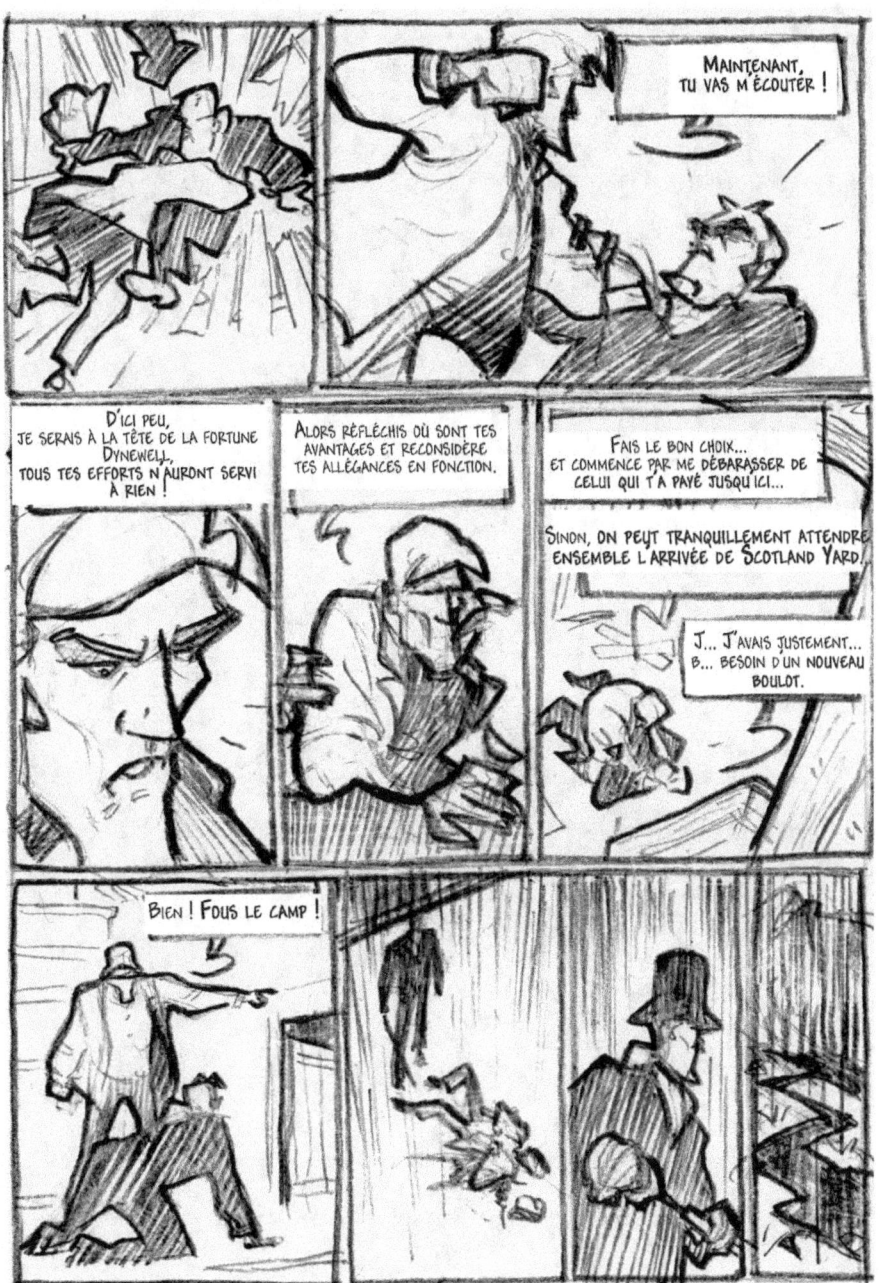

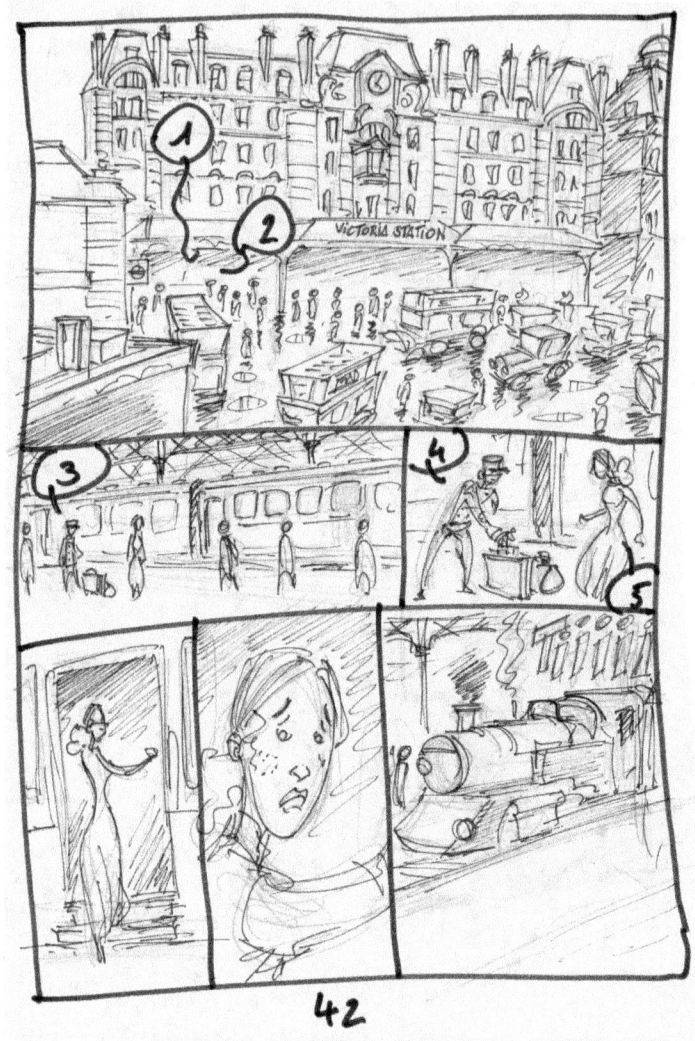

1. MADAME, JE VOUS EN PRIE, VEUILLEZ REGAGNER VOTRE COMPARTIMENT, LE TRAIN VA PARTIR.
2. JE... J'ARRIVE, MONSIEUR...
3. MADAME, S'IL VOUS PLAÎT.
4. LAISSEZ-MOI PRENDRE VOS BAGAGES.
5. MERCI.

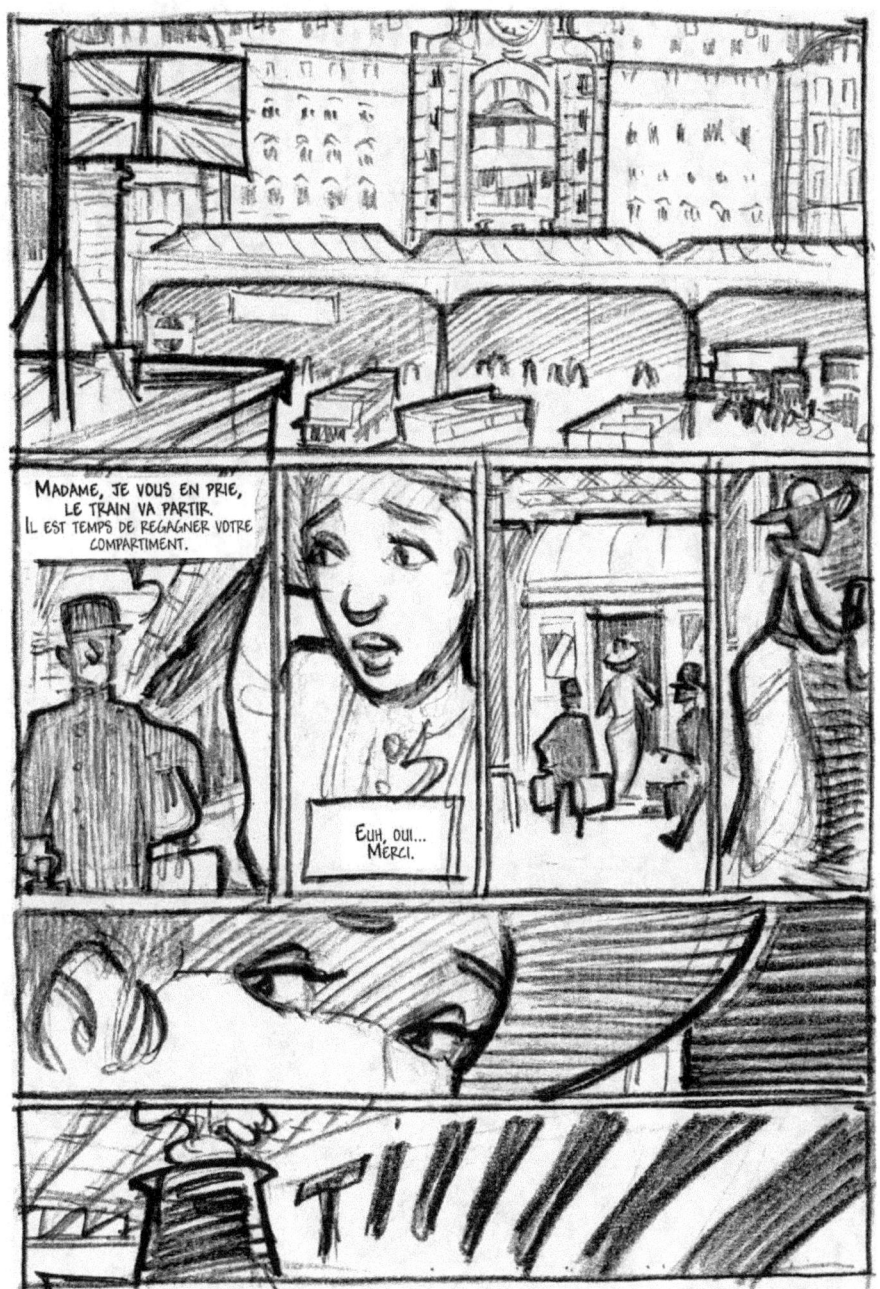

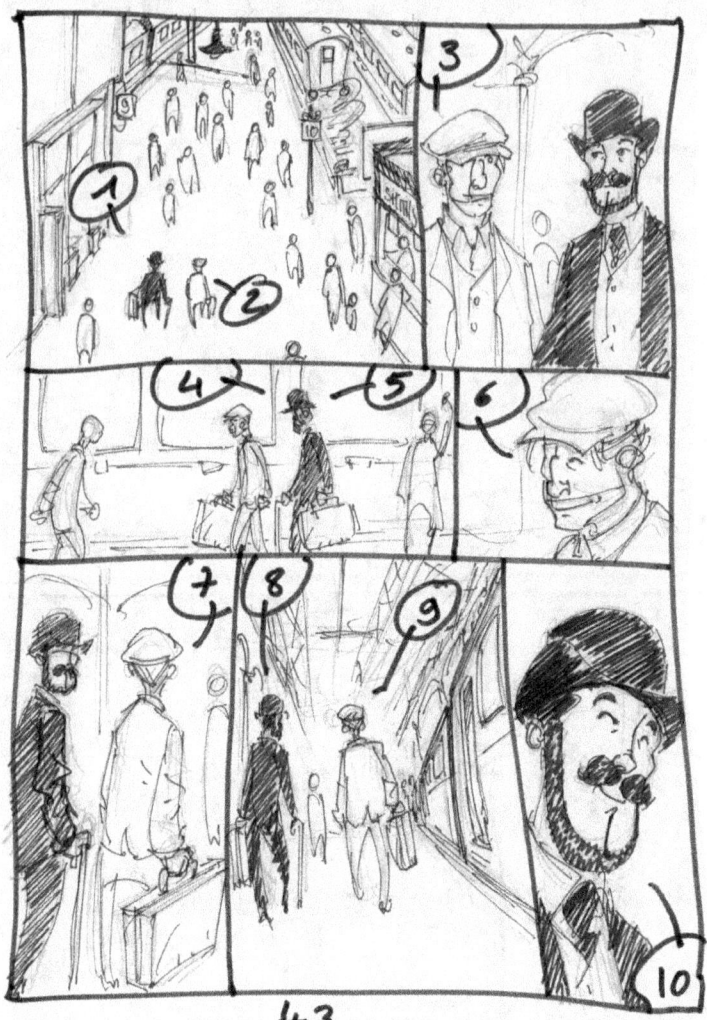

43

1. RASSURE-MOI, LE TRAIN QUI S'EN VA, C'EST PAS LE NÔTRE ?
2. NON, NON, CELUI POUR DOUVRES, C'EST LE QUAI D'À CÔTÉ.
3. UNE IDÉE DE CE QUE TU COMPTES FAIRE, DE RETOUR À PARIS ?
4. D'ABORD RATTRAPER LES CHOSES AVEC ADÈLE, JE NE PEUX PAS ME RÉSOUDRE À LA PERDRE COMME ÇA... ENSUITE, ON VERRA.
5. ET TOI ?
6. TROUVER UN TRAIN POUR REJOINDRE BERLIN ET PRENDRE DU BON TEMPS, ON EN A UN PEU DEVANT NOUS, GRÂCE À LA GÉNÉROSITÉ DES DYNEWELL.
7. ON A BIEN FAIT, TU CROIS, DE SE MÊLER DE CETTE HISTOIRE ?
8. PARTICIPER À RÉTABLIR UN TYPE ENCORE PLUS PERDU QUE NOUS DANS SES DROITS, ÇA COMPTE, NON ?
9. UNE FAÇON COMME UNE AUTRE DE COMBATTRE NOS FANTÔMES...
10. PUIS ÇA NOUS A PERMIS DE VISITER LONDRES DE FAÇON ORIGINALE.

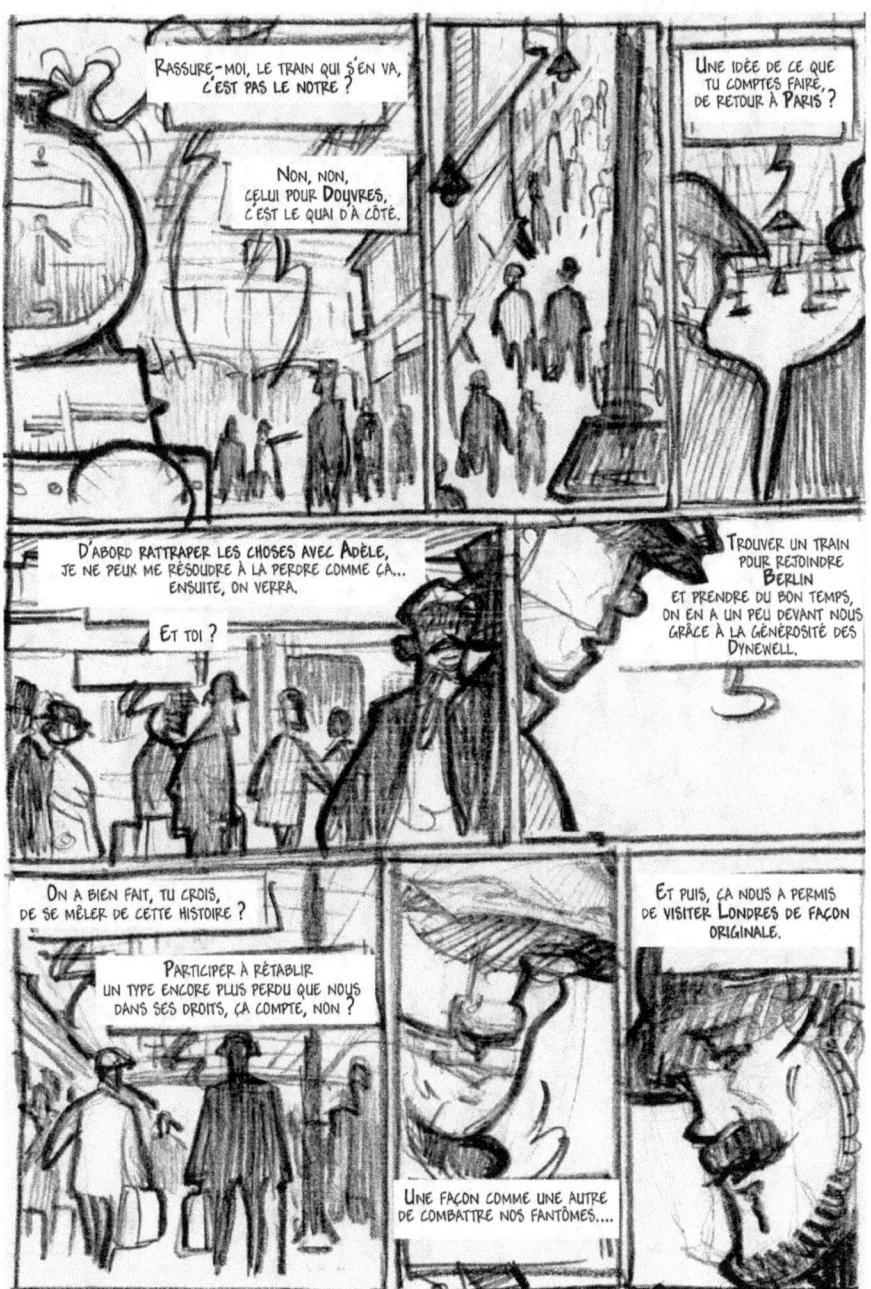

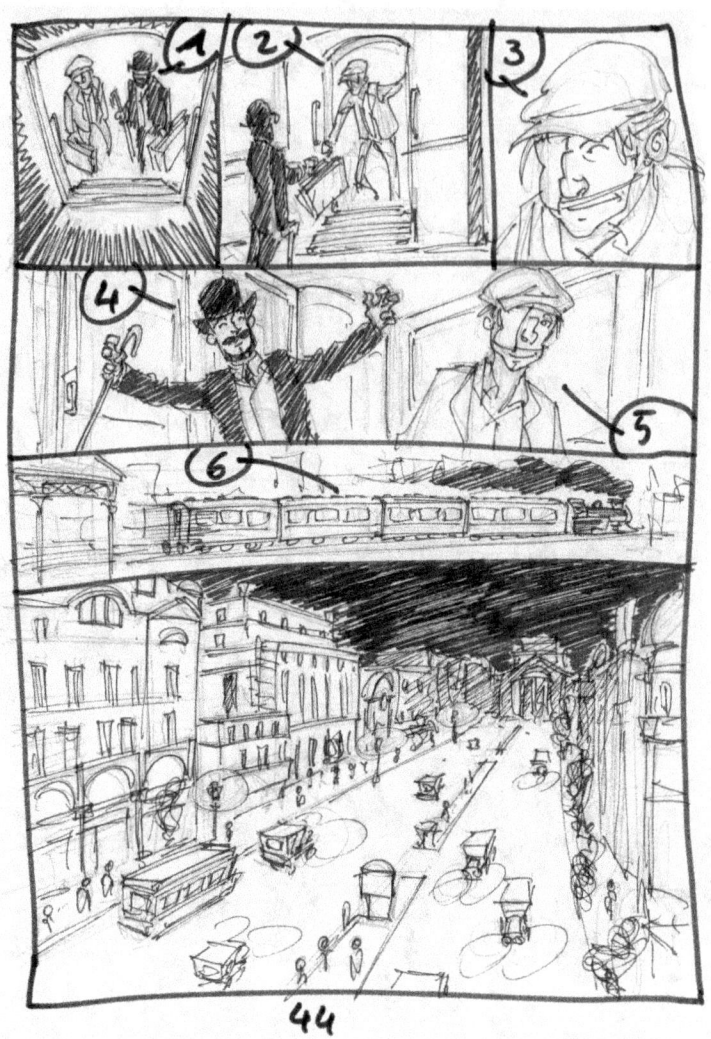

1. C'EST NOTRE WAGON.
2. T'AS RAISON, ÇA VALAIT LA PEINE D'ALLER AU BOUT DE CETTE AFFAIRE.
3. ET SI ÇA PEUT TOUJOURS RAPPORTER AUTANT, JE SUIS PRÊT À REMETTRE ÇA !
4. ON POURRAIT MÊME TENTER D'OFFICIALISER NOS COMPÉTENCES, EN FAIRE UN MÉTIER ... "FEUCHTNER & DAGNEAU ASSOCIÉS", UN TRUC DU GENRE.
5. IL Y A DE L'IDÉE...
6. ...D'AUTANT QUE JE N'AI PAS ENVIE DE PASSER LE RESTE DE MON EXISTENCE SUR LES RINGS DE BOXE.

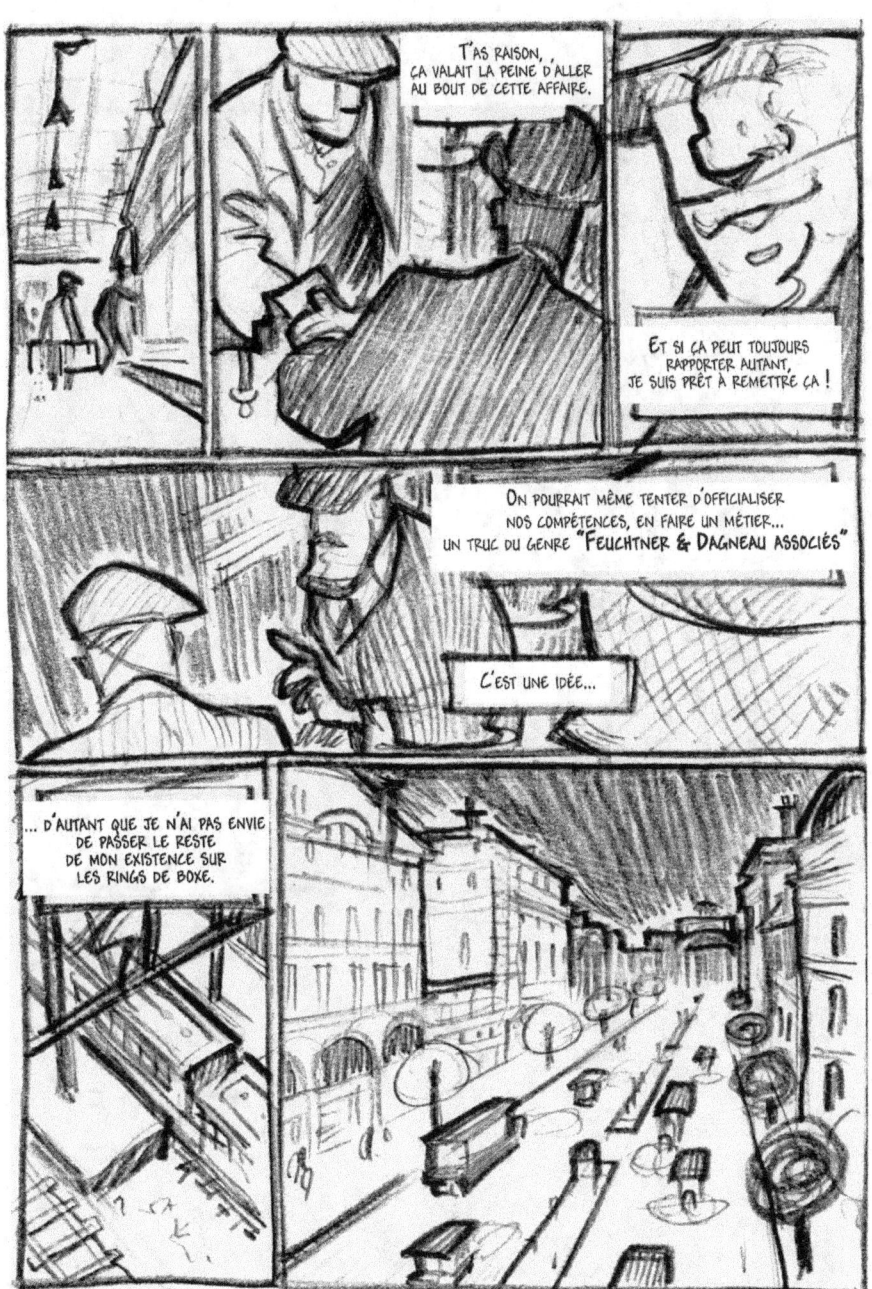

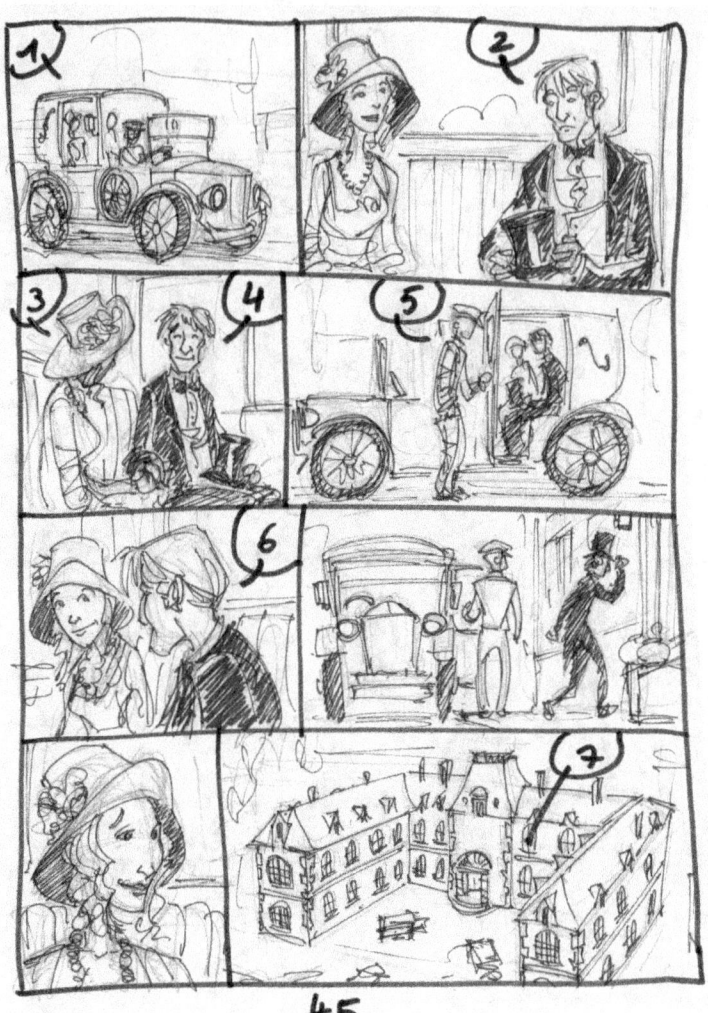

45

1. C'EST TON SOIR, GRIFFIN, TON ENTRÉE DANS LE GRAND MONDE.

2. A CONDITION QUE CES GRANDES FORTUNES ET CES GENS LES PLUS INFLUENTS D'ANGLETERRE M'ACCEPTENT AU SEIN DE LEUR CLUB FERMÉ.

3. TU ES UN DYNEWELL, IL N'Y A PAS DE RAISON QU'ILS REFUSENT.

4. GRÂCE À TOI.

5. MONSIEUR, NOUS SOMMES ARRIVÉS.

6. CLUB RÉSERVÉ AUX GENTLEMEN... ON SE REVOIT PLUS TARD.

7. MADEMOISELLE LIONETTI ?

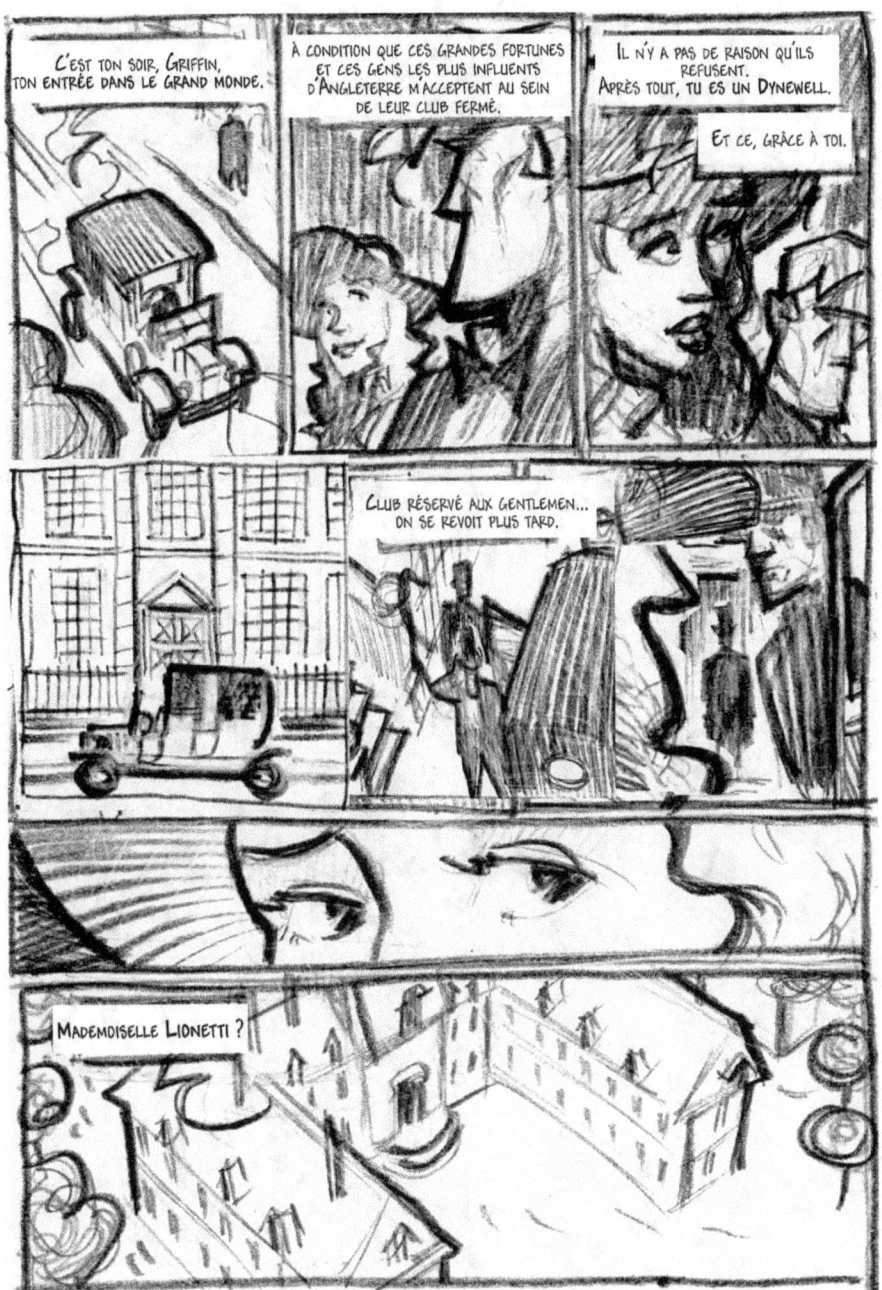

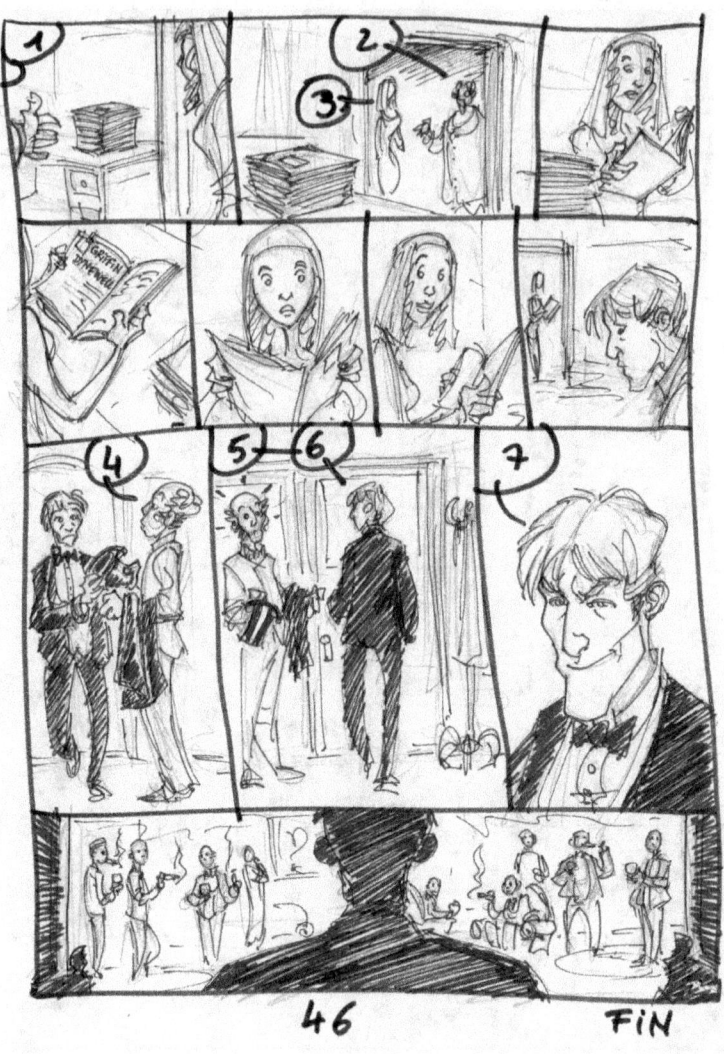

1. JE VIENS DE RECEVOIR UNE TONNE DE NOUVEAUX DOSSIERS CONCERNANT DES DISPARUS...
2. JETEZ-Y UN OEIL, IL Y EN A QUI CORRESPONDENT PEUT-ÊTRE À CERTAINS DE NOS PATIENTS NON-IDENTIFIÉS.
3. BIEN, DOCTEUR.
4. SOYEZ LE BIENVENU MONSIEUR DYNEWELL, VOS PAIRS VOUS ATTENDENT.
5. MES PAIRS ? NON, JE NE CROIS PAS...
6. ... MES PAIRS, JE LES AI PERDUS DANS LES TRANCHÉES, TOUT COMME MES ILLUSIONS.
7. MAIS C'EST UN NOUVEAU MONDE QUI S'OFFRE À MOI, UN MONDE QUI VA CHANGER, JE PEUX VOUS L'ASSURER.

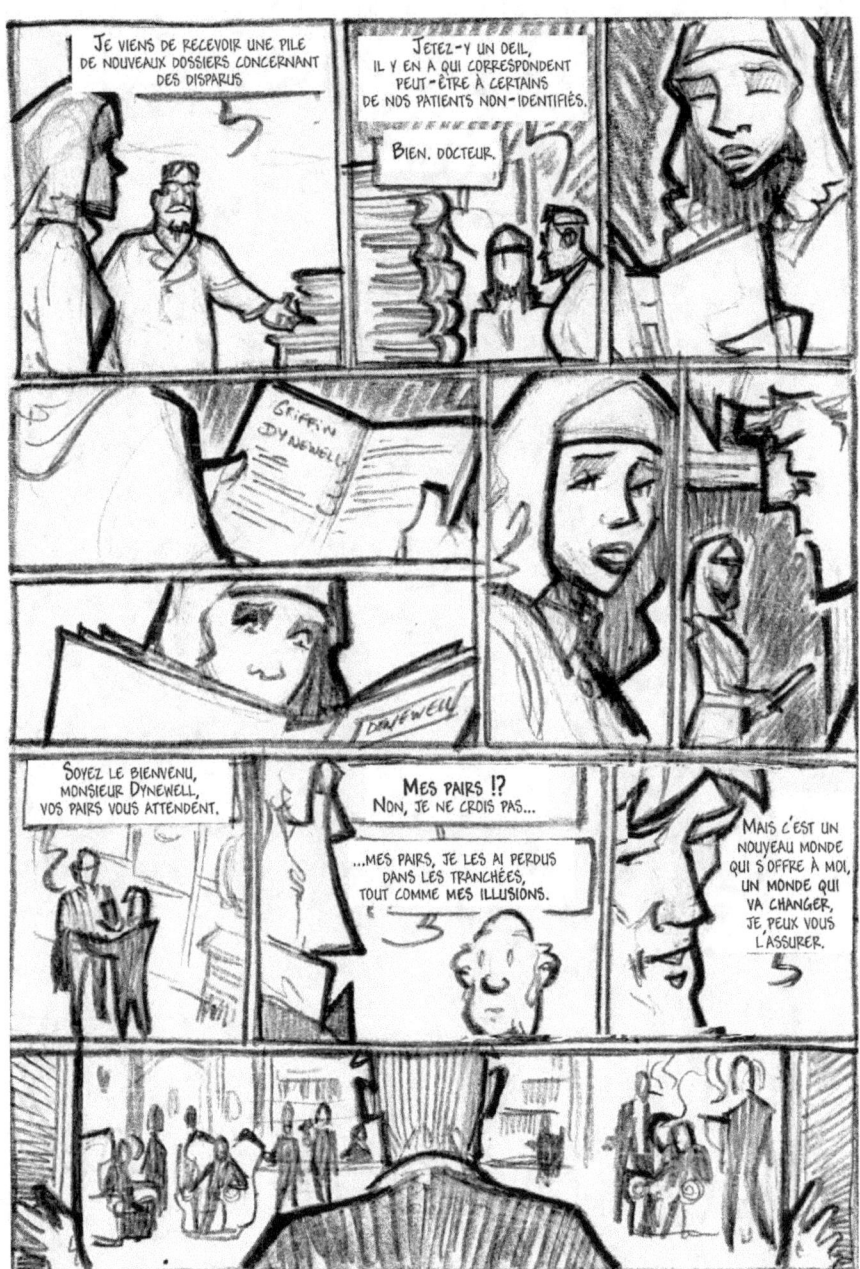

www.ingramcontent.com/pod-product-compliance
Lightning Source LLC
Chambersburg PA
CBHW050057230526
45470CB00004B/1575